“十四五”职业教育国家规划教材

“十三五”职业教育国家规划教材

U0805576

Tuixiao Shiwu

推销实务

王方 韩军 编著

东北财经大学出版社
Dongbei University of Finance & Economics Press
大连

图书在版编目（CIP）数据

推销实务 / 王方，韩军编著. —4版. —大连：东北财经大学出版社，2023.1（2024.2重印）
（职业教育教学改革融合创新型教材·市场营销）
ISBN 978-7-5654-4669-6

Ⅰ.推… Ⅱ.①王… ②韩… Ⅲ.推销-职业教育-教材 Ⅳ.F713.3

中国版本图书馆CIP数据核字（2022）第212041号

东北财经大学出版社出版
（大连市黑石礁尖山街217号 邮政编码 116025）
网 址：http://www.dufep.cn
读者信箱：dufep@dufe.edu.cn
大连永盛印业有限公司印刷 东北财经大学出版社发行

幅面尺寸：185mm×260mm 字数：277千字 印张：14 插页：1
2023年1月第4版 2024年2月第4次印刷

责任编辑：张旭凤 曲以欢 魏 巍 责任校对：那 欣
赵宏洋
封面设计：冀贵收 版式设计：原 皓

定价：39.00元

教学支持 售后服务 联系电话：（0411）84710309

如有印装质量问题，请联系营销部：（0411）84710711

富媒体智能型教材出版说明

“财经高等职业教育富媒体智能型教材开发系统工程”入选国家新闻出版广电总局新闻出版改革发展项目库，并获得文化产业专项资金支持，是“国家文化产业资金支持媒体融合重大项目”。项目以“融通”“融合”“共建”“共享”为特色，是东北财经大学出版社积极落实国家推动传统媒体与新媒体融合发展的重要举措之一。

“财济书院”智能教学互动平台是该工程项目建设成果之一。该平台通过系统、合理的架构设计，将教学资源与教学应用集成于一体，具有教学内容多元呈现、课堂教学实时交互、测试考评个性设置、用户学情高效分析等核心功能，是高校开展信息化教学的有力支撑和应用保障。

富媒体智能型教材是该工程项目建设成果之二。该类教材是我社供给侧结构性改革探索性策划的创新型产品，是一种新形态立体化教材。富媒体智能型教材秉持严谨的教学设计思想和先进的教材设计理念，为财经职业教育教与学、课程与教材的融通奠定了基础，较好地避免了传统教学模式和单一纸质教材容易出现的“两张皮”现象，有助于教学质量的提高和教学效果的提升。

从教材资源的呈现形式来说，富媒体智能型教材实现了传统纸质教材与数字技术的融合，通过二维码建立链接，将VR、微课、视频、动画、音频、图文和试题库等富媒体资源丰富呈现给用户；从教材内容的选取整合来说，其实现了职业教育与产业发展的融合，不仅注重专业教学内容与职业能力培养的有效对接，而且很好地解决了部分专业课程学与训、训与评的难题；从教材的教学使用过程来说，其实现了线下自主与线上互动的融合，学生可以在有网络支持的任何地方自主完成预习、巩固、复习等，教师可以在教学中灵活使用随堂点名、作业布置及批改、自测及组卷考试、成绩统计分析等平台辅助教学工具。

富媒体智能型教材设计新颖，一书一码，使用便捷。使用富媒体智能型教材的师生首先下载“财济书院”App或者进入“财济书院”(www.idufep.com)平台完成注册，然后登录“财济书院”输入教材封四学习卡中的激活码建立或找到班级和课程对应教材，就可以开启个性化教与学之旅。

“重塑教学空间，回归教学本源！”“财济书院”平台不仅仅是出版社提供教学资源和服务的平台，更是出版社为作者和广大院校创设的一个自主选择和自主探究的教与学的空间，作者和广大院校师生既是这个空间的使用者和消费者，也是这个空间的创造者和建设者，在这里，出版社、作者、院校共建资源，共享回报，共创未来。

最后，感谢各位作者为支持项目建设所付出的辛劳和智慧，也欢迎广大院校在教学中积极使用富媒体智能型教材和“财济书院”平台，东北财经大学出版社愿意也必将陪伴广大职业教育工作者走向更加光明而美好的职教发展新阶段。

东北财经大学出版社

第四版前言

本教材自2012年出版至今，由于体例新颖，反映了不同推销岗位的真实工作情境，被众多院校选用，用量不断增加，受到许多老师和学生好评，先后被评为“十二五”“十三五”职业教育国家规划教材。习近平总书记在中国共产党第二十次全国代表大会上的报告中明确指出：“教育是国之大计、党之大计。培养什么人、怎样培养人、为谁培养人是教育的根本问题。育人的根本在于立德。”同时，为了贯彻落实《国家职业教育改革实施方案》，配合中国特色高水平高职学校和专业建设计划，顺应互联网经济环境下推销岗位工作方式方法的变化，本教材在继承前三版内容和体例方面优点的基础上，进行了较大程度地完善与更新，使教材充分融入智慧商贸环境下的新技术、新业务、新规范。

1.突显思政内容。

人才培养是育人和育才相统一的过程，应融思政之盐入专业课程之汤，实施“德技双修”素质提升工程，实现价值观引领、知识教育、技能培养的有机统一。为此，本次修订增加了思政目标、思政专栏等内容。

2.更新工作内容。

近年来市场环境发生了很大的变化，商品推销的渠道、方法也随之产生很大的改变。与此相适应，本教材内容进行了较大的更新，删除了第二部分推销岗位操作中学习情境四电话推销，更新为直播推销；同时对原有工作内容与方法也进行了更新。

3.更换教材案例。

我国市场营销及推销环境不断变化，营销理念、推销方法不断发展，为了更好地反映推销岗位的最新发展方向，新版更换了部分推销岗位案例和相关资料。

4.丰富教学资源。

为了更好地适应教育数字化发展趋势，教材配套了教学视频、教学课件、课程标准、教学日历等数字化资源，方便学生课前课后学习及教师备课，有助于提升教学效率与效果。

山西省财政税务专科学校市场营销专业很注重教学改革。2003年，市场营销专业被确定为教育部高职高专教学改革试点专业；2006年，市场营销专业被确定为国家高职高专示范院校建设中央财政支持重点建设专业。2019年被确定列入中国特色高水平高职学校和市场营销专业群建设计划。本教材的修订，既是多年市场营销专业教学与不断改革的总结，也是我校市场营销专业教学团队与多个合作企业一线商务人士通力合作的结晶。

本教材第四版由山西省财政税务专科学校王方教授和韩军教授编著，王方负责总纂定稿。

本教材从第一版到第四版均得到东北财经大学出版社编辑的大力支持，编著者再次表示衷心的感谢！受时间和精力所限，书中疏漏和不足之处，恳请读者不吝赐教。

王方

2023年7月

第一版前言

推销岗位处于企业市场营销活动的最前沿，所有的市场营销工作都是在为商品推销的顺利进行作铺垫，同时所有的营销工作成效最终也都要通过商品推销成果予以体现。推销不仅给企业带来经济效益，而且给推销员带来个人财富。我国现有8 000万销售大军，许多大企业的创办人都是由推销员干起的，推销是一个充满希望、充满前途的职业。商品推销课程正是为这一目的而设立的，它是一门操作性极强的专业课程，因此在商品推销课程的教学中，理论知识的传授是第二位的目标，第一位目标应该是通过本课程的学习，使学生掌握各类推销岗位的操作技巧和方法，实现课堂与推销工作岗位的零距离对接。关于这本书，有以下几点在此作以说明。

一、本书编写意图

本书的编写时值教育部高等职业教育改革向纵深发展之际，深处其中，我们认真梳理了多年来的教学思路，提高了对高等职业教育的认识，并深刻地体会到高等职业教育应该以劳动力市场的需要为依据，以就业为导向，通过学校教育与社会生产实践的紧密结合，针对不同的岗位培养不同的专门人才。从教学内容的设计看，高等职业教育注重的是学生的综合职业能力以及专业技能的培养。这就要求高等职业教育必须按不同的就业岗位所需要的职业能力进行教学内容的设计，要打破传统的学科体系模式来组织教学内容，以素质为基础、以能力为本位进行教学，这样培养出来的学生才会具有很强的职业能力，才能实现人才培养与岗位职业要求的“零距离”。

本书正是顺应高等职业教育改革的大趋势，全面反映了作者在高等职业教育改革过程中的最新教学成果，立足于提高学生在商品推销方面的整体素质和综合职业能力。本书在体例方面，打破了传统上以知识系统化为教材导向，转变为以岗位工作活动为导向，实现了强调理论联系实际向理论与实际高度融合的转化；特别是在教材内容方面，实现了按推销步骤设置章节内容向根据推销岗位设计学习情境的转化，以及由推销步骤的一般性向推销工作岗位典型性的转化。

本书是一本在对各类推销岗位典型工作任务进行全面分析的基础上，全新开发的工学结合一体化推销岗位实务操作教材。在内容和体例方面进行了全面创新，充分反映了推销岗位工作过程系统化要求，希望为培养学生的职业素质和综合商务技能起到良好的推动作用。

二、本书特色与创新

1.创新设计理念，厘清设计思路

针对高等职业教育要求，本书以职业活动为导向，以学习情境为载体，颠覆传统教材体系，实现工作过程系统化。在改革和设计过程中，在教学目标上实现了以突出知识目标向注重能力目标培养的转化；由传统的课堂活动、练习问答、习题等课程载体，向工作任务或项目等课程载体的转化；在思维培养方式上，实现了用逻辑推导来引导思维向用系统工作过程来激发思维的转化。

新旧教材设计思路比较

项目	改革前教材设计	改革后教材设计
教材导向	以知识的系统化为主线	以职业工作活动为导向
教学目标	突出知识目标	注重能力目标培养
教学载体	课堂活动、问答、习题	工作任务或项目
训练目的	用逻辑推导来引导思维	用系统工作过程激发思维
教材设计	强调理论联系实际	强调理实一体化
教学内容	1.统一按推销步骤设置章节,内容设置主要由推销基本理论和推销实务(推销步骤)构成 2.推销步骤具有广泛性和一般性	1.根据不同推销岗位设计学习情境,每个情境按工作过程系统化进行设计 2.每个情境代表一个典型的推销工作岗位,是每个岗位所必需的推销工作过程

2.建立学习情境，更新教材内容

全面打破传统推销教材体系，首创按流通领域不同设置商品推销学习情境。商品推销传统教材内容设置一般包括两部分，一是推销基本理论，二是推销实务，推销实务基本按推销步骤设置章节，即寻找准顾客、接近顾客、推销洽谈、促成交易等。但在不同企业的推销岗位上，实际推销步骤有多有少，推销重点与任务也有很大差异，只是泛泛按统一推销步骤进行教学，不能实现推销岗位任务落地，与实际推销岗位工作任务有差距，不利于学生推销职业能力的培养。

按流通领域不同设置商品推销学习情境，实现商品推销教材内容与实际推销岗位工作任务一致。每个企业推销人员的工作职责是基本相同的，但企业所处的流通领域不同，推销对象（顾客）和推销客体（推销的商品）不同，追求的利益点有显著的不同，因此，在推销的具体方法、推销重点上会有所不同。所以，如果学习情境设计结合在实际工作岗位中具有代表性的推销内容，那么这样的学习情境安排既与实际推销工作岗位一致，又遵循了推销内容与方法由易到难、循环反复的设计理念。

本教材与国内外同类教材内容体系比较

项目	内容设计思路	内容表现形式
教材1	传统内容	推销基本理论+推销实务(推销步骤)
教材2	步骤情境设计	按推销步骤设计学习情境
本教材	岗位情境设计	按流通领域不同设计学习情境

三、本书编写情况

本书由山西省财政税务专科学校王方教授总体策划，并由其编写了第一部分即推销岗位准备，以及第二部分的学习情境一和学习情境二；山西大学商务学院的韩军副教授编写了第二部分的学习情境三和学习情境四。

本书在编写过程中，参考查阅了大量的教材、著作和文献资料，吸收了国内许多资深商务人士的宝贵经验和建议，得到了东北财经大学出版社、主管单位领导、有关部门和同事们的大力支持和帮助，在此表示衷心而诚挚的谢意，特别要感谢山西省财政税务专科学校副校长赵丽生教授。同时，本书中将近半数的操作案例均出自于编写者多年的商务实践和合作企业的无私提供，在此特别向山西黎氏阁商业集团总经理张红生先生，以及蒙牛集团太原城市经理张立强先生，表示无尽的感谢。

在本书的编写过程中，我们时常感到自己很难跑赢时间，加之高等职业教育改革日益深化，而我们的教学改革也是在摸索中，有疏漏之处，请广大读者批评指正。

王方

2012年1月

目　录

二维码资源目录

续表

第一部分

推销岗位准备

岗位准备一

推销职业认知

学习目标

1. 认识推销岗位。
2. 掌握正确的推销理念。
3. 明确推销岗位职责。
4. 了解常见的推销模式。

思政目标

围绕推销职业认知，引导树立顾客需求第一的工作态度，养成诚信为本的职业素养。

结合“岗位资讯”专栏中“为顾客省钱”“与顾客建立长期的伙伴关系”等案例，以及“厚德精技”专栏中“销售的诚信比技巧更重要”案例进行研讨，培养顾客需求第一、诚信为本的意识。

导入资料

一个面向企业市场营销主管的会议在杭州召开。会议内容的一部分，是参观当地一家全国知名的市场营销咨询公司。当人们走进该公司大门时，看到墙上用很大的字写着——“人人都是推销员”。在参观的过程中发现，该公司从接待员、一般职员、部门经理到公司总裁，皆对人笑脸相迎，态度诚挚亲切。他们充满自信，积极乐观，对公司的服务项目了如指掌，以极为热忱的态度将公司的情况介绍给参观的客人。每一个参观者都被深深地被打动了，觉得如果自己的企业需要该领域的服务，一定要找该公司而绝不会去找别家公司。这家市场营销咨询公司全体职员的行动给每个参观者的印象确实印证了“人人都是推销员”。

资料来源：作者根据相关资料整理编写而成.

导问1-1

你做过推销吗？请举例说明。

一、推销与推销职业

推销岗位处于企业市场营销活动的最前沿，所有的市场营销工作都是在为产品推销的顺利进行作铺垫，同时所有的营销工作成效最终也都要通过产品推销成果予以体现。推销不仅给企业带来经济效益，而且给推销员带来个人财富。许多大企业的创办人都是由推销员干起的，推销是一个充满希望、充满前途的职业。

（一）推销与推销岗位

现实生活中，我们每天都接触到推销，别人向自己推销，自己也在向别人推销。人们通过相互推销来进行沟通，进行说服，进行教导，进行鼓励，使得某一观念得以形成或影响某一活动的开展。推销可以是用语言，也可以是用行动，而且内容可以说是无所不包。婴儿的啼哭，是把“饥饿”或“尿湿”的意思“推销”给妈妈；青年人恋爱时，尽量“推销”自己的优点，以此来博得对方的好感；教师授课，“推销”的是他的学识；领导者对他的下属进行管理，“推销”的是创见和工作意图；你与别人争论是“推销”自己的主张和见解；当你去求职则是“推销”自己的个人价值……我们在日常生活和工作中所做的很多事情，实际上都是以“推销”的特定表达方式来说服他人，影响他人的思想和行为，从而互相配合、相互满足、同步前进。因此，可以这样说，“人人都是推销员，人的一生都在推销”。

推销就其广义上来讲，就是让对方采纳、承认、接受的意思。推销活动具有广泛的普遍性，人们时时刻刻都在推销着自己。美国钢铁公司的创办人查尔斯·施瓦布曾说过：“在我们生命中的每一天，我们每个人都是推销员，我们都在向我们所接触到的人推销我们的意念、计划、能力和热诚。”

然而，每个人的推销能力并不一样，推销的效果也不一样。一个人取得成就的大小，在某种程度上视其推销能力的大小而定。同一个剧本中的同一个角色，不同演员出演，效果就会有很大的不同，谁最受到观众喜爱呢？当然是演技最精湛、最懂得向观众推销自己的演员。在企业众多的职员中，假定业务水平大致相同，谁将在同事中晋升得最快呢？必定是最会推销自己、最受主管器重和大家推崇的那一位。可见，善于推销自己和不善于推销自己，结果大不一样。但是，我们当中的许多人甚至从来没有意识到他正在推销自己，而且不知道如何去推销自己，缺乏推销的能力和技巧，使成功的把握减少，机会悄悄溜走也茫然不知。

因此，一个人无论从事什么职业，懂得一些推销技能对他为人处世都是十分必要的。需要特别指出的是，人的能力并非与生俱来，天生的素质固然会影响一个人的能力，但这仅仅是提供了一个基础，而任何一种能力的获得和提高，都必须通过不断的学习、总结和训练才能达到，推销能力的获得与提高同样也是如此。

从职业岗位的角度来讲，推销即商品销售，实现商品的让渡。处在不同流通环节的推销岗位的工作内容与职责有所不同，但其核心都是向可能购买的人或组织进行说服，帮助对方认识产品，使其通过购买获得需求上的满足，从而实现产品转移的过程。

这就要求推销员站在顾客的立场，为顾客的利益着想，目的在于满足顾客的某种需要而帮助其购买产品或向其提供服务。推销员不应该单纯地向顾客推销产品，而应借助于所推销的产品，想方设法唤起并刺激顾客的需求，使顾客认为商品能够满足其现在或将来的需要而去购买。在推销的过程中，产品本身不过处于一个次要的地位，最重要的是推销产品的使用价值以及给顾客带来的利益。

微课1

推销岗位三要素

（二）推销岗位三要素

推销员、推销对象、推销品是推销岗位涉及的三个要素，也是推销活动得以实现的必要因素（见图1-1）。

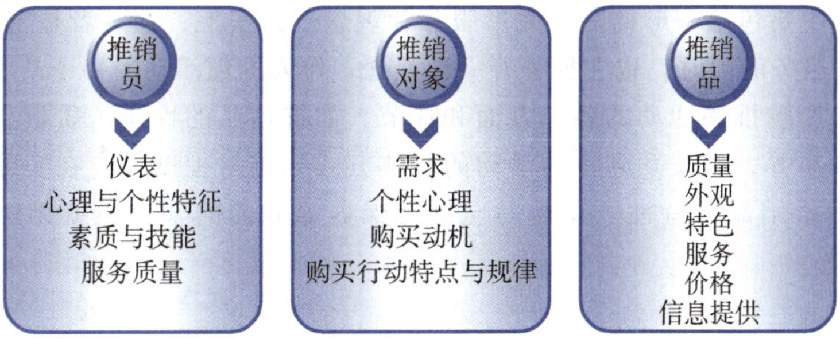

图1-1　推销岗位三要素及其基本构成

1.推销员

推销员是指主动向顾客推销商品的推销主体。推销员的主要任务是通过走访顾客，了解顾客的困难与问题，为顾客提供服务，说服顾客购买企业的产品或劳务。而在推销活动中，推销员要成功地推销产品或劳务，首先要成功地推销自己，使顾客在接受推销员的基础上接受产品的推销。

推销员作为企业与顾客之间的纽带与桥梁，肩负着为企业销售产品、为顾客提供服务的双重任务。企业的营销离不开推销员，顾客的购买也离不开推销员。推销员是推销活动的主体，其行为是否合理、有效，决定着推销过程的最终结果。他们不仅是推销活动的主动发起者，而且是整个推销活动的推动者和控制者，推销活动的最大特征在于推销员主动满足顾客的需求。

2. 推销对象

推销对象又称顾客或购买者，是指具有购买决策权或者具有影响购买决策力量并直接参与购买过程的有关人员，包括各类采购人员、购买决策人、使用人以及其他方面的有关人员。购买者不仅包括年龄、教育水平、收入水平和性格各异的个人购买者，也包括不同规模、不同经营范围的中间商，他们为转卖而购买商品，还包括各种各样的生产企业，它们出于生产或经营管理的需要而购买生产设备、原材料和辅助材料等。此外，各种非营利性组织如政府机关、学校、社团等也属于购买者。上述所有个人和组织，都可能成为推销对象。推销员应站在推销对象的立场上，根据推销对象的需求推销产品，只有这样才能完成推销。

顾客不仅在接受推销时发挥作用，而且还会影响企业的生产活动，不少企业开发的新产品是在顾客的启发下或者完全根据用户的要求设计出来的。而且，随着推销环境的不断变化，购买活动本身的技术要求也越来越高，各行各业的大批专家直接参与购买活动，制定购买决策，甚至直接参加采购面谈，选购推销品，形成一种专家购买的局面；同时，由于信息传播通畅，普通消费者的购买也越来越专业化。总之，顾客在生产和推销活动中的地位和作用越来越重要，这是对传统推销方式的挑战。

3. 推销品

推销品主要包括有形商品、无形服务和观念。事实上，这三者是密不可分的，推销商品、服务的同时，也在推销着一种观念。作为推销活动的一个基本要素，推销品必然会影响推销活动的各个方面和环节，如推销品的性质、质量、技术性强弱、体积大小等，都关系到推销活动的具体方式、难易程度等。在实际交换过程中，不了解推销品的特性、用途乃至维修保养等方面的知识，就无法胜任推销工作。

（三）推销的实质

导问1-2

你认为推销员应向顾客推销什么？

推销员到底向顾客推销什么？这是一个值得所有推销员深思的问题。推销员在向顾客推销的过程中，推销品本身的推销仅处于一个次要的位置，首先应推销产品的使用价值，其次应推销产品的差别优势，最后应推销产品给顾客带来的综合利益。

岗位资讯1-1

卖品牌前请先卖故事

请看南方黑芝麻糊的经典广告场景描绘，麻石小巷，黄昏，挑担的母女走进幽深的陋巷，布油灯悬在担子上，晃晃悠悠。小男孩挤出深宅，吸着飘出的香气，伴着木履声、叫卖声和民谣似的音乐，搓着小手，神情迫不及待，这时画面里出现了大锅里浓稠的芝麻糊。大铜勺提得很高，往碗里倒芝麻糊。小男孩埋头猛吃，碗，几乎盖住了脸。研芝麻的小姑娘新奇地看着他，站在大人的背后。小男孩大模大样地将碗舔得干干净净，小姑娘捂着嘴笑。卖芝麻糊的母亲爱怜地又给他添了一勺，亲亲地抹去他脸上的残糊。小男孩抬头，露出羞涩的感激。

人是在经历中成长的，对成长中的回忆有时可能会使人终生难忘，广告所宣传的产品如果能够引起人们的美好回忆，无疑是一个成功的广告，达到妇孺皆知。最后，主题广告语“一股浓香，一缕温暖”，给南方黑芝麻糊营造了一个温馨的氛围，深深地感染了每一个观众。当人们在超市里看到南方黑芝麻糊时，可能就会回忆起那片温情，极大程度刺激购买欲望。

资料来源：作者根据有关资料整理编写而成.

1.推销产品的使用价值

推销员推销的并不是简单的以具体实体形态出现的产品本身，而是产品能带给购买者的使用价值。产品的使用价值是指产品本身所具有的，能给购买者带来的种种好处和利益，是顾客购买产品的主要目的和要求。

推销员能否以最简要的语言概括出产品的使用价值，决定了顾客在一开始时对推销品的大概了解，决定了推销在一开始是被接受还是被拒绝。一个产品的使用价值是多方面的，不同顾客对同一产品关注的使用价值也是有所不同的。这就需要推销员全面地了解顾客的需求，通过深入思考，有针对性地向顾客介绍产品的使用价值。

例如，冰箱原本只有冷冻冷藏的作用，但只要深入分析就会发现，同是冰箱，对缺少时间的人，它是节省时间的工具；对懒惰的人，它是可以少走路的途径；对爱享受的人，它是可以随时提供各种美味的百宝箱；对喜欢冷饮的人，它是可以随时提供方便、卫生、分量足够的冰冻食品的冷饮店；对勤快的人，它提供了进行各种烹调操作的机会与可能；对节俭的人，它是保存食品、减少浪费的好方法。

产品既有它的有形使用价值，又有它的无形使用价值。顾客购买产品，有的是追求产品能带来的有形利益和可以看得到的期望目标，亦有的是追求一种自我感觉得到的利益与目标，这种利益与目标与别的顾客不一样，也许是别的顾客感觉不到的。这种被顾客心理感觉得到的无形利益被称作产品的无形使用价值。

在实际推销与购买活动中，同样是一台设备，有的购买者仅仅是为了拥有被进一步提拔的政绩，有的是为了在亲自主持设备的引进工作中体现自己的人生价值，技术人员也许是因为在设备的引进过程中会掌握新的技术手段而振奋，工人可能是因为设备会改变工作环境而欣喜，而推销员却看到了推销的艰辛与成功的喜悦。

产品或服务给购买它的顾客带来的这些无形的利益与满足，就是产品或服务的无形使用价值。无形使用价值往往是由顾客的情感需要与心理需要决定的，推销员推销产品的无形使用价值，有时要比推销产品的有形使用价值更能令顾客满意。

表 1-1 通过对常见产品的举例对比了产品的有形使用价值与无形使用价值。

表 1-1　　产品的有形使用价值与无形使用价值

产品	有形使用价值	无形使用价值
智能手表	和手机相似的智能产品，又是和手表相似的装饰品	时尚达人的标志
洗碗机	节省劳动力和时间	减少家庭矛盾
小轿车	解决出行方式问题	身份、地位的标志
化妆品	使皮肤柔嫩，显年轻风姿	爱美心理的满足
机床	提高生产效率和产品质量	企业的实力
衣柜	放置衣物	令人感到舒适、美观
衣服	遮体之用	时尚、个性的体现
保险	保障个人利益，免遭经济损失	减少心理负担

2. 推销产品的差别优势

随着经济与科学技术的发展，市场上不同品牌、不同规格型号、不同价位的同类商品令消费者难以辨别，作出购买决策的难度在增大。这种情况，就要求推销员向顾客推销产品的差别优势，帮助顾客根据自身的需求作出选择。所谓产品的差别优势是指产品拥有的高于别的同类产品使用价值的那部分使用价值。推销员向顾客推销产品的差别优势，就是要使顾客认识到购买该产品将比购买别的产品能更好地满足自身的需要。产品差别优势是通过与别的同类产品相比较而得出的。

3. 推销产品的综合利益

产品给顾客带来的综合利益，就是指产品的整体概念，即产品可以从三个部分来满足顾客的需求。

一是产品的核心部分，它是指推销品给顾客带来的使用价值。使用价值是顾客作出购买决策的主体驱动力。推销员应善于发现顾客购买某种产品的真实需要是什么，因为顾客购买某种商品并不是为了占有产品本身，而是通过产品或服务的使用，使顾客面临的实际困难与问题得以解决，或者心理上获得某种满足与享受。

二是产品的形式部分，它是产品核心部分借以实现的具体形式。推销员推销的任何商品（无论是有形的还是无形的）都具有可以为消费者所识别的“外观形式”，这些“外观形式”体现在产品或服务的五个方面：质量、式样、品牌、特色、包装。核心部分的使用价值必须通过某种形式来实现，从而满足不同顾客对不同形式的需求。

三是产品的延伸部分，它是指推销产品的形式部分时顾客所能获得的附加利益的总和，包括为顾客提供的各项销售服务、推销员对顾客作出的各项承诺等。

推销员在产品推销中应注意从产品的综合利益角度进行推销，注意产品整体性和层次性的统一，把产品的三个部分有机地结合在一起向顾客推销。

（四）充满希望的推销职业

导问1-3

谈谈你对推销员职业的认识。

微课2 马未都的销售秘诀（上）

微课3 马未都的销售秘诀（中）

微课4 马未都的销售秘诀（下）

推销是一项具有吸引力的工作，也是获取地位和成就的途径之一。作为一名推销员，要与许多人打交道，处理问题。时间久了，会对人、产品和工作内容形成较为深刻的认识，这将有助于与他人的交流，以及获取他人的尊重。大量事实证明，不少企业的最高领导者是从推销工作开始其工作生涯的。

1.丰厚的经济收入

推销是一项收入非常丰厚的工作。一名成功的推销员可以获得较高的经济报酬，无论在哪一类企业，优秀的推销员所获得的报酬一般都高于生产、服务、后勤人员，甚至高于管理人员，而且推销员收入依赖于自身努力，销售业绩越好，收入就越高，有时甚至没有收入上限。美国著名推销员迪巴里年仅38岁就从电脑软件公司退休，他在12年的工作生涯中挣了700多万美元，在其巅峰时，一年就挣了125万多美元。身价14亿的格力电器董明珠女士，在她36岁的时候加入格力电器，从销售人员做起，不断创造格力公司的销售神话，个人销售额曾达到一年3 650万元。程维是滴滴出行的创始人，他是一位80后，大学毕业之后，2005年去了阿里从销售做起，一直做到支付宝事业部的副总经理，之后选择自己创业。

2.独立性和挑战性

独立性是推销工作的一个突出特征，推销比大多数工作都具有更多自主性。在销售主管解释了工作职责和任务后，推销员比较自由，没有人时时监督工作。与其他岗位相比，它更能充分发挥个人的能力，实现个人的价值。推销员可以自由安排自己的时间，什么时候工作，在哪儿工作，工作多长时间，拜访何人，以及做什么或说什么。如果热爱旅行、敢于面对新的挑战、善于和陌生人打交道以及能够独立自主地进行决策，那么这个人就非常适合做推销工作。

3. 晋升的机会

世界上很多巨富都是从推销员干起的。吴士宏在IBM中国公司从销售代表做到销售经理、华南区总经理，再到微软中国公司总经理、TCL集团常务副总裁、TCL信息产业集团公司总裁。李嘉诚、史玉柱、宗庆后等知名企业家，曾经都是优秀的销售员。

推销工作对于日后的晋升来说是一个不错的起点，可以锻炼与人交往的能力，这是公司主管所要具备的一项基本素质；同时，销售是公司业务的主流，可以对公司、产品和用户有一个比较全面的了解。而且，推销的成功可以用销售数据来衡量，这使优秀的推销员能得到最直接的认同。图1–2画出了由推销员晋升为公司最高领导人的典型途径。

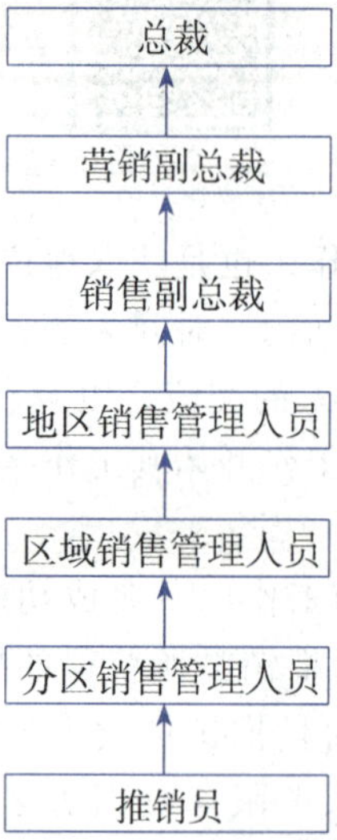

图1–2 推销员的晋升之路

4. 工作保障

从就业状况来看，好的推销员可以说总是供不应求，无论是在繁荣期还是萧条期，推销员的工作都可以得到保障，因此他们很少会失去工作。与此同时，其他行业中由于企业兼并、合并等原因工作岗位有可能减少，而对于一名推销员来说，市场竞争越激烈，他越可以轻而易举地在各地找到工作。各行业、各区域对优秀的销售人员的需求正在不断上升，推销员的工作保障依赖于自身的能力。

岗位资讯 1-2 事业从推销员开始

3个月没赚到一分钱

2017年，已经32岁的失业人员冉女士南下广州。在同学的介绍下，冉女士来到广州一家医疗器械公司当推销员。没有底薪，只有产品。

冉女士不懂医疗器械，不会讲粤语，不知道广州的门诊和医院的大门朝哪开。

她每天拿着地图一家家医院和门诊跑，3个月没挣到一分钱，却花光了带来的6 000元。虽然只有向公司老板借钱度日，但她却没有想过要回家。

放下思想包袱做成第一笔生意

接下来的3个月，冉女士形容自己活得就像条狗，但终于看到了曙光。“让医院买一种医疗器械是非常困难的事，只有该医院有关负责人同意试用，才有一点希望。可我连和这位负责人讲话的机会都没有。当时，我一周到该医院6次，负责人上班我也上班。他从来不理我，我只为了混个脸熟。一天，他下班后去菜场买菜，我也跟着一起去。他终于忍不住了，问我为什么跟他居然跟到菜场。于是，我就和他聊什么菜好吃，什么菜新鲜，怎么做菜。接下来的日子里，我再到医院去，他就不好一点也不理我了。直到第2个月月底时，他开始主动问起我的产品，这时候我才真正开始工作。”冉女士的推销策略是：人们会轻易拒绝一个陌生人，但很难拒绝朋友，如果你想和他做生意，首先要和他做朋友。“这家医院在试用完我的产品后，觉得的确适合他们的病人，于是开始找我进货。”

2019年赚到第一桶金

2019年年初，冉女士开始雇人帮助打理业务。“这个时候，我已经向11家医院和门诊供货，同时和7家医疗器械公司合作。虽然积累的钱还不是很多，但我的事业已经开始走上轨道。”在她和雇员的共同努力下，2019年下半年，她终于赚到了自己的第一桶金——50万元。

资料来源：作者根据相关资料整理编写而成.

二、推销观念

推销观念是指对推销活动的基本看法和进行推销活动的指导思想。推销员从事推销工作首先应该拥有正确的推销观念，其次才是掌握相应的推销技术。没有正确的推销观念，推销技术也无法充分发挥作用。

导问1-4

若甲、乙、丙等多个推销员推销同样的商品，为什么顾客选择从某一个推销员处购买商品，而拒绝了其他推销员呢？

（一）现代推销观念

微课5

现代推销观念

传统的企业推销员认为，自己的推销对象是本企业生产出来的产品。若是持这样的观念，推销员肯定不会从了解购买者的需求出发，站在对方的立场为购买者的利益着想，满足购买者的需求，而是一味地站在自己盈利的角度强行推销产品。一方面这种推销难以成功，另一方面即使成功也难以赢得回头客。

推销员要实现推销必须要赢得推销对象的信任，包括赢得对方对本企业、所推销产品和推销者本人的信任。为了达到这一点，推销员必须与推销对象坦诚相见，帮助推销对象了解自身的真实需求，并且说明本产品能满足并且是最能满足他的需要的，让他确信推销员的推销能帮助他解决所面临的需求问题。唯有坦诚才能赢得顾客。为此，推销员“在说服别人之前必须首先说服自己，然后推销自己”是现代推销需要树立的第一个观念。

“推销的对象是人而不是物”，这是现代推销需要树立的第二个观念。任何产品本身并无意义，只有由人使用后才能体现出它的价值。因此，推销员所卖的并不是产品本身，而是产品的使用价值，具体来说卖的是气味、声音、感觉、构想……以满足买主需求的安全、效能、外观、舒适、经济、耐久等六大利益。所以，推销员要了解未来购买者，包括他们的个性习惯、真实需要和购买行为特点，使推销的产品和为之提供的服务更加符合他们的需要。成功的推销员要善于了解人的购买心理，根据购买者的心理反应来进行有说服力的推销。为此，推销员要对所推销的产品赋予一定的人性化色彩。而推销员对所推销产品进行“人性化”的能力，也就是其对顾客在使用价值观念方面的说服能力。

岗位资讯 1-3　　**买牛排的“滋滋”声**

推销员打动顾客感情的有效方法是对产品的特点和利益进行形象描述。就像一句推销名言所说，“如果你想勾起对方吃牛排的欲望，将牛排放到他的面前固然有效，但最令人无法抗拒的是煎牛排的‘滋滋’声，他会想到牛排正躺在铁板上，滋滋在响，浑身冒油，香味四溢，不由得咽下口水”。“滋滋”的响声使人们产生了联想，刺激了购买欲望。

推销员对产品的介绍，如果只局限于产品的各种物理性能，是难以使顾客动心的。要使顾客产生购买念头，推销员要在介绍产品的性能、特点的基础上，勾画出一幅梦幻般的图景，以增强吸引力。一位吸尘器推销员对顾客说：“请好好想一想，使用吸尘器，你可以从繁杂的家务劳动中解脱出来，这样，你就可以有更多的时间和精力关心孩子的学习和进步，辅导他的作业，带他外出散步，和家人一同享受生活的乐趣。”一位推销天蓝色瓷砖的推销员一句话打动了顾客：“在卫生间铺上这种天蓝色瓷砖，你洗澡时就有置身大海的感觉。”

微课6

建立使者心理模式

（二）建立使者心理模式

导问 1–5

推销员面对顾客应具有乞丐心理还是使者心理？

推销员心理角色一般有两种：乞丐心理与使者心理。乞丐心理的推销员认为推销是乞求，请别人、求别人帮自己办成某项事情，所以在推销时非常害怕客户提出反对意见，害怕客户对产品提出哪怕是一点点的意见。因为在乞求心理的作用下，推销员会害怕购买者有丝毫的反对意见或看法，一旦听到反对意见，马上不禁意识到成交将失败。

而使者心理是当今流行的推销员心理，是一种麻痹自己、提高自己自信心的措施。推销员去走访一个顾客，不是求顾客购买产品，而是向顾客介绍或推荐一种对他有用的或赚钱的产品，像医生上门看病一样，是给患者带来便利、实惠！顾客今天迈进店面，是这个店面的福气，也是顾客的福气，因为推销员将给他带来一些意外的惊喜，将给他带来便利或赚钱的机会。推销员手中的公司的产品，对客户而言，就是一个获利的机会。推销员是光明的使者，会给消费者带来生活上的便利！

推销员在以上这两种心理模式下，精神状态不一样，展现在客户面前的气质和信心也不一样，销售的业绩也不一样。我们说推销员销售产品，首先推销的是推销员自身，在使者心理模式下，更容易将自己推销出去，取得客户或用户的信任。

（三）顾客需求第一

顾客的需求和欲望是市场营销的出发点，也是推销的出发点。产品是满足人们需要的有形与无形的物质或服务的综合体。顾客之所以购买某种产品或服务，总是为了满足一定的需要。因此，推销员必须认真了解顾客的需求，把推销品作为满足顾客需要的方案向顾客推荐，让顾客明白产品确实能满足其需要。一切推销技术都应该使顾客正确地认识自身的需求，真正地满足顾客的需求。一名推销员若不能站在顾客需求的角度，而是一味地玩弄推销技术，是干不好推销工作的。

岗位资讯 1-4　为顾客省钱

一个下着雨的下午，某高尔夫俱乐部里，一位中年人正在和他的朋友为下午不能进行的比赛而遗憾，他们边喝茶边聊天。

中年人的朋友说，“你开的家居卖场，很快就要破产关门了，可你好像还蒙在鼓里啊！”

“这是怎么一回事儿？”中年人问。

那个人接着说：“上周我去了你那儿，本来打算买一个新的水龙头，用来更换我坏掉的那个，但是你的店员却教我花很少的钱修好了坏掉的那个。”

中年人问：“那你能告诉我那个人是谁吗？”

“那不行，这样你会解雇他的！”

“我不会解雇他。”中年人笑着说，“我还会升他的职。”

那个人很惊讶：“为什么？”

“他做的正是我们需要的，我们可不愿意把客人不需要的东西推销出去，我们要做的就是为顾客省钱。你想想看，今后你的水龙头再坏掉的话，你会怎么办？”

“当然是再去找那个店员！”

中年人点点头说："是啊，我们正是需要员工懂得如何去培养顾客的忠诚度，而不仅仅是卖掉一只水龙头，这才是最重要的！"

真正关心顾客，为顾客省钱，顾客才会信赖你，这样才能赚取更多的钱。

资料来源：作者根据相关资料整理编写而成.

（四）正确对待推销技术

从有推销现象开始到现代推销体系的诞生乃至逐渐完善，无数卓有成就的推销大师们对推销技术进行了不懈的探讨，总结出一整套有关推销的技术与技巧，这些推销技术与技巧有用但有限。实践证明，推销员在掌握了推销的一些基本知识、基本方法、基本规律之后，完全可以凭借自身的努力实践使推销工作获得成功。同时也应该注意到，推销技术只是推销体系中的一个部分，系统、科学的推销首先应该是真实，是诚信，最后才是技术。一味地拜求推销技术并将其当成解决一切问题的灵丹妙药，是一种反推销本质的做法，并最终要伤及购销双方及推销本身。

推销技术的运用必须建立在顾客需求的基础上。人的需求是多种多样的，有外显的，也有潜在的。现在不使用不等于将来不使用，表面上不需要不等于真正不需要。因为现在不使用有许多原因，可能受传统观念、传统习惯影响，可能是暂时无钱购买，也可能没有认识到产品的真正用途，甚至可能由于从未听说过有这种产品，刚刚接触难免产生很多疑虑等。因此，推销技术就是要帮助顾客挖掘出潜在的需求，使顾客的潜在需求转化为现实需求。销售的98%是对人的理解，2%是对产品知识的掌握。

（五）诚信为本

诚信是古今中外任何一个民族都尊崇的一种基本道德，社会上人与人之间、团体与团体之间，如果没有诚信，不讲信用，是不可想象的，就如同社会没有了秩序。在市场经济条件下，任何企业和推销员，要想取得顾客的信任，必须以诚信为本。

诚信经营如同游戏规则，必须遵守。企业不讲信誉，是无法立足商场的。推销不讲信誉，是不可能取得推销对象的信任的。古代中国人的交易，没有什么契约，只要彼此口头一句话，便互相信任。市场经济是契约经济，经济合同是各个经济实体相互联系和相互配合的主要纽带，合同把千千万万个经济实体的经济活动连接和组织起来，形成一个市场的整体，信守合同是市场经济正常运行的关键，买卖双方必须重合同、守信用，推销者兑现有关承诺才能树立良好形象，取得社会信任。坚持诚信为本，才能取得成功；否则，必将被市场淘汰出局。

（六）做人是关键

推销是一种与人交往的艺术，是一门争取顾客信任并促成顾客接受的科学。因此，在推销活动中如何做人胜于如何做事。真正成功的推销员，都是因为他们做了一个有益于顾客的人，一个顾客乐于接受的人。

推销员成功的条件应包括：如何面对困难；如何面对失败；坚持行为道德规范，自省自律；不断地鼓舞自己，增强自己的信心；拥有真切的爱心；具有人格魅力。只有那些既关心推销工作又关心顾客的推销员，才具备了优秀推销员的条件。

三、推销员职责

推销对象的差别使得对销售工作和推销员的要求不同，推销员的具体活动也不尽一致，但一些基本的销售工作任务是绝大多数推销员都应该完成的，即推销员的职责。推销员是联系企业与产品用户的桥梁，既要对企业负责，又要对顾客负责，把企业的利益和顾客的利益协调起来。因此，推销员的职责也是双向的、多方面的。

导问1-6

推销员的工作内容应包括些什么？

（一）收集市场情报

推销员是企业和市场的连接点，因此能直接感知和了解所推销产品的市场需求态势是供不应求，或是供求基本平衡，还是供过于求，也能了解竞争者的同类产品或替代产品的销售情况和营销策略，向本企业提供众多快捷而有效的市场情报，以便企业能准确地评估市场变化，预测今后市场走向，为企业开发新产品、制定正确的市场营销策略提供充分的依据。

通常企业要求推销员收集的信息主要包括：

（1）顾客对产品的具体意见和要求。

（2）消费者行为特征、结构方面的情况。

（3）市场供求关系的现状及变化趋势。

（4）同类产品的竞争状况。

（5）顾客对企业销售政策、售后服务等的反应。

苹果公司的推销员在开发获得巨大成功的PowerBook笔记本电脑过程中起到了举足轻重的作用。苹果公司的第一台重达17磅的便携式电脑Mac在市场上失败以后，推销员被派去观察那些使用竞争产品——笔记本电脑的顾客。他们注意到，竞争产品实际上是桌面单元，体积更小。苹果公司的推销员发现，人们在飞机上、汽车里、家里甚至在床上使用便携式电脑。他们于是得出结论：人们并不是真正想要“小型的”电脑，而是想要“可以移动”的电脑，它的价格只是其中的一个方面。

推销员还注意到，飞机上的人们需要一块平面移动鼠标，需要一块地方使用他们的双手。因此PowerBook就有了两个显著的特点：跟踪球指示器以及可以放手掌的键盘。这使PowerBook更易于使用，优势更明显。

（二）传播和沟通信息

推销员要通过自己的活动，在企业和消费者中传播和沟通各种各样的信息。一方面，要向准顾客提供企业的产品信息，包括产品的花色、品种、规格、数量、质量、性能、特点和使用方法等，同时还要向准顾客说明价格、渠道、广告和推广等营销因素及计划；另一方面，要把消费者的各种意见及时反馈给企业的有关部门和领导，以便改进设计、加强管理，使企业今后的生产经营更能满足消费者的要求，从而达到取得更多利润的目的。

为向顾客提供有用的购买信息，推销员必须进行全面的推销前准备，必须拥有关于公司、产品、竞争对手和行业状况的足够知识。为有效地运用这些信息，推销员必须识别顾客的需要，搞清楚顾客是组织购买者还是个人消费者？一旦购买者的需求得到确认，推销员必须实施产品展示和说明，向顾客呈现其产品和服务将如何满足他们的需求。

（三）发现市场

准顾客即是市场，他们是推销的客体。没有准顾客，推销员就失去了推销的目标。因此在推销前必须先找寻合适的准顾客，也就是那些既有购买意愿，又有相应支付能力的个人或组织。而且，推销员的眼光不能只局限于现在的推销领域和现有的产品，还要善于在推销活动中发现新的市场。有时候，某一市场区域已经饱和，而另一市场区域需求却很迫切，潜力很大；有时候，本地区市场需求看似饱和，实际上潜在需求并未被发掘出来；有时候，只要在现有产品基础上作一点小改变，增加一点新功能，便能开拓一个新的市场领域；还有一种情况更值得注意，在企业现有工艺装备不改变的条件下，用同样的设备可以生产出与现有产品完全不同的新产品，通过这个新产品可以开拓出一个全新的市场。

（四）推销产品

推销产品是推销员最根本的任务。而推销的核心是说服准顾客购买产品，即要引起顾客的注意和兴趣，激发他们的购买欲望，直到最后拍板成交。为此，推销员要精心做好下列工作。

1. 了解未来购买者

了解未来购买者（即准顾客），包括了解他们的个性习惯、真实需要和购买特性，使推销的产品在将来成交后能满足顾客的需要，符合要求，获得利益。

2.赢得准顾客的信任

赢得准顾客的信任，包括赢得准顾客对企业和推销员本人的信任。要达到这一点，推销员就必须与准顾客坦诚相见，帮助准顾客了解自己的真实需要，然后说明产品能满足他的需要或解决他的问题。唯有坦诚才能使得准顾客转化成为顾客。

3.正确处理准顾客的异议

准顾客提出异议是很正常的事，俗话说“嫌货人才是买货人”，推销员应懂得如何利用准顾客异议进一步推销。

（五）收取货款

微课7

货款回收的七字诀

收款是企业流动资金管理的一个重要环节。推销员的职责是要做到尽量不让公司存在无法收回的货款。为此，推销员在选择推销对象时，必须进行准顾客信用状态的调查，避免出现不能回收货款或被不良客户欺骗。特别是在以下几种情况，一定要做好信用调查：

（1）开拓新客户。

（2）交易条件发生变化。

（3）听到对方不利的传闻。

（4）对方出现异常的经济行为。

同时，推销员应该编制一个收款计划，按照合同订立的付款规定，切实收回应收的货款。

（六）建立良好的人际关系和企业形象

推销的对象是人，推销员主要是和人（即准顾客）打交道，没有良好的人际关系寸步难行。推销员以企业代表的身份去工作，准顾客往往通过推销员的介绍来认识企业。推销员的形象也是企业形象的一种表现，如果推销员在社会上人际关系不好，不仅使自身难有好的销售业绩，而且会给企业抹黑，影响企业的声誉和命运。推销工作是把生产与消费、供给与需求、企业和市场联系起来，优秀的推销员也必然是企业的外交家、社会活动的人际关系专家。

推销员应改变那种“买卖做完即分手”的做法，与顾客建立长期、稳固的联系。不论是对老顾客，还是对尚未购买产品的潜在顾客，都应保持这种联系。这种联系不仅包括业务方面的内容，还应包括人际关系。

通常，企业与顾客建立良好沟通关系的有效步骤包括：

（1）确定主要客户名单。

（2）确定每一位推销员的联络对象。

（3）规定沟通关系的具体目标及任务。

（4）推销管理人员定期检查评估。

(5) 每个推销员根据计划目标实施沟通工作。

美国有一位人寿保险专家埃尔墨·莱特曼说:"我并不是销售保险，我是建立关系，然后人们才来购买人寿保险。"推销大师乔·吉拉德也曾说:"生意不是爱情，而是金钱，你不必指望所有的人都爱你，却可以让所有的人都喜欢你。"这些推销大师所说的都是指建立良好的人际关系。他们取得举世瞩目的推销成就，与他们善于建立良好的人际关系是分不开的。推销员应致力于建立一种真诚的、长期的、富有人情味的人际关系。

岗位资讯1-5　与顾客建立长期的伙伴关系

张强在一家日化公司从事推销洗衣液、沐浴用品和卫生间用品工作。一天，他来到一家小超市，老板非常自豪地谈起他的店铺和销售业绩。当张强和老板谈起自己推销的产品时，老板打断了他，说:"给我你的订单。"然后，老板拿出笔来开始在订单上的每一类产品栏中都填了相当大的数目。张强看了看订货数量，认为老板对每类产品的订货太多了。虽然作为推销员他对此感到很满意，但他还是指出老板订得太多。这时，老板说:"我可不希望产品在货架上短缺。"张强回答说:"那这样吧，我每周给你打一次电话。我会根据你的销售情况保证供货，你不会缺货的。"老板想了一会儿，说:"你是第一个主动减少订货数量的推销员，别的人都不这样做。从今以后，你来帮助我决定进货的种类和数量，我只要签字就可以了。"由于替顾客着想，张强与该老板建立了长期伙伴关系。

资料来源：作者根据相关资料整理编写而成。

(七) 为推销对象提供最佳的服务

推销过程其实就是提供一连串服务的过程，包括售前服务、售中服务和售后服务。推销员卖给对方的是买方需求的满足，要使推销对象满足就必须提供最佳服务，尽力为推销对象提供方便。满足、周到的服务不仅是完成一次推销任务的重要因素，而且也为顾客以后的购买奠定了良好的基础，尤其是售后服务，对争取回头客起着至关重要的作用。所以，推销员在完成销售后还应定期与顾客接触，了解他们对产品的满意程度，并根据不同情况对某些失误或不足之处采取必要的补救措施。只有对顾客购买后的各类要求应予以满足，对顾客的问题或困难应予以及时的帮助，才能培养起更多的忠实顾客。

1.售前服务

它是在实施销售之前向顾客提供的一系列服务。售前服务主要包括调查顾客的需求特征、向顾客宣传企业和产品、提供咨询、进行人员培训等。通过这一系列工作，提高顾客对企业和产品的认知度，消除其疑虑，坚定其购买信心。

2.售中服务

它是在推销活动中为顾客提供的一系列服务。售中服务主要包括热情接待顾客、讲解产品知识、回答各种疑问、为顾客当参谋、提供购买方便、协助顾客办理包装和运输手续、送货上门等。只有切实做好销售过程中的服务工作，才能促使交易顺利实现。

3.售后服务

它是在推销工作结束、实现交易之后为顾客提供的服务。售后服务是对推销工作的进一步完善，是减少顾客的购后风险，强化顾客的满意度和信任度，提高推销员及其企业的知名度、美誉度不可缺少的工作，它具有承上启下的作用。它主要包括：指导顾客正确使用产品，帮助顾客安装、调试、操作产品，负责退换、维修和更新产品，及时向顾客通报企业的重大情况等。做好售后服务是减少顾客抱怨、解除顾客后顾之忧的重要举措。推销员一定要克服成交之后万事大吉的陈旧观念，树立正确的现代推销观念。在成交后要继续关注顾客，站在顾客的立场看待问题，使顾客真正感受到买者方便，用者满意。

岗位资讯1-6 做销售，做好一种服务，真正打动客户的心，赚钱不难

在现实销售活动中，有一部分销售员对服务是不够重视的，即使重视也带有强烈的功利性。销售心理学指出，只为销售而做的服务必然带有很大的功利性，没有一个客户是傻瓜，如果你只想赚客户的钱，结果肯定很难赚到钱。不带功利性的服务，是一种无私、真诚付出，更能打动客户的心。

某中年妇女独自在家忙家务。这时候，有人敲门，原来是一个女孩来推销一种洗地毯的水，中年妇女一向对上门推销比较反感，就想要拒绝女孩。但是这个女孩经过专业化的训练，她说："大姐，您不买我们的产品没有关系，我只是想说，现在市场上已经有了这种洗地毯的水，你可以简单了解下。我看你们家的地毯很漂亮，有没有什么地方有一点点脏，我可以帮你免费清洗一下。"见女孩态度很诚恳，而且这位中年妇女也确实第一次听说有洗地毯的水，就打开了门，让女孩进来。餐厅的地毯上有洒出来的饮料留下的污渍，中年妇女对女孩说："你看能不能帮我清洗掉这个。"女孩得到了主人的允许，就把洗地毯水倒了一点儿在上面，用布擦一擦，然后用干净毛巾一抹。那里的污渍真的就不见了，中年妇女感到很好奇，也为女孩免费服务的态度所感动，一下子买了两瓶。

这个女孩的服务境界比较高，她是抱着服务客户的态度，并没有要求客户以购买产品作为交换。像这样的服务就能够为自己赢得口碑，进而会直接影响到销售。

资料来源　佚名．销售心理学：做销售，做好一种服务，真正打动客户的心，赚钱不难［EB/OL］．［2019-10-12］．https：//view.inews.qq.com/k/20210727A0CUU600？web_channel=wap&openApp=false&f=newdc.

(八)为推销对象提供产品知识教育

推销产品首先要推销产品知识，这是现代企业推销工作的一个基本特征。推销产品知识就是为推销对象提供产品知识教育。当今社会，科技发展、消费更新、产品换代都在急剧变化，日新月异，市场的真正需求往往是潜在的。把潜在需求变为现实需求，就需要消费者掌握一定的知识，接受一定的产品知识教育。产品的特性、用途能为消费者解决什么问题？使消费者得到何种利益？产品怎样维修、保养？为此，消费者都需要接受教育，推销员的任务也就包括为推销对象提供受教育的机会。当然，教育者首先自己要受教育，自己不掌握知识就无从教育别人。

四、推销模式

推销模式是推销员根据顾客在接受推销过程中的心理活动规律，而采取的一套程序化的推销形式。推销模式来自推销实践，具有很强的操作性，是现代推销理论的主要组成部分。但在推销实践中，由于推销活动的复杂性、市场环境的多变性，推销员不应僵化地拘泥于标准化模式，而应从掌握推销活动的规律入手，灵活运用各种推销模式。

(一)爱达模式

消费心理研究表明，顾客购买的心理过程可以分为4个阶段，即注意（Attention）、兴趣（Interest）、欲望（Desire）、行动（Action）。根据顾客这一心理变化，推销活动应相应地实施以下4个步骤（如图1-3所示）：

图1-3　推销活动的4个步骤

注意、兴趣、欲望和行动4个词语的英文单词第一个字母连起来为AIDA，中文音译为爱达，所以，人们把这一按照消费者消费心理过程进行推销的步骤称为爱达模式。尽管推销的内容复杂多样，推销员基本上可以用这4个步骤分解推销过程，并引导自己的推销活动。

1.注意

引起注意是推销员根据顾客购买心理演变过程进行推销的第一个阶段。运用爱达模式开始推销，无论是在店堂销售、展销会销售，还是上门推销，推销员的第一步就是要吸引目标顾客对推销的注意。如果没有引起顾客对推销员或推销品的注意，那么，推销无从入手，不知如何开始。引起注意的方法和手段有很多，常见的如口头介绍，让顾客看产品资料或宣传品，还有制作广告等也是引起顾客注意的常用方式。但是，最有效的方法是让顾客直接接触产品，使顾客能亲身体验产品的优点，从而产生兴趣，激发购买欲望。

2.兴趣

引起顾客注意后，推销员就要细心观察对方的态度、眼神、动作，判断是否能引起对方兴趣。当顾客听了推销员对推销产品的优点或长处的详细介绍后，十分注意这一产品时，推销员保持短暂的沉默乃是上策，顾客需要思考和判断，此时多说话会使顾客心乱，还可能引起顾客疑心。很多推销员做不成生意都是由于他们太早就盯得太紧，他们还不了解顾客，还不知道顾客的需要，就急着把合约推到对方面前。不管顾客多想买这一商品，都有可能被吓跑。这时应等到顾客提出询问，推销员再充分施展创意，满怀信心、热情地介绍和回答，这样就会很有效地引起顾客对产品的兴趣。

3.欲望

所谓欲望，即一个人对某种事物极想得到的愿望。顾客虽已很喜爱某种东西，但往往不会露于言表，尤其是有经验的顾客常常装做无所谓的样子，不形于色。这时，推销员应静观顾客的情绪变化，进行试探性的对话，摸清其企图隐藏的心境，选择合适的方式，助长其购买欲望。当顾客把产品与其他同类产品进行比较时，推销员必须懂得，这是顾客在作最后的判断，希望用事实证明购买这一产品是正确的。此时，推销员必须表现出更大的热情，帮助顾客作出客观的比较，最好能将事先准备好的自己产品和其他同类产品的比较表呈现给顾客看，这样将会取得更好的效果。但要注意，千万不要对其他厂商销售的同类产品进行攻击和贬低，而应实事求是地进行功能和效益比较。

岗位资讯1-7　吸引注意、唤起兴趣和激发欲望的技巧

1.吸引注意技巧的要点：精心设计开场白，突破准顾客的厌倦。

（1）保险推销员面对一位家有青少年的母亲，试图用简介资料向她推销。推销员说："您知道大学四年的生活费需要花费多少吗?"这是一种以奇怪的问题来突破顾客麻木状态或厌倦气氛的方法。

（2）化妆品推销员在销售专柜前，衣冠整洁，仪表动人。推销员小姐对注视化妆品的中年妇女说："这种润肤产品可以防止皮肤干裂，您有兴趣吗?"这是以顾客需要提示法来吸引顾客的注意。

（3）从事房屋隔间销售业务的推销员对房东说："您知道将房屋隔间后可以减税吗?"这是以顾客利益提示法来吸引顾客的注意。

2.唤起兴趣技巧的要点：将所推销产品的特征、优点与顾客的需要、欲望和特定的问题联系起来，诱导出顾客的兴趣。

（1）保险推销员面对一位家有青少年的母亲说："如果您不来投保，您可以保

证孩子上大学期间每月有2 000元的零花钱吗?”

(2)化妆品推销员对中年妇女说:“如果希望在年龄逐渐增大时，仍然可以防止皱纹产生的话，您知道最需要的是防止皮肤干燥吗?”

(3)从事房屋隔间销售业务的推销员对房东说:“您希望减少您的税费，是吧?”

这几种情景的共同点就是，继续提示顾客的需要和利益，尤其是要顾客本人加入话题中来，在顾客的注意和兴趣之间连接了一条纽带。

3.激发购买欲望技巧的要点：提供各种利益进行证实，强化顾客利益。

(1)保险推销员面对一位家有青少年的母亲说:“住在本市的邓先生因病突然去世了。因为有了我们公司的学费保险，小邓才能在上海的大学继续读书，他计划成为一名律师。”

(2)化妆品推销员对中年妇女说:“这是用过我们这款润肤产品的用户的照片，她们的皮肤是多么的柔嫩、光滑啊。”

(3)从事房屋隔间销售业务的推销员对房东说:“这是最新的税法。这儿有一份资料，详细说明了新税法的来龙去脉。您的邻居向我订购了七间独院的房屋业务。如果您打电话给她的话，相信她会肯定我的说法。她是一位会计，对我们的价格和做法都核对得非常彻底。”

这几种激发购买欲望的技巧都是以真实可信而且详细的例子来作出证实和保障的。

4.行动

激起顾客的欲望后，还得帮助顾客采取行动。当顾客通过比较与考虑，对产品产生了信心后，除非突然出现大的新疑虑，否则一般来说已经坚定了购买的信念。此时推销员应拿出准备好的订单，请他在需要签字的地方签字或预付订金，履行购买手续。整个过程，推销员要创造轻松的气氛，把握时机，达到销售的目的。

顾客购买产品的目的是获得“满足感”。顾客对产品的效用感到满足时，才是销售的真正结束。博取顾客满足感首先是让顾客使用后感到货真价实，同时要有良好的售后服务，让顾客购买后有超值的感觉。售后服务使顾客的“满足感”更加巩固，长期的满足感会促使顾客成为推销员最好的帮手和支持者，成为义务的推销助手。

爱达模式的四个发展阶段没有严格的界限划分。有时候各阶段会互相重叠，有时候又会相隔长短不一的时间，其各阶段的完成时间是非固定的，可长可短。所以，作为一次推销，有的可能需要花费几个月的时间才能完成，有的则可能只需一两分钟就能完成。各阶段的先后次序也不是一成不变的，有时候其次序可以颠倒，有时候其中某一阶段又可能省略不出现。这一切，都视推销对象的情感和理性对比的强弱、对产品认识的多寡、心理反应速度的快慢以及个人背景的不同而呈现出千姿百态的状况。但不管怎样，爱达模式在推销中的运用，其目标只有一个，就是要达成交易，而这一终极目标是建立在满足顾客需求的基础上的。所以，推销过程的一条主线就是在明确推销对象的产品需求（很多情况是潜在需求，顾客自己并没意识到有这种需求）的前提下，如果顾客还未作出购买决策，推销员就要不断地做说服工作，直到顾客作出购买决定为止。

人在行为上经常会表现出情绪重于理智，在决定购买商品时也不例外，尤其是购买奢侈品和消费品的消费者，其可诱导性是非常强的。当然，推销员也不能误导顾客购买不需要的产品，这是与现代推销观念大相径庭的。但人们可能会盲目购买的情况却足以说明购买中存在的非理性化。即使是生产资料，如果顾客没有需要，是绝对不会购买的，但是当选这一家和那一家的产品没有本质区别时，采购决策者的感情动机就起了很大的作用。因此，一个好的推销员应掌握顾客的心理和行为反应，灵活地运用好爱达模式，以情感人，以理服人，从而达到说服的目的，促成销售。

（二）埃德帕模式

微课8

埃德帕模式

埃德帕是英文IDEPA的中文译音，是英文单词Identification、Demonstration、Elimination、Proof和Acceptance的首字母连写。埃德帕模式是海英兹·姆·戈德曼根据自己的推销经验总结出来的迪伯达（DIPADA）模式的简化形式。它主要包括以下5个推销步骤：

第一步：Identification，确认顾客需求（把推销品与顾客愿望联系起来）；

第二步：Demonstration，向顾客展示合适的产品；

第三步：Elimination，淘汰不宜推销的产品；

第四步：Proof，证实顾客已作出正确的选择；

第五步：Acceptance，促使顾客接受推销产品，作出购买决定。

埃德帕模式适用于有着明显的购买愿望和购买目标的顾客。无论是零售商的小批量进货、批发商的大批量进货，还是生产企业的原材料进货；也无论是采购人员亲自上门求购，还是通过电话、网络等通信工具询问报价，只要是顾客主动与推销员接洽，都是带有明确的需求目的的，在这种情况下，都可使用埃德帕模式。

1.确认顾客需求

确认顾客需求就是把推销品与顾客愿望联系起来。推销员应当准确地发现顾客有哪些需要，针对有明确购买目标的顾客，直接提示哪些产品符合顾客的购买目标，即把所推销的产品与顾客的愿望联系起来。

（1）对上门主动求购的顾客应热情接待。商品生产的客观规律与市场经济供求矛盾的变化，使顾客与推销员或者说买卖双方在市场上的优势与劣势、主动或被动呈规律性的周期变化。一些不认识这种规律的推销员因错觉而产生错误的做法：当产品供不应求时，他觉得自己的产品是“皇帝的女儿不愁嫁”，对纷纷上门“示爱求婚”的顾客不屑一顾，大摆架子；而一旦产品滞销时，又求爷爷告奶奶地向顾客讨好。作为商家应当密切产销关系，搞好工贸协作，特别要注意从产品是“热销品”供不应求时就做好这项工作。对上门求购的顾客应热情接待，合情合理地分配产品，使顾客满意而归。这是对推销员的一项最基本的要求。

（2）尽量满足消费者需求。对于上门求购的顾客，推销人员应按照顾客提供的需求标准，尽量提供更多的货源供顾客选择，不能怕麻烦。同时，对顾客原来没有打算购买的产品，推销员应在揣摩顾客的愿望与要求的基础上，恰当地将产品与顾客的愿望结合起来。

2.向顾客示范产品

在这个阶段，推销员要向顾客示范其所推荐的产品。在示范时，应当注意两个问题：

（1）应按照顾客的需要示范产品。如果顾客是拿着进货清单的话，那么，对清单上所列的产品都应加以示范，除非顾客表示不需要。如果推销员能按照顾客的需要向顾客推销进货清单上没有的产品，如刚出厂的新产品、即将成为畅销品的产品、进销差价大的产品等，一定会备受顾客的欢迎。推销员越是能准确地发现顾客需要并示范产品，推销的成功概率就越大。

（2）推销员通过示范的方式了解顾客的需求。由于中间商进货的需求弹性大，他们关心产品的进销差价率胜过关心产品的品种与质量，因此，他们购买商品时的可替代性与可更换性就更大，推销员应多示范几种产品，并在多种产品的示范中了解顾客的具体购买要求。

3.淘汰不合适的产品

所谓不合适的产品就是不符合顾客需求的产品。推销员需要把不合适的、与顾客需求标准距离较大的产品筛选掉，使顾客尽量买到称心如意的产品。但在淘汰不合适的产品时，应该十分谨慎。推销员应准确地把握顾客压缩购买的原因。对于老顾客，推销员应当准确把握顾客每次的进货额；对新顾客，推销员应尽量了解顾客进货的档次、数量。

4.向顾客证实他的选择是正确的

例如，在向顾客证实他的选择是正确的时，主要是从消费者价值入口入手，可用实例证明，如某种产品在某个商场销售得很好、利润率很高等。当顾客选择产品后，证实与赞扬顾客的挑选正确是必不可少的一环，因为这将直接关系到推销的最后成功和交易的完成。

岗位资讯1-8　　鞋子销售技巧

张春的工作是向零售店推销女鞋。有一年秋天，张春发现她无法劝说一家鞋店的经理订购公司刚刚推向市场的一款新样式的女鞋。在几次电话沟通几乎无效后，她为鞋店经理送去一份新鞋的订货合同，并请求他保留一段时间。

几天后，张春开始向那位经理提供一些有关新样式女鞋的简短信息。“距贵店仅两条街的鞋城报告说此鞋销售良好。”“某鞋店已订了两次货。”不到一个星期，张春的做法就产生了效果，她收到了那份订货合同，合同已签好，数量还多于她开始填写的数目。而且，鞋店经理还附了一张纸条，感谢张春告诉他新鞋的销售情况。

资料来源：作者根据相关资料整理编写而成.

5.促使顾客购买产品

这一步工作主要是促使顾客达成交易，而促成交易的主要障碍并不是产品的质量。如对于中间商的推销，推销员应针对顾客的具体特点开展工作：或帮助他们尽快办好进货手续，或为其解决运输问题，或对有些顾客在货款的结算上给予方便，或对要求退货赔偿及降价赔偿等方面的问题尽力给予圆满解决。

（三）费比模式

费比推销模式。费比是英文FABE的中文译音，FABE是英文单词Feature、Advantage、Benefit和Evidence的首字母连写。费比模式主要包含推销的4个步骤：

第一步：把产品的特征（Feature）详细介绍给顾客；

第二步：充分分析产品的优点（Advantage）；

第三步：尽述产品给顾客带来的利益（Benefit）；

第四步：以“证据”（Evidence）说服顾客购买。

费比模式具体的推销步骤是：

1.把产品的特征详细地介绍给顾客

这一步要求推销员以准确的语言向顾客介绍产品的特征。介绍的内容应包括产品的性能、构造、作用、使用的简易性及方便程度、耐久性、经济性、外观优点及价格等，如果是新产品则更应详细地介绍。对于比较复杂的产品，推销员应事先准备好广告式的宣传材料，展示给顾客，以便顾客充分了解产品。而强调如何制作好广告材料和卡片则是费比模式的主要特色。

2.充分分析产品的优点

费比模式要求推销员应针对在第一步中介绍的特征，寻找出其特殊的作用，或者是某项特征在该产品中扮演的特殊角色、具有的特殊功能等。如果是新产品，则务必说明该产品的开发背景、目的、设计时的主导思想、开发的必要性以及相对于老产品的差别优势等。当面对的是具有较高专业知识的顾客时，则应以专业术语进行介绍，并力求用词准确，言简意赅。

3.尽述产品给顾客带来的利益

这是费比模式中最重要的一个步骤，推销员应在了解顾客需求的基础上，把产品能给顾客带来的利益，尽量多地列举给顾客。推销员不仅要讲产品外表的、实质上的利益，更要讲产品给顾客带来的内在的、附加的利益。从经济利益、社会利益到工作利益以至社交利益，都应一一列举出来。在对顾客需求了解不多的情况下，应边讲解边观察顾客的专注程度和表情变化。在顾客表现出特别关注某一方面时，推销员要特别注意多讲解、多举例。

4.以“证据”说服顾客

该模式要求推销员在推销中要避免用“最便宜”“最合算”“最耐用”等字眼，因为这些话容易引起顾客反感。因此，推销员应用真实的数据、案例、实物等证据解决顾客的各种疑虑，促使顾客购买。

岗位资讯1-9　以某品牌真人发音功能来介绍FABE推销方法

第一步：向顾客介绍某品牌所具有的真人发音功能。

某品牌的发音是有真人发音的，语言专业人员的真人发音，是不同于市场上其他产品的电子发音的。

第二步：向顾客介绍真人发音的优点。

某品牌由于使用语言专业人员（中央电视台著名播音员）的标准英语发音，因此语音准确、清晰。

第三步：向顾客说明真人发音带来的好处。

便于学习者跟读、模仿以及矫正自己的不正确发音。

第四步：让顾客亲自操作，感受真人发音的效果，从而说服顾客购买。

点击发音较长的句型，请顾客试听真人发音的效果，劝其购买，达成交易。

费比模式与前面两个模式相比，有一个明显的特点：事先把产品特征、优点及带给顾客的利益等列出来，印在宣传材料上或写在卡片上，这样就能使顾客更好地了解有关的内容，减少产生疑问与异议的可能。正是由于费比模式具有这一特色，它受到了不少推销员的大力推崇。为了尽可能地发挥费比模式这一特色，推销员应事先准备好各种推销用语，即拟好介绍产品、指出优点的销售用语，对产品效用价值进行特别介绍的销售用语，刺激顾客购买欲望的销售用语，说明企业文化、企业经营理念的说辞，并将各种行之有效的推销用语印在纸上、牢记心里，达到随时能脱口而出的熟练程度。

岗位资讯1-10　引导顾客购买的技巧

郭昆漠博士将推销技巧总结为诱导顾客购买的7个阶段，或称成功推销构成法。

（1）引起对方的注意，最好的方式之一是把名片印制得与众不同，富有新意；

（2）引起顾客的兴趣，如借助语言、动作引起顾客的好奇心、求知欲与期望等；

（3）使顾客产生联想，如绘声绘色地描述顾客拥有产品后所能得到的好处；

（4）诱发顾客的购买欲望，使顾客明白推销品正是他所缺少的，让顾客相信推销品可以满足他的需求，让顾客了解购买推销品可以获得的利益；

（5）给顾客多方面比较的机会，如将顾客付出的代价与所能得到的利益进行比较、将顾客的财政预算与产品的使用价值进行比较、将推销品与竞争品进行比较等；

（6）让顾客信服，即以各种证据证实推销品物有所值、推销员诚实可靠等；

（7）促使顾客下决心采取购买行动。

厚德精技 1-1

销售的诚信比技巧更重要

销售要具备3个方面的素质：职业道德、心理准备和技巧。

一名优秀的销售人员：首先，要了解自己所要经营的业务，要有信誉意识，对客户负责，不要死缠烂打，不能泄露客户隐私，不要强加于人；其次，对于拒绝也要有足够的心理准备，要具有坚持不懈的精神；最后，就是要注意一些沟通技巧。而其中，最重要的就是要有职业道德，要有诚信意识，“销售中一个很重要的原则就是用诚信去打动对方”。

我所居住的社区，有一个小商店生意特别红火，小区的人都爱到他那里买东西。为什么呢？有一次，我也去那里购物，有机会体会了一下他们的服务。当时，晚饭准备做虾皮紫菜汤喝，于是就奉太太之命去买半斤虾皮。那位服务员先把装虾皮的塑料袋在电子秤上称了一下，然后开始装虾皮。我感到很奇怪，就问这位服务员：“为什么要这样做呀？”这位服务员笑着说：“我把塑料袋的重量给你减去呀。”我不以为然地说：“这个塑料袋能有什么分量呀？”这位服务员说：“你不要小看这只塑料袋的重量，在电子秤上它也有好几克的分量，有一小把虾皮呢！”虽然一个塑料袋也没有多少重量，但是这位服务员的举动却让人心里暖暖的，我回去就对我太太说：“以后买日杂，咱就去那家小商店吧！”

这就是诚信的力量。“一流的销售人员卖理念，三流的销售人员卖产品。”这里的理念，就包括讲究诚实守信的理念。一名只顾卖产品，只看到眼前一点好处，而不顾及顾客利益、放弃长远合作关系的销售人员，在失去顾客的同时，实际上也失去了自己的业绩。

资料来源：作者结合相关资料整理而成.

讨论：结合实例谈谈诚信为本的体会。

工作岗位讨论

1. 你是如何看待推销员这一职业的？

2. 你认为推销员应具有什么样的推销理念？

3.具体说明爱达、埃德帕、费比三种推销模式分别适合何种推销状态。

工作岗位思考

1.什么是推销？请从广义和狭义两个方面对推销的含义进行举例说明。

2.通过实例说明推销员向顾客进行产品推销的内容。

3.举例说明什么是现代推销观念。其与传统推销观念有何本质区别？

4.推销员的职责是什么？站在某一产品推销员的角度具体予以说明。

5.结合实例试述爱达模式的要点。

6.埃德帕模式将推销过程分为哪几个步骤？

7.费比模式的具体推销步骤是什么？

8.费比模式的主要特点是什么？

9.综合三大推销模式，自己总结出一套推销模式来。

工作岗位实例分析

【背景资料1】 张涵的选择

张涵是大学四年级的学生，她学的是市场营销专业，成绩良好，而且积极参加了多个校园组织，她在过去两年中一直是学校市场营销协会的副主席。

去年暑假，她曾在一家百货公司实习，这是一家非常大的百货集团。张涵被分在运动女装部，主要从事全天性的销售，部分时间还要检查存货和做一点儿办公室工作。

张涵很喜欢在百货公司度过的这一段时间，公司也希望她毕业后到该公司做部门经理助理。开始工资是每月3 000元，尽管不太高，但有很好的提升机会。

张涵认真考虑了该公司的条件。作为一名部门经理助理，她不仅要从事销售，还要抽出时间负责采购、库存和行政性工作。

在最终作决定之前，张涵希望了解一下是否还有别的机会。她搜集了招聘广告，并去学校就业部门查询信息。在寄出了多份个人简历、参加了一些见面会后，又有3家公司愿意录用她。

第一家是一个大型的食品生产企业，向超市提供一系列著名品牌的产品。具体的工作是拜访商店经理、拿到订单、安排商品陈设、协调零售商以及拜访她所负责区域内的潜在客户。最初的工资是4 000元，但是可使用公司配车。如果销售超过定额或是吸收了新客户，她还可以得到一些奖励。

第二份工作是为一家大型的药品公司做药品销售员，主要的拜访场所有医院、诊所和保健机构。这份工作要求先进行9个月的强化训练。在训练期间，她的工资是每月2 000元，正式工作后将涨到每月4 500元，并且可以使用公司配车。

第三份工作是为一家全国最大的女袜生产商工作。张涵将从一名初级销售员做起，在一名老销售员的指导下，为现有的零售客户服务。她的工作是检查库存、填写订单、检查商品陈设和价格、更换损坏的商品、努力安排更好的展示位置并开展店内促销活动。工作前将先进行3个星期的培训，其中包括参观生产车间以加深对产品的了解，参加有关销售技巧的职场培训。第一年的工资是每月2 800元。如果干得好，有望在2年内得到提升。

张涵认为这4份工作都不错，很犹豫应该选择哪一个。由于很快就要毕业了，张涵必须马上作出选择。

【问题讨论】

1.你认为张涵适合干推销吗？为什么？

2.列出各份工作的长处和不足。

3.如果是你处在张涵的位置，你会选择哪份工作？为什么？

【背景资料2】　房车销售

小丽和张强正在讨论购买房车，以备将来旅行之用。开房车出去旅行将使一家人有更多的时间聚在一起。

星期六一大早，全家人去了房车销售店。张强走向站在一旁的销售员，他们开始交谈。

张强：你好！我们对房车很感兴趣，你能告诉我们有关情况吗？

销售员：您来得正是时候，我们正在展销。这里是一些小册子，能告诉您不同品种的各种细节情况。您可以到处看看，看哪种比较喜欢？之后我再和您谈谈。

张强（对小丽说）：在看之前我想问些问题，但我们还是先看看不同款式吧！你想看看小册子吗？

小丽：我待会儿再看小册子，我们从那儿开始看起吧！它的大小好像正合适。

萌萌（在房子里面）：嗨，看这儿！还有电视机，开车时我们可以看电视了。房车中的电视怎样工作？你们开车时不会调换频道吧？

张强：它一定是靠电池来工作的。它能维持多久呢？

小丽（在看另一款）：这里面确实应有尽有，冰箱、烤箱、淋浴喷头，而且比其他款式有更多的空间，这些电器究竟是怎样工作的呢？

张强：一定是靠煤气驱动，那么，油箱有多大？是不是很难加满？我还想知道这要花多少钱？待在快捷酒店一定会更便宜。

嘟嘟：我们要看完这里所有的款式吗？那要花一整天时间。

销售员（赶上张强）：您喜欢这种款式吗？它确实非常棒，是不是？展销期间的价格比平常便宜5 000元。

小丽：这里面能睡多少人？

销售员：如果您不介意稍微挤一点的话，这里面可以睡5个人。后面的床上可以睡2个人，2张折叠床可以打开，沙发上还可以再住1个人。

张强：这么大的家伙开起来不会有什么困难吧？

销售员：一点儿也不！您以前有开过大货车吗？

张强：没有。

销售员：别担心，很快您就会适应的。

张强：每公里的耗油量怎样？

销售员：至多每百公里12升，我的办公室里有这方面的详细数据。

张强：现在我还没有决定是否购买。我们还要再想一想。

销售员：再没有这么好的购买时机了。价钱公道，如果分期付款，您只要先付5 000元，我就可以为您保留，怎么样？我们成交吧？

张强：我们还是再考虑考虑。

资料来源：作者根据相关资料整理编写而成.

【问题讨论】

1.在购买房车时，对张强家庭里的成员来说，什么是最重要的？

2.为了弄清张强一家的真实需求，销售员应该问一些什么样的问题？

3.这次生意为什么没有成交？

4.你认为可以按照哪种推销模式进行推销？如果你是房车销售员，你会怎样做？

岗位实训操作

实训项目1：手机店面销售

【实训目的】

1.体会店面销售的方法。

2.初步掌握商品推销的技巧。

【实训要求】

1.通过各种渠道收集当前手机市场的情况。

2.两人一组寻访手机市场，了解最好能体会一下手机促销员的工作。

3.课堂上就某一品牌手机进行介绍。

【实训步骤】

1.资讯准备。

• 通过手机市场、网络等途径搜集有关手机市场的整体信息资料；

• 重点掌握某品牌手机的市场地位、品种、特征。

2.工作任务实施。

• 撰写“某品牌手机市场调查报告”；

• 每位同学模拟手机促销员身份介绍某品牌手机。

3.工作检查与评价（见表1-2）。

• 每组一位同学进行手机市场现状介绍；

• 每组另一位同学模拟手机促销员身份介绍某品牌手机；

• 同学互评，教师进行适当点评并进行实训总结；

• 教师对各项目小组及各成员进行综合成绩评定。

表 1-2　　实训考核评价参考表（1）

实训考核评价内容	分值（分）	得分（分）
资讯准备工作	20	
调查报告	30	
模拟操作	40	
团队合作精神	10	
合计	100	

实训项目 2：自我推销

【实训目的】

1.体会应聘程序。

2.初步掌握应聘技巧。

【实训要求】

1.组织某企业的现场模拟招聘会。

2.撰写某企业招聘启事。

3.撰写个人简历。

4.分组组成招聘方，进行招聘。

5.每位学生进行模拟应聘面试。

【实训步骤】

1.资讯准备。

• 搜集设定的招聘单位的相关信息；

• 掌握招聘启事的格式与要求；

• 掌握个人简历的撰写方法。

2.工作任务实施。

• 撰写设定单位的招聘启事；

• 根据个人情况撰写个人简历；

• 进行模拟招聘。

3.工作检查与评价（见表 1-3）。

• 根据具体情况撰写招聘启事和个人简历；

• 进行模拟招聘；

• 同学互评，教师进行适当点评并进行实训总结；

• 教师对各项目小组及各成员进行综合成绩评定。

表 1-3　　实训考核评价参考表（2）

实训考核评价内容	分值（分）	得分（分）
资讯准备工作	20	
招聘启事和个人简历	30	
模拟招聘	40	
团队合作精神	10	
合计	100	

岗位准备二

推销员自我塑造

学习目标

1.认识推销岗位的素质要求。
2.明确推销岗位的衣着规范。
3.明确推销岗位的行为规范。
4.掌握推销员高效率自我管理的方法。

素养目标

围绕推销员自我塑造，养成自我管理的工作习惯，树立积极进取的工作态度。

结合“岗位资讯”中“用积极态度打开突破口”“保险产品推销技巧”“保险业推销大王原一平的成功之路”等案例，以及“厚德精技”专栏中“老客经营”案例进行研讨，培养自我管理的工作习惯和积极进取的工作态度。

导入资料

某公司雇用了一个不成熟而且缺乏自信心的年轻推销员，这位推销员经过两个阶段的岗前培训后，对自己能否胜任工作不怎么有把握。

公司经理在对他讲了“你能干好的”之类的鼓励性话语后，说道：“现在我把我想要做的事告诉你，那就是让你到大街对面的‘绝对可靠的预计客户’的住处去推销。以往我也总是把新来的推销员派到那里去推销。理由很简单，因为那个老头是买主，什么时候都会买我们的东西。但是，我要预先警告你，他是一个厚脸皮、令人讨厌、爱吵嘴，而且满口粗话的人。你如果去见他，他肯定会对你大吼大叫，仿佛要把你吃掉似的。不过，你放心，他只是叫喊一阵子而已，实际上他肯定是不会吃你的。所以无论他说什么，你都不要介意。”

“我呢，希望你默不作声地听着，然后说‘是的，先生，我明白了。我带来了本市最好的印刷业务商谈说明，我想这个说明对您来说，也一定是想要得到的东西’。总而言之，他说什么都没关系，你要坚持你的立场，然后反过来讲你要说的话。可不要忘记啊，他在什么时候都会向我们的推销员订货的。”

这位被打足了气的年轻推销员冲到了对面大街的屋里，报了自己公司的名字，在头5分钟里，他没有机会讲上一句话，因为那老头不停地给他讲一些无关紧要的事情，一会儿教他某种菜的吃法，一会儿又教他钓鱼的技巧。好在这位推销员事先得到过警告，他耐心地等待暴风雨的过去，最后他说：“是的，先生，我明白了，那么，这是本市最好的印刷业务的商谈说明，这样的商谈说明，当然是您想要的东西。”这样一进一退的进攻和防御大约持续了半个小时，半小时后，那位年轻的推销员终于得到了该印刷公司从未有过的最多的订货。

经理看了一下订单，满脸惊讶地说：“喂，你搞错人了吧？那个老头，在我们遇到的对手中是最吝啬、最让人不悦、最好吵架，而且最爱说粗话的人！我们这15年来总想让他买点儿什么东西，可是那个老头连1元钱的东西也没有买。”

资料来源：作者根据相关资料整理编写而成.

导问 1-7

是什么使这位“新手”获得了这种成功呢？

一、推销岗位素质要求

素质是一个人的素养，即身体的先天条件以及后天的体能和个性修养，前者是与生俱来的，后者是通过自身的学习和锻炼获得的。人所具有的天赋固然是不可否认的，然而后天的努力和锻炼更重要。后天的努力和锻炼，既可使个人天赋得到淋漓尽致的发挥，也能在一定程度上弥补先天的不足。推销员素质的提高是一把打开财富大门的金钥匙，是推销员走向成功的第一步。

微课9

成功的勇气来源于自信

（一）成功的勇气来源于自信

很少有推销员是由于自己的兴趣和爱好从事推销工作的，往往是为赚钱不得已而为之；很少有推销员一开始推销就把自己以后的前途和世界上许多大富翁的成绩联系在一起。但推销工作确实能在给企业带来经济效益的同时，给自己带来财富。我们应对前途充满信心并热爱推销这一事业。

树立自信心、消除恐惧是推销员成功的第一步。刚刚从事推销这一行，往往疑虑重重，心怀恐惧，害怕遭到对方拒绝，害怕回答不了顾客提出的问题。心存恐惧的人是不可能产生自信的，成功的推销员要克服恐惧心理，遭受拒绝也能面带微笑地说：“好吧，以后有机会我再来。”这样做的确很难，但要想成功就必须这样。对付恐惧的唯一武器是勇气，勇气是推销成功的基本条件，缺乏勇气，会未战先败。一个人自信是最重要的，胜过一切衣着和长相。而推销员的自信来源于以下几个方面：

1.对推销职业的自信

推销不是一种卑微的职业，而是一种高尚、有意义的职业。推销是一种光荣的职业，是一种为消费者带去福利、提供方便的职业，推销是经济发展的一个重要环节。正是广大推销员的辛苦工作，消费者才能在最近的地方购买到想要的产品，也正是推销员的努力工作，人们才有更多的时间去感受生活、享受生活。我们既然从事推销，就要正确认识推销这个职业，对这一职业充满信心。

2.对自己的自信

一个没有自信的人，干什么事都不容易成功。自信是成功的先决条件。你只有对自己充满自信，在客户面前才会表现得落落大方，胸有成竹，你的自信才会感染、征服消费者，用户对你推销的产品才会充满信任。学会在工作点滴中体味成就感！利用目标分解与时间管理将自己每天的工作进行分解，分解到每个事项、每个时段。及时办理，及时检查，及时总结，每完成一件事，就是一项成就，每天所有的事都完成，就是一天的成就。你只有积累这种小成就，才会有最终的大成就；你只有每天去体味成就，才有信心与勇气继续走下去！自信不等于自傲。自信植根于有学识、有能力的运筹帷幄、决胜千里的底气。它与自傲那种腹中空空、头重脚轻的状态截然不同。

3.对公司的自信

相信公司是一家有前途的公司，是一家长远的公司，是时刻为顾客提供最好产品与服务的公司。

4.对产品的自信

很多推销人员在听到公司产品有一点点不足时，或者用户反映产品有一点点小毛病时，马上开始抱怨公司产品质量的低下，这是不利于推销的。我们说产品高度同质化的今天，同类产品在功能方面有什么大的区别？几乎没有！只要公司产品符合国家标准、行业标准或者企业标准，就是合格产品。这样的产品一定可以找到消费者或者是购买者。在整个推销过程中，不要对你推销的产品产生什么怀疑，相信你推销的产品是优秀产品之一。能不能达成交易，取决于你的自信与技巧。

现实中一些业绩不好的推销员将原因归结在产品方面。那么，我们来分析一下：任何一家公司、任何一种产品都有推销业绩优秀的推销员，每个公司都有推销冠军。产品有问题，他们为什么可以卖出去，并且让消费者感到满意？你为什么不行？所以说，业绩的好坏主要取决于主观条件，而不是一些客观条件，你要始终对自己推销的产品充满信心。

岗位资讯1-11　怎样的态度会带给推销员热忱与自信呢？

1.随时养成坐到前面的习惯

任何集会的时候，后面的座位都会先坐满。这个现象相信大部分人亲自体验过。大部分人喜欢坐在后面，或许是因为不愿意太显眼，可是，这种态度却使他自己显得畏缩不前，在别人看来，这就是消极成性，热忱不足。如果养成自动坐到前面的习惯，这个态度就会带给你热忱与自信。

2.养成凝视着对方交谈的习惯

凝神注视对方，等于告诉对方：我是正直的人，对您绝不隐瞒任何事。我对您说的话，是我打心底相信的事。我没有任何恐惧感，我对自己充满了信心。

3.走的速度比别人快20%

以比别人快20%的速度走，到底代表了什么？心理学家说，一个人改变动作的速度，就能把自己的态度连根改变。走路比一般人略快的人，等于告诉所有的人说："我正要赶到有要事待办的地方。我必须去做很重要的事，不仅如此，我要在到达之后把那件事办成功。"

4.主动发言

在会议上，你必须养成主动发言的习惯。越能主动发言，热忱与自信也就越能"如影随形"，有增无减。这种现象，会使你更容易继续与对方谈下去。

5.大方、开朗地微笑

当你微笑时，请别忘了要大方、开朗。诚心不足的微笑，或是半途刹住的微笑，必须列为禁忌。大方、开朗到露牙而微笑，才能吸引对方，使对方产生好感。

(二) 成功的机会来源于进取心

人人都渴望成功，而成功的推销员更要具有强烈的追求成功的迫切愿望。而机会不是突然降临的成功，不是现成的收获，而是不断追求后的酬劳，是辛勤劳动的成果。成功的机会来自于排除障碍，只有推销员有排除障碍的进取心，成功的机会才会到来。畏难情绪，拖延恶习，是取胜的劲敌。

岗位资讯1-12 用积极态度打开突破口

又是一块硬骨头！接到老总分配的任务，我着实头疼。我将面对的渠道商非常棘手，在我之前不下5个人都碰了钉子，任凭说破了嘴皮子人家也不做我们的品牌。无奈，只好让我这个营销总监亲自出马了。

常言道"知己知彼，百战不殆"。首先，我了解到那位渠道伙伴的情况：从南京进货，比我们的价格低，可维修就"瘸腿"了——要把货大老远地送到南京去修。由此，我方不能打价格战，唯一的优势就是服务快捷。有了主攻方向，我就开始行动了。

"又是你们？"他有些不耐烦，"你走吧！你们的价格太贵，况且我早就和南京合作了。以后也别再打我的主意了！"看，我第一次来就碰了一鼻子灰，进攻失败。

可骨头再硬也得啃。隔了几天，我第二次去找他，希望这次能有机会接近。当时，公司只有他一个人在，刚到的一车电脑就他一个人在搬。我意识到，机会来了。我立即放下公文包埋头就干，他压着喉咙说不要我帮忙，可我没理会他，将一车电脑全部搬完我就走人。我没像膏药似地黏着他，至于回报嘛，不急，得温火慢慢熬。

又隔了几天，我第三次去他那儿，这也是我攻破城池的一天。他们公司在搞装潢，我又帮他将新买的办公桌及展示台等物品一一搬进去，累得满头大汗。收拾完毕，他终于开口了："你先放部分货吧，我试销看看！"虽然不是我期待的答案，但至少打开了一个突破口。

最后，他改为全部经营我们的品牌！用积极态度换来的亲近机会终于有了大丰收！

我这次成功了，但并不意味着这招到哪儿都灵。如果遇上那些连话都懒得和你说，认为和你交谈是浪费时间的顾客，该怎么办呢？上门推销，要让客户特别是冷静型的客户接受是很难的，就算你帮他做事也几乎感动不了他！因为他知道你是有目的的！

我的经验是：首要的也是关键的是端正态度，不能怨天尤人，其次才是了解客户的心理，想想他为什么觉得是在浪费时间，是你的推销方法不对，还是你没挖掘出产品的最佳卖点。最后，想想客户的情感突破口在哪儿，太太、女儿、足球……抓住客户的兴奋点重点攻关，再具备较多谈资，就会容易些！

资料来源：宁海. 磨炼心性是推销基本功［EB/OL］.［2015-07-23］. https：//www.docin.com/ p-1232863161.html.

（三）成功的感觉来源于想象力

想象力是指推销员能够创造性地开展推销过程的能力，任何推销员都可以按规程行事，进行常规性的工作，但是，若要真正成功，必须运用丰富的想象力，才能取得理想的成绩。想象力是通过客户的眼睛来看待问题，想出新的方法来解决问题，这包括产品的新用途和新的展现方式。想象力也不是与生俱来的，要靠推销员勤于思考、善于观察，在实践中不断地摸索得来。

岗位资讯1-13　　保险产品推销技巧

张强许多年来一直是某保险公司的一位成功的销售代表。但是，正如其他好的推销员一样，张强也不是每次都能将生意做成。有一天，张强向一位律师进行了推销，但不幸的是，这位律师并没有决定购买。当张强离开律师办公室时，那是在一栋大楼的第11层的一间办公室，他发现办公室窗外有2个工人正在脚手架上工作。张强取出一张纸，写了一句话——"你们对生命、事故或者伤残保险感兴趣吗?"，然后将它贴在窗户上。其中一人表示“有”，并且说要在午餐休息时与他会面。张强在中午12点回到大楼，只用了半个小时便达成了一项价值8 000元的人寿保险。张强没有因一笔生意没达成而气馁，相反，善于观察，勤于思考，另辟蹊径，获得成功。

资料来源：作者根据相关资料整理编写而成.

微课10

成功的动力来源于热情

（四）成功的动力来源于热情

推销员的热情常常会在成败之间力挽狂澜。想一下，如果一个推销员对自己推销的产品都缺乏热忱，怎么能指望客户会有兴趣呢？仔细想一想，对于一个热情地对你说“走吧，听说今晚的电影棒极了”的朋友，你怎么会不心动呢？而如果换成另一个心情沮丧的人对你说“真是无聊死了，去看场电影吧”，你又将感觉如何？热情会给自己带来好运，并会影响周围的人，是一种重要的力量，热情和工作联系在一起，工作将不再枯燥，人会精力充沛。推销员拥有热情，才有可能超常完成推销工作。

热情具有感染力，为了达成交易，一定要唤起顾客的热情。最近有调查反馈显示，销售经理已将推销员的热情作为必备的几个重要个性之一。

岗位资讯1-14　对销售的产品充满热情

一个身着深蓝色西服、厚羊毛大衣的人走进了一家珠宝精品店。古色古香的玻璃橱窗里陈列着熠熠发光的钻石、红宝石、绿宝石。这些宝石都镶嵌在发光的黄金饰物里，摆放在深紫色天鹅绒布面上。看到这些，他的脸上浮现出笑容。衣着整洁的售货员站在柜台后向他点头致意并问道：“先生，您想买什么？”“我想看看中间那颗大钻石。”他答道。

售货员笑了笑，打开了橱窗，小心翼翼地取出钻石，把钻石放到柜台上以便他好好审视一番。他静静地端详了几秒钟，然后手托着下颌，抬头看着售货员。

“这颗钻石多少钱？”他问道。

“38 000元，”售货员答道。

他又重新仔细将钻石查看了好几秒钟。然后，他谢过售货员，转身准备离开，在一旁一直看着的店主，这时走上前去，叫道：“先生，请等一下。”

他刚要走到门口，听到叫声，转过身来，脸上呈现出迷惑的表情。

“请再看一看这颗珍贵的宝石，”店主说道，“看得出您对这颗钻石很感兴趣。这是我们店里最好的一颗钻石，值得再好好看一看。”

店主从售货员手中接过钻石，并拿出一块洁白的手巾，爱抚地将钻石擦得更加光亮照人，接着又从柜台下取出一块漂亮的天鹅绒垫子，将宝石摆放在上面。

“你看，这钻石多漂亮，”他说道，“我得说您很有眼力，这颗钻石色泽晶莹，切割精细，反射光线自然柔和，真可谓大师的完美之作。”

“请跟我到门边来，看看它在阳光下的光泽，这真是坚硬的阳光晶体。你若将它作为礼物送给心爱的人，她一定会欣喜万分的。”

穿深蓝色西服的人被店主对钻石的信心打动了，他沉思着摸了摸下巴，坚定地说：“我决定买下它了。”

付完钱后，他在等着店员给钻石打包时，转过身来，向店主问道：“你知道我为什么没有从售货员那儿而是从你这儿买下这颗钻石吗？”店主回答道：“因为我对这颗钻石充满热情，而他没有。”他点头表示认可。

资料来源：作者根据相关资料整理编写而成.

（五）成功的关键来源于自制力

导问 1-8

当顾客不了解推销员推销的商品，说出一些对商品错误的批评时，推销员该如何处理？

很多推销工作的失败源于缺乏自制力，顾客说了些推销员不想听的话，推销员由于缺乏自制力而反唇相讥，针锋相对，最终失去了顾客。你一旦能自制，就比任何企图伤害你的人，有更大的优势，你拥有原谅他的能力，但他却没有这种优势。推销员应具备的自制力反映在以下几个方面：

1.避免批评

批评别人或散布流言并不会获得客户的信任，客户会认为推销员也会以同样批评的方式博得他人的信任，于己不利，从而对推销员产生戒心。每个人都有缺点，不要随便攻击他人。如果同客户争论，是不能做成生意的。即使是与业务无关的其他争论，诸如对时事或体育运动等，也会使推销员与客户之间形成障碍。因此，如果客户说了某些推销员不同意的事情，不要立即跳出来表示反对。

2.避免无聊的幽默

尽管幽默十分有效，但拙劣为之则会把事情搞坏。一个推销员可能认为对客户问题的聪明反应是机智和风趣，但客户未必会这样认为。

3.消除懒惰

推销员有大量的自由时间，没有人监督其日常工作，但这并不代表可以睡懒觉。如果推销员自己不严加约束，是不会成功的。

4.消除缺乏耐心

推销的成功既耗时又费力。推销员的推销技术和客户理解将随着时间推移而提高和增加。如果推销不能立即成功，千万别气馁，应耐心地等待时机的成熟。许多推销技巧要想运用成熟，也是需要时间的，不要因为缺乏耐心而使事业难以进步。

微课11

推销员的衣着规范

二、推销员衣着规范

导问 1-9

当推销员与客户初次见面时，客户首先注意到的是推销员的什么？

衣着是一个人的重要表现，往往会给第一次见面的人留下深刻的印象。在推销员离去之后，顾客也许会忘记他的相貌，但却记得他的一身衣着打扮。一个人的穿着，常常代表着这个人的身份与修养。现代推销学主张推销员应注重礼仪，讲究穿着。仪容穿着虽然因人因职业而异，没有固定的模式，但还是有一些基本原则可供推销员遵守。

（一）仪容修饰

一个人的长相是无法选择的，客户也不会责怪。但是，在社交场合，完全不修边幅，蓬头垢面，就会给客户留下不良印象，直接影响推销的进行，甚至会导致推销的失败。一般来讲，男士仪表以“洁”为原则，女士仪表以“雅”为原则。修饰仪容应当以中庸、大方为原则。

1.男推销员

头发不可太长，也不可过短；发型不要太新潮，也不要太老式；头油和香水要少用或不用；胡子要刮净，鬓角要修齐。

2.女推销员

发型也以中庸为原则，比如，不要梳留过高的发髻或其他怪异形状；头饰、耳饰、项链不可过于华丽，珠光宝气会使人觉得俗不可耐；眉毛、睫毛的描画，脂粉、口红、香水的施用，以淡雅清香为宜，切不可浓妆艳抹，香气袭人。

不要戴墨镜和变色镜，因为只有让客户看见推销员的眼睛，才能使他信任推销员的言行。

（二）穿着服饰

不同行业的推销员可能需要不同的衣着，以合乎企业形象或商品形象，但是大体上来说，推销员的衣着仍然以稳重大方、整齐清爽、干净利落为基本原则。以下一些具体标准可供推销员参考。

（1）上衣、裤子、领带、袜子等最好能匹配。

（2）衣服颜色不可太鲜艳夺目，素色会使人感到清爽。

（3）衣服大小要合身，太宽太窄均不宜。

（4）因地制宜。访问办公室的客户与工厂的客户，所穿的服装应有所不同。前者适宜穿西装打领带，后者适宜穿夹克。

（5）不可穿着轻佻的奇装异服或是过分暴露的衣服。

（6）不要佩戴一些代表个人身份或宗教信仰的佩饰（如社团徽章、宗教标牌等），除非推销员十分准确地知道自己所拜访的对象与自己有同一种身份或信仰。

（7）不要佩戴太多的饰品。

（8）可以佩戴某一种能代表公司的标牌，或者穿戴与产品形象相吻合的衣物，使顾客能联想到所在公司和所推销的产品。

（9）推销员可以携带一个大方的公文包。

（10）尽可能在推销过程中不要脱去上装，以免削弱推销员的正式感。

（11）推销员在拜访顾客之前，应该对镜自照，检查一下领带是否整齐、扣子是否扣好、衣服是否已经干净挺括、皮鞋是否已经擦亮、鞋带是否已经系好等。

总之，不管面对何种顾客，推销员的穿着都不应过于华丽时髦，否则很容易使对方产生自卑感，效果适得其反。身为推销员，最佳的打扮应该是配合准顾客身份的衣着，让对方获得一个宾至如归、舒坦亲切的第一印象。

岗位资讯1-15　　**汽车用品推销技巧**

一家生产汽车维修及保养器具的公司的推销员，到一些汽车维修店去推销千斤顶和温水洗车器。按常理，这些产品很容易销售，但事实出乎意料，推销员纷纷抱怨“无法接近客户”。原因何在？业务经理经过仔细观察后，终于发现了症结所在。由于汽车维修店老板和员工皆穿着工作服，甚至油渍满身，当他们面对西装笔挺的推销员时或有自卑感，或产生厌恶感。有了这种感觉，任凭推销员的推销能力多强也无法成功地向他们销售产品，甚至还会遭到他们白眼相待。洞悉此情后，这家公司规定推销员凡是到这些汽车维修店推销产品，必须穿着普通工作服。

资料来源：作者根据相关资料整理编写而成.

三、推销员行为规范

微课12

推销员的行为规范

除了仪容和服饰之外，推销员还应该养成良好的行为规范。因为透过一个人的言谈举止行为，往往可以看出这个人的自我修养水平。美丽和谐的外表固然能够受到顾客的欢迎，而高雅不凡的谈吐举止同样可以让顾客“倾倒”。

和一个人的外表一样，谈吐举止也没有一个统一的模式，各人有各人的习惯，各人有各人的标准。但是一流推销员应当遵守一些共同的推销礼节，尽量避免一些不礼貌的言谈和举止习惯。

（一）推销员的言谈规范

在向顾客问候时，顾客将听到推销员的声音。悦耳的讲话声音和全神贯注的谈话会增加成功率，而嘶哑的声音和懈怠无力的讲话则会成为败笔。毕竟，声音是交流中的重要内容，尤其是在电话沟通中，声音更是至关重要的，因为客户看不到推销员，只能凭声音判断推销员这个人。

与客户交谈的声音应该温和而友好，情绪饱满。要牢记，声音低一些要比大嗓门更显得温和有礼。而且，改变声音不容易，放小音量却十分简单。推销员要在语气、语调、语言流畅上多下功夫。这里提供一些简便易行的方法，可以增强声音的吸引力。

（1）不要说话过快或过慢，语气语调不要一成不变，根据客户的反应，灵活调整。

（2）声音不要过高或过于低柔。

（3）条理清楚、逻辑性强，不能自相矛盾，谈话有理有据，不要强词夺理。

（4）交谈富有热情、充满活力，使人感觉到亲切并愿意交流。

（5）注意语言的规范化，尽量避免使用俚语或其他不规范的语言。

（6）尊重对方，不随意讽刺、挖苦人，不与顾客争辩，也不要与顾客开粗俗的玩笑。

一定的讲话习惯对于推销的成功也是十分重要的，声音模糊不清，用语不当，甚至带不雅之词都会给客户留下不愉悦的印象。要想及时发现自己可能存在的这些不足，简单有效的方法是把声音录下来，仔细地听，发现其中的问题。

岗位资讯 1-16　　推销员谈话技巧

一名文化修养较高、经验丰富、能体察用户心理的推销员，虽然与用户谈话不多，却能很快取得用户的信任，促使其对商品形成肯定态度。经验表明，推销员在向用户宣传介绍商品时，越是避免突出个人的看法，效果就越好。比如说，“我建议您买这个软件”，会使用户产生疑虑戒备心理，认为是不是推销不出去了。如果改成“这种软件很受用户欢迎，销路不错”，会使用户感到你是向他介绍客观情况，即使他持怀疑态度，也会被打消的。当然推销员谈话的方式与技巧，需要在实践中不断探索、总结和提高。

资料来源：作者根据相关资料整理编写而成.

（二）推销员的举止规范

许多人都有一些令他人颇为不悦的小习惯，推销员如果有这样的不良习惯，会使客户不舒服，甚至会使客户忍无可忍而中止洽谈。所以，作为一名推销员，一定要注意自己的举止。

（1）进门之前，无论门是关闭还是敞开，都应该按下门铃或轻轻敲门，然后站在离门口稍远一点的地方或径直走进去。

（2）握手应向对方表达出你的热情、关切、力量和坚定，但千万不要太用力。

而且，握手时间不要太短，也不宜过长。握手时要注意与对方保持眼神的交流——友好地注视对方。

岗位资讯1-17　　握手的规矩

1. 不要不讲顺序

作为一种礼节，握手是很讲究先后顺序的。如在家里接待客人，客人来时，主人要先伸出手来，以示热情欢迎；客人告辞时，主人应在客人之后伸手，否则，就有"逐客"之嫌疑。除此而外，握手的正确顺序是：在上下级之间，上级伸出手来，下级才能伸手与之相握；在长辈与晚辈之间，长辈伸出手来，晚辈才能伸手与之相握；在男女之间，女人伸出手来，男人才能伸手与之相握。

2. 不要心不在焉

常见有的人跟人握手时，左顾右盼，心不在焉，或者一边同人握手，一边又与其他人打招呼，这些都是不礼貌的行为，是对对方不尊重的表现。正确的做法是：与人握手时，两眼正视对方的眼睛，以示专心、有诚意。

3. 不要戴手套

有人习惯于戴手套，但在握手时，必须把手套摘下来。

4. 不要持久握手

有人喜欢握着别人的手问长问短，啰唆个没完没了。看似热情，实则过分。尤其是对异性，更不能握着人家的手长时间不放。

5. 不要用左手握手

除非右手有不适之处，否则，绝不能用左手与他人握手。

6. 不要随处滥用双手握手

有人为了表示自己的热情、友好、常常是像做"三明治"一样，双手紧夹着他人的手不放。这种做法是不妥当的。当然，并不是说这种方式一概不能用，故友重逢，或对他人进行慰问时，可以用双手握，但不能夹得太紧，像捉鱼一样便不合适了。

7. 不要过分客套

有的人不论跟谁握手，都一个劲儿地点头哈腰，这样做，明显地让人觉得客套过分。与人握手，应该同时致以问候，但如受条件所限，不允许出声，点下头也算打个招呼，致以问候。

8. 不要交叉握手

有些场合，需要握手的人可能较多。碰到这种情形，可按由近及远的顺序，依次与人握手，切不可交叉握手。

（3）绝对不可以任意抚摸或玩弄客户桌子上的东西，更不能把玩客户的名片。

（4）在椅子上坐端正，身体稍往前倾；坐的位置尽量避免与客户面对面，最佳的位置应侧坐，并保持适当的距离。

（5）认真听客户讲话，眼神注视对方，并不断注意对方的神情。

（6）与客户见面的一瞬间，微笑可越过对方内心的防线；与客户分别时，无论会面结果如何，都应带着微笑离去，为下一次会面打下基础。

（7）背影能显示一个人的精神状态和气质，推销员应重视背影的重要性。客户在与你分别时会不自觉地注意你的背影，这是你留给客户最后印象的时候。不管推销是否成功，都应挺胸抬头、步履稳健、大大方方地离开，给客户留下诚实、可靠、自信的印象。

（8）推销员在访问顾客时，应避免以下行为：不停地眨眼睛；摸鼻子、挖鼻子；眉梢上扬；手指发出"咯咯"的声音；咬嘴唇、舔嘴唇；搔头；挖耳；吐舌；脚不停地颤抖，或用脚敲击地板发出声响；不停地看手表；东张西望，不认真听客户讲话；慌慌张张，将东西掉到地上等。

（三）推销员的礼节规范

推销员在与客户交往中的礼貌和礼仪非常重要，会使你在客户眼中的形象大为提升。尽管单凭礼仪风度不见得会带来推销成功，然而如果做得不够，其破坏作用则相当明显。

1.打招呼的礼节

推销员见到客户的第一件事就是向客户打招呼，一个恰到好处的问候，会给客户留下一个良好的印象。问候时，要注意客户的身份、年龄等特征，使用适当的称呼。同时，可以因人因时因地而选择一个合适的话题，这样打起招呼来就显得格外亲切。下列话题，可供推销员向客户问候时参考：

（1）适用于任何情况的问候语："您好！"

（2）时间特征的问候语："早晨好！""早安！""晚安！"

（3）天气情况的问候语："今天真热！""这场雨下过了，凉爽多了！""今天的风好大呀！"

（4）节假日的问候语："新年好！""春节过得愉快吧？！"

（5）投其所好的问候语："昨晚的球赛真精彩！""张总，您喜欢听轻音乐吧？"

（6）关于客户家庭生活和个人健康的问候语："家里人都好吗？""近来身体好吗？看您的气色很好嘛！"

（7）关于客户活动的问候语："季经理，刚从深圳回来吧？！去了多久？""赵厂长，到北京办事，还顺利吧？"

（8）借机向客户表达的致谢语："胡经理，那笔生意多亏您帮忙，谢谢您！"

此外，推销员还可以根据自己及顾客的实际情况，选择其他各种问候语。在向顾客打招呼时，还必须注意和客户在一起的其他人员，必要时应一一招呼，握手问好。因为这些人往往是客户的亲戚朋友，或者是同学、同事等，对待这些人同样不能有失礼行为。

2.使用名片的礼节

名片是推销员必备的推销工具之一。推销员在使用名片时，应该讲究一定的礼节。

（1）一般地讲，推销员应该先递出名片。

（2）几个人共同访问客户时，后辈应该先递出名片，或者先被介绍者应该先递出名片。

（3）推销员在递送或接受名片时应伸出双手并稍欠身体。

（4）推销员最好在向客户问候或作自我介绍时递出名片。

（5）接过客户的名片后应认真看一遍，然后放入口袋或公文包里，切不可拿在手中把玩。

（6）递接名片时，应该面带微笑。

3.使用电话的礼节

当今，电话是推销员常用的一种推销工具。通过电话可以进行市场调查，约见顾客，做电话广告，或者直接进行推销洽谈，等等。既然电话已经被广泛地用于推销工作中，推销员就应研究电话推销的艺术，讲究用电话进行推销的必要礼节。

（1）在拨打电话之前，推销员应该做好各项准备工作，包括对方的联系方式以及谈话的内容等。

（2）拨错电话，应该表示歉意。

（3）对方声音不清楚时，推销员可以说："可能是信号不太好，声音不太清楚，请您大声一点好吗？"

（4）听到对方声音时，应以温和而清晰的声音通报公司名称和本人姓名，然后说："请问您是××吗？请问您怎么称呼？"

（5）如果要找的客户不在，应请教接电话的人客户何时回来。如果要留话让接电话的人转告，应该先问："对不起，请问您贵姓？"讲完话再说句"谢谢"。

（6）如果谈话所涉及的事情比较复杂，可以询问对方是否听清楚了。例如，"我说的事情您还有什么不清楚的吗？"

（7）通话内容力求简短、准确，关键部分要重复一遍或者强调一下。

（8）在通话过程中，推销员应该多用一些礼貌语言，例如，"请讲""是的""谢谢""抱歉""请原谅"等。

（9）打完电话，应该等对方电话挂断之后，再轻轻地将电话挂断。

4.使用微信的礼节

随着移动互联网技术的飞速发展，微信已经成为商务交流、产品推广的重要工具，微信礼仪不仅体现了推销员的个人修养，更代表了产品和服务的品质。为了在微信平台上建立和维护良好的商务关系，遵循一定的微信使用礼仪至关重要。

（1）微信申请加好友注意事项

第一，要自报家门，将"尊称+问候+自我介绍+来意"表述清楚，这些有效信息可以帮助对方判断是否要通过你的好友验证。

第二，对方通过好友申请后，应立即将自己的姓名、单位、电话发过去，同时感谢对方的信任，便于建立好感，为进一步的深度沟通搭建桥梁。切忌好友申请通过后一言不发，没有交流。

第三，对于拒绝添加好友的潜在客户，切忌在短时间内反复申请添加，引起对方反感。目前很多商家会在客户网购之后要求客户加微信或者进入微信群，如若遭到拒绝，部分商家会通过电话、短信等方式进行轮番轰炸劝说，而实际结果往往适得其反。

第四，推销员加入各类社区微信群时，应征得群主同意，切忌以各种不正当手段进入社区微信群，更不能假扮业主进行推销。

（2）微信聊天礼仪

第一，微信沟通语言要礼貌得体，避免使用可能引起他人反感的语言。例如，在不知道对方年龄、性别、教育背景等的情况下，不要随意对陌生客户使用“亲”“宝子”“老铁”“哥们儿”之类的称呼，以免因年龄、性别错位引起他人的反感。在未能完全掌握客户信息的情况下，建议使用某先生或者某女士等较为庄重、礼貌的称呼。

第二，在微信沟通中，及时回应十分重要。对于用户的咨询和反馈，推销员应在微信聊天的全过程中做到“句句有回应，件件有交代”，切忌有上句没下句的沟通，这是体现推销人员专业、负责、尊重客户的关键点。

第三，不随意拉人进入营销群。对于已建立了微信营销群的推销人员，拉人入群时一定要先征求对方意愿，更不要随便拉一些与本群主题不相关的朋友入群。建议以展示本群二维码的方式，让他人自愿选择是否入群。

第四，要注意微信沟通的时间。不要在清晨、中午或深夜等有可能打扰他人休息的时间段，或者影响他人就餐的时间发送信息，确有紧急事项时，也要先简短询问一次对方是否方便回应，若无回应则不应反复询问。

第五，尊重用户隐私和权益。不可随意获取、使用或泄露客户的个人信息；未经用户同意，不发布或传播客户的个人信息；不得将与客户的聊天记录公开展示，确有必要的，应将所有客户信息进行遮盖处理。

第六，慎重使用微信语音和视频功能。与客户交流时，要考虑对方是否方便收听语音或者接听音视频通话，一般情况下，应以文字沟通为主，确有必要使用语音和视频功能时，要事先征得对方同意。

第七，切忌过度推销。要合理控制推销的频率，与客户保持适当的距离和尊重，避免频繁推销；不要每日向客户推送早安、晚安祝福，或者频繁发送心灵鸡汤类文章和带有诅咒、迷信色彩的内容；也不要群发节日祝福，可以每逢重大节日时，一对一地向重点客户发送节日问候。

第八，微信营销要遵纪守法。微信平台不是法外之地，微信沟通要严格遵守相关法律法规和微信平台规则，坚决不发布或转发违法、违规、不文明、不道德的内容，树立良好商业形象。

总之，推销员处处都应讲文明，讲礼貌，做到处处受人喜爱，受人欢迎。要想推销成功，就要推销自己。要想推销自己，必须讲究推销礼仪，进行文明推销。

导问1-10

当推销员在雨天去见客户时，应注意些什么？

（四）推销员的物质准备

推销员在见客户之前还应进行必要的物质准备。

1.与产品有关的物质准备

这包括样品、图片、宣传材料、产品说明书、价目表、产品检验合格证等。

2.与企业有关的物质准备

这包括企业法人营业执照、产品生产许可证、卫生许可证和企业相关介绍资料等。

3.与推销员个人有关的物质准备

这包括工作证、名片、企业法人的授权委托证明等。

4.其他物质准备

比如，印有企业名称的便签、计算器、笔等与推销有关的物品。

四、推销员自我管理

导问1-11

推销员需要从哪些方面加强自我管理？

推销员主要在企业外部开展业务工作，通常享有很大的自主权，他们得到了所在企业的信任，不过，也要赢得顾客的信赖。因此，推销员对自己的企业和顾客都应有高度的责任感。这种责任感要求推销员需学会自我激励、自我挑战和自我管理。

（一）目标管理

微课 13

推销员活动目标管理

推销员要提高工作效率，必须有目的地进行推销工作，对自己进行目标管理。目标包括两个部分：销售目标和活动目标。

1.销售目标

销售目标包括目标销售额、目标利润额、目标费用额。目标销售额是基础，没有销售额就不可能有利润。而即使没有销售额，销售费用仍然要发生，因此，对一个推销员来说，如果不能销售产品则一切皆空。但是，销售额增大并不等于利润增多，销售利润获得的多少既取决于销售额多少，也取决于销售费用的多少。在同样销售量的情况下，销售费用越多则销售利润越少。销售额、利润额和费用额三个目标是相辅相成、相互制约的。

一个推销员主要依据如下三方面来制定自我的销售目标：市场规模的大小即客户购买力的大小；本企业产品与其他企业同类产品或替代产品在竞争中的地位；参考前期销售业绩而确定的个人推销能力。

2.活动目标

制定活动目标包括确定推销对象，确定在某一时间内开拓新客户数、应拜访客户数和拜访客户的次数。

我们可运用ABC管理法来确定重点推销对象。ABC管理法是在保证重点、兼顾一般的管理思想指导下，以提高管理有效性为目的，对管理对象的诸多因素进行分类，分清主次，使推销员能有区别地进行客户管理的一种定量分类管理技术。

推销员对客户进行ABC分类时，可依据两方面来进行评价：一方面是客户价值，包括购买可能、购买数量、支付能力和商业信誉等因素；另一方面是推销价值，包括促销作用、推销便利、费用节省和企业关系等因素（如图1-4所示）。由此，可确定推销活动目标的重点A类客户、次要B类客户及一般C类客户。

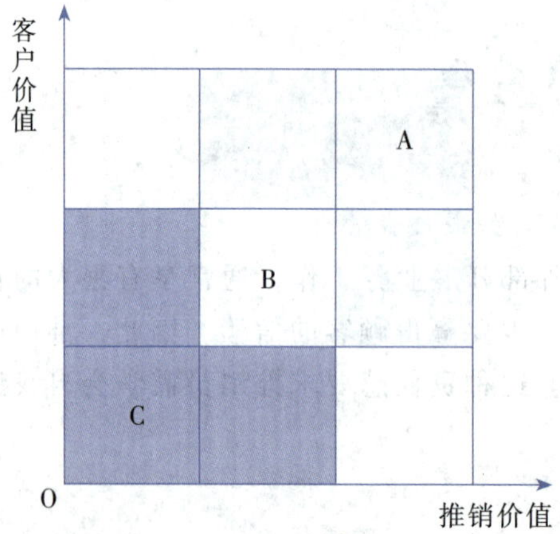

图1-4　推销对象的ABC分类

目标设定只是推销活动的准备，要使推销活动有效还必须对目标实行有效地控制和管理。首先，要对自己每日的推销活动及收集的信息做好记录，把推销成果与客户的反应分门别类，借此总结经验和寻找消费者购买的发展动向。其次，要将已进行的工作和目标进行比较，并冷静地判断自己努力的程度，对偏离目标计划的行为寻找原因，制定补救措施，以新的姿态、新的行动使推销工作的进行回到原目标计划上来。然后，对重点客户的推销进展情况，以及每一个过程环节都必须进行检查分析，从中得出是应该继续推进，还是要变换推销策略和方式，或者要予以放弃，以免遭受更大的损失。最后，对目标完成的进度控制应以前紧后松、留有余地为原则，如月度进度要力争上旬结束前完成45%以上的目标，中旬结束前完成

85%以上的目标，本月结束前5天完成全月目标，依此类推。

岗位资讯1-18　　保险业推销大王原一平的成功之路

保险业著名的推销大王原一平在投身推销这个职业之初，人们对他的评价实在叫他失望："你不适合做推销员。""以你的性格，干推销员实在很难。你还是死了这条心吧！"但原一平并不气馁，在众人反对的情况下，进入某保险公司一直干了50年推销员，从43岁起保持了15年推销冠军，被誉为推销之神。

他总结自己的经验时说："推销工作，只要你认为可以做，做起来就再简单不过，正因为如此，它也成为做起来甚难的工作。"

"干推销而成就辉煌的人，起初被泼以冷水比能想象的还多。一开始就被认为适合于干推销工作的人，到头来却了无成就，沦为庸庸碌碌而仍安于其状的人，也比想象中的还要多。为什么一个人的发展往往会出乎人的意料之外？因为成功的背后，总是隐藏了许多失败、烦恼、痛苦。"

"什么是成功者？成功者是珍惜失败，拥有很多失败经验的人。我尝过不少次失败和成功的滋味。我也烦恼过、痛苦过，有人曾经不胜同情地对我说：'瞧你，辛苦到那种程度，对人生还有什么兴趣呀？'"

原一平凭着他的顽强意志，从一次次失败走向成功。支撑他的精神支柱是自信自强的健全心态、自我激励的意志、一定成功的决心和不断总结经验教训的自我管理能力。

资料来源：作者根据相关资料整理编写而成.

（二）客户管理

导问1-12

推销员在客户档案里应收集客户的哪些信息？

客户管理也是推销管理工作的重要内容之一，它主要包括建立客户档案、记录推销情况和回访客户。

1.建立客户档案

微课14

建立客户档案

客户档案是推销员了解市场的重要工具之一。推销员可以通过客户档案的积累，连续地了解客户的情况，从中看到来自客户的销售动态，据此对市场状态作出判断，并开展相应的推销活动。

建立客户档案的起始工作是制作准客户资料卡（见表1-4、表1-5），将客户的变化情况以及通过交往发现的对方特别的情况详细记录在案，不断对客户资料卡的内容进行更新，进而根据客户的情况变化对其分类，进行必要的调整。

表 1-4 **个人客户资料卡**

姓名		性别		年龄	
地址		学历		收入	
移动电话		职务			
工作单位		爱好			
单位电话					
E-mail					
家庭背景		生活习惯			
消费倾向		备注			
来源与日期		优先顺序			
拜访行动记录					
日期	目的	结果或问题			

表 1-5 **企业客户资料卡**

公司名称		联系人 1	
地址		职务	
电话		电话	
行业		个人特点	
需求种类		联系人 2	
现供应商		职务	
信用等级		电话	
需求量		个人特点	
公司背景		备注	
来源与日期		优先顺序	
拜访行动记录			
日期	目的	结果或问题	

微课 15

销售中的日志管理

2. 记录推销情况

推销记录对于推销员的客户管理很重要，它可以帮助推销员找出真正的需求者，也可从中看出客户发展变化的趋势，为分析客户和选择推销策略提供参考，从而对那些重要的推销对象采取既有力又恰当的推销措施。

推销记录应包括以下重点内容：

（1）成交时间和成交数量。

（2）推销时准客户提出的购买异议。

（3）准客户对企业和产品的意见。

（4）准客户不购买的原因。

（5）准客户的购买方式、习惯和条件。

（6）准客户的未来需要。

（7）竞争对手的产品和推销策略。

填写销售日报表是作推销记录的一种主要方法。一般企业也会以统一的表格形式要求每个推销员做好这项重要的工作，如果企业没有统一的销售日报表，推销员也可以自行设计一个，这对推销工作有很大的帮助。设计销售日报表要求做到：

（1）内容简明扼要，使填写人能在很短时间内填写好。

（2）表格设计要便于与过去的报告作比较。

（3）便于统计，有利于管理者作决策时参考以及作为历史统计资料留存。

表1-6是销售日报表的参考样式。

表1-6　　销售日报表

<table>
<tr><td colspan="6">年　　月　　日</td><td colspan="2">推销员姓名</td><td colspan="3"></td><td colspan="3">当月销售目标</td><td colspan="2"></td></tr>
<tr><td>销售地区</td><td colspan="5"></td><td colspan="2">该区客户数</td><td colspan="3"></td><td colspan="3">至当日总销售额</td><td colspan="2"></td></tr>
<tr><td rowspan="3">拜访客户名</td><td rowspan="3">第几次拜访</td><td colspan="7">拜访目的</td><td colspan="7">金额</td></tr>
<tr><td rowspan="2">礼貌</td><td rowspan="2">说明</td><td rowspan="2">成交</td><td rowspan="2">修理</td><td rowspan="2">赔偿</td><td rowspan="2">安装</td><td rowspan="2">收款</td><td colspan="2">销售额</td><td rowspan="2">毛利</td><td rowspan="2">折扣率</td><td rowspan="2">折扣额</td><td rowspan="2">收款</td><td rowspan="2">费用</td></tr>
<tr><td>新客户</td><td>老客户</td></tr>
<tr><td></td><td></td><td></td><td></td><td></td><td></td><td></td><td></td><td></td><td></td><td></td><td></td><td></td><td></td><td></td><td></td></tr>
<tr><td></td><td></td><td></td><td></td><td></td><td></td><td></td><td></td><td></td><td></td><td></td><td></td><td></td><td></td><td></td><td></td></tr>
<tr><td></td><td></td><td></td><td></td><td></td><td></td><td></td><td></td><td></td><td></td><td></td><td></td><td></td><td></td><td></td><td></td></tr>
<tr><td></td><td></td><td></td><td></td><td></td><td></td><td></td><td></td><td></td><td></td><td></td><td></td><td></td><td></td><td></td><td></td></tr>
<tr><td>合计</td><td></td><td></td><td></td><td></td><td></td><td></td><td></td><td></td><td></td><td></td><td></td><td></td><td></td><td></td><td></td></tr>
<tr><td>客户情报</td><td colspan="15"></td></tr>
<tr><td>商品情报</td><td colspan="15"></td></tr>
<tr><td>竞争情报</td><td colspan="15"></td></tr>
<tr><td>索赔情报</td><td colspan="15"></td></tr>
</table>

销售日报表可以确切地记录推销员的行动，据以评价目标完成率；管理者通过销售日报表可以了解推销员在推销过程中存在的问题并给予指导；推销员可以根据整理的记录获得销售效率分析资料，为业务部门提供市场、技术和竞争对手的资讯；通过记录，成功的结果可为推销员带来成就感，失败的教训可令推销员从中总结经验，自省和自励。因此，它既是企业销售统计和管理工作的必需，也是推销员自我管理的有效工具。

3.回访客户

推销一次就达成交易相对来说不容易，要使客户能够长期光顾则更困难。推销员定期或不定期回访客户，与客户建立密切联系是做好售后服务的有效措施。回访一方面可以了解客户购买产品后的满意程度，另一方面可以及时发现客户的不满或产品的故障，抓住时机为客户提供修理、退换或给予赔偿损失等售后服务，使客户的不满意转化为满意。推销员定期或不定期回访，做好售后服务是争取回头客的一个重要手段，通过这个手段能使客户感受到推销员还在继续关心他的利益，从而加深对推销员以及推销员所在企业的感情，巩固购销者间的关系。推销员关心客户，客户也会关照推销员，客户继续给推销员介绍许多新的客户也是比较常见的。

岗位资讯 1-19　　售后：做好服务，定期回访

采购结束后销售人员仍不能掉以轻心，要及时做好售后服务和回访，为下一次采购合作打好基础。

公司的电脑、打印机等电子产品采购与多家公司都有合作，其中一家公司的销售人员王小姐，在后期维护服务上做得非常好，每次公司电脑、打印机出现故障，王小姐总会迅速作出反应，及时安排技术人员上门解决问题，而其他公司不但不能保证及时维修，还推卸责任，王小姐的表现给我们的工作带来了方便，也赢得了我们的信任。后来，电子产品采购、墨粉和打印纸的供应，多数都是与王小姐合作。

销售人员的定期回访是成熟采购中的重要环节。

资料来源：佚名．做一个采购喜欢的销售人员［EB/OL］．［2019-05-18］．https：//www.docin.com/p-2212378174.html.

（三）时间管理

对于推销员来说，有拜访不完的客户，做不完的推销工作，而每个人拥有的时间却是固定的。时间是最宝贵也是最特殊的资源，上天赋予每个人不多不少的同样时间，十分公平，谁能珍惜并善于利用时间，谁就能运用固定的时间做出比别人更多的事情。有人说："一天的时间就像一只大旅行箱，如果你懂得装箱的技巧，一只箱子足可以装上两箱的东西"。也就是说，时间是有限的，但如何安排和支配时间却大有文章可做。推销员要合理安排时间，必须做好以下工作：

1.了解推销员工作的时间特性

推销员要确保把有限的时间用在刀刃上，必须了解自己工作的时间特性。推销员大部分工作在企业外面进行，外勤工作的时间安排尤其重要。只有洽谈时间才是推销员的黄金时段。如果把与客户洽谈的时间比作生产性时间，那么为了进行洽谈而花在交通、等待会面、午休、寻找地点等上的时间则可看作非生产性时间，如果后者所占的比例很大，那么推销的效率就低，效果也差。所以，为了提高"黄金段率"，必须努力压缩后者时间的消耗。

据估算，推销员花费在交通及等待准顾客的时间平均占32%，用于整理书面资料、开会以及打电话的时间平均占24%，用在礼节性访问的时间平均占5%，实际和准顾客面对面洽谈的时间只有39%。如果能把洽谈的时间比例从39%提高到52%，销售潜力就可以提高30%以上。因此，推销员要尽量节省时间（减少非洽谈时间）和充分利用时间（增加洽谈时间的有效性），做好时间规划。

做好时间规划的一个主要指导原则是“确保重点，照顾一般”。贯彻这一原则可运用帕累托原理。维尔弗雷多·帕累托是19世纪的意大利经济学家，他发现经济现象虽然整体分割的比例不一定都是2：8，不过却常具有2：8的不平衡性。也就是说，常见的经济现象存在着“关键的少数和次要的多数比率约为二比八”这个规律。所以，帕累托原理又称为“二八法则”。例如，根据有关统计资料，23%的男性成年人消费啤酒总量的81%，16%的家庭消费了蛋糕总数的62%，17%的家庭购买了79%的即溶咖啡。这就是说，约20%的消费者消费了产品总量的80%左右，其余约80%的消费者只消费产品总量的约20%。因此，选择性推销是现代推销活动最具建设性的发展之一，也是推销员充分利用时间的有效方法。推销员根据“二八法则”对自己的时间和精力进行安排，就是以80%的精力去接洽20%的重点推销对象（A类准顾客），以20%的精力去接洽80%的次要推销对象（B类和C类准顾客），即在推销中贯彻“确保重点，照顾一般”的原则。

有一家公司研究推销员的行为时惊奇地发现，推销员的销售成果与推销员用在与准顾客洽谈的时间并不存在正比关系，而是其中20%的时间实现了80%的销售额。该公司同样也发现，约20%的推销员的推销额占了销售总额的约80%，而另外约80%的推销员的只能实现约20%的销售总额。

2.做好拜访计划

做好拜访计划是推销员提高时间、利用效率的有效方法。下面介绍推销拜访计划的编制步骤：

（1）做好资料准备。主要是查阅过去的销售日报表和准客户资料卡中记载的有参考价值的资料。

（2）编排拜访计划表（见表1-7），选择拜访的推销对象。选择拜访对象时要适当区分和确定拜访类型，如重点拜访、一般拜访、地区拜访或行业拜访等，可事先将准客户分类后再作综合选择。比如，可以在初步确定后用小圆圈在表格的拜访记录栏内标出预定拜访客户，待领导过目同意后在小圈外加个圈，表示已得到领导同意而不会与其他同事重复。之后，对再次经过思量决定进行拜访的客户加上第三重圈，重点拜访的客户则把内圈涂满。之后，洽谈结束画上“—”表示，成交画上“|”表示，交货画上“/”表示，收款画上“\”表示，三重圈上有十字线和左右斜线是销售完成的最后图案。

表1-7　　　　一周推销拜访计划表

推销地区：　　推销员：　　时间：　　年　月　日至　月　日

星期		星期日		星期一		星期二		星期三		星期四		星期五		星期六	
拜访客户	拜访记录	上午	下午	上午	下午	上午	下午	上午	下午	上午	下午	上午	下午	上午	下午

预定拜访者：　　洽谈结束：

业务经理许可拜访者：　　成交：

推销员决定拜访者：　　交货：

重点拜访者：　　收款：

（3）设计合理、有效的拜访路线。拜访路线不合适，会因交通路线重复或交通高峰期的道路阻滞而浪费时间，无法达到预期效果。

（4）决定合适的拜访时机。不管如何辛勤奔波，如果拜访时机选择不当，推销对象和具有购买决策权的有关人员不在或无暇接待，计划就会落空。因此，有经验的推销员会从对方的忙闲作息规律中寻找最适当的时间进行拜访，以期获得最佳效果。拜访和洽谈的合理时间因客户的行业或部门不同而各不相同，这就为推销员提供了一个互相穿插、充分利用时间的可能性。若能根据客户适宜进行拜访和洽谈的时间制成指示图表，指引推销路线计划的编制，效果就更好。当天气恶劣，如遇狂风、严寒、酷暑，一般人都不愿外出的时候，正是外出推销拜访的好时机，因为这不仅容易找到人，而且还能感动对方，给准顾客留下深刻印象，提高成功率。

3.做好时间记录和分析

为了妥善、有效地安排和利用好时间，推销员除了要做好拜访计划之外，还要做好时间消耗的写实记录。因为计划花费时间是一回事，实际花费时间却是另一回事。时间消耗写实记录使推销员清楚地了解到自己的时间实际花费在哪里，哪些是必要的，哪些是不必要的，对此稍加分析就能为推销员提供进一步安排和利用时间的方向。

对写实记录的分析和诊断，一般都能为改善时间安排提供有效的参考。但是，时间毕竟是有限的，推销员一方面要对时间安排得当，另一方面要提高办事效率。为了提高办事效率，工作前应做好准备，减少由于信息不灵、不全面而导致的时间浪费同样也很重要。

时间的利用和管理具有鲜明的个性特征，时间使用效率的高低与人的生活态度、价值观念和意志力密切相关。也就是说，一个人对时间的价值意识也具有主体感受性质。时间的有效利用，也是人的主体意识的实现过程。一个意志坚强者，为了实现自我目标，可以数十年如一日，从宏观上把握时间，微观上珍惜时间，不断磨砺自己的时间管理素质，力戒拖沓和瞎忙，充分发挥时间潜能。推销员必须在不断自我完善过程中，提高自己的时间利用效率和工作绩效。

4.健康与情绪周期管理

推销员必须维持良好的健康状态，健康直接影响推销员的外表、态度和谈吐；健康的人比较热忱，健康的人有敏锐的观察力和缜密的分析力，而这两项都是成功推销员必备的能力。健康受损，就容易疲劳，变得懈怠；健康受损，亦容易情绪波动不定，因小事而动怒，在这种情绪下，很容易搞僵与准顾客的人际关系，使推销工作陷入困境，甚至根本就不可能成交。因此，推销员保持健康的身体状态和稳定的情绪很重要，要对身体健康和情绪进行管理。

推销员长期工作在外，常常吃不定餐，睡不定时，要保持健康的状态应遵守如下法则：

（1）内心要有希望健康的念头。医学证明，有些生理的疾病常常是心理因素引起的，人们很容易受内心暗示的影响。

（2）经常放松自己。推销员的生活既忙碌又紧张，假如不养成放松自己的习惯的话，整个人就像绷紧的橡皮筋一样，时间久了会被拉断。所以，每天至少利用30分钟的时间，使自己完全进入松弛的状态，无所思无所想。

（3）坚持做户外运动。

（4）要有充分的睡眠，睡眠是恢复精力最好的办法。

这4条法则的作用是把工作、生活的时间控制在一定的范围内，使健康不致受损，避免身体健康和情绪陷入恶性循环之中。

科学家早已发现，人类具有极为有规律的生理节律，这种人体生理节律由“生物钟”控制着。20世纪初，法国医生弗里斯和奥地利心理学家斯瓦波达经过长期临床观察，发现了人体体力、情绪和智力变化周期，提出了人体体力强弱周期为23天，情绪高低周期为28天。奥地利的泰尔其尔则发现，智力的兴衰周期为33天，他同时认为，在各种节律从高潮转向低潮时有2～3天的临界期。当人处于生理高潮时，体力强，情绪高，智力亦高，处于低潮时则相反，处于临界期则力不从心，神思恍惚，情绪和智力波动，最容易出差错，产生意外。实际上，每个人的生理节律是不相同的，上述的数字只是一般情况。值得重视的是，有规律的生活节奏可以减小这种周期变化的幅度。因此，一个推销员若能找出自己情绪变化的周期，就有办法对生理节律进行自我管理。在这方面，可以作以下尝试：

（1）绘制出本人情绪变化周期表；

（2）据此安排自己的推销计划；
（3）处于周期高潮时，安排执行大计划或者较难的行动计划；
（4）处于周期低潮时，则从事较易处理的辅助工作，如处理文件、资料等工作；
（5）处于临界期最好休息，或是处理较轻松的工作；
（6）养成有规律的生活习惯，以减小周期变化的幅度。

厚德精技1-2

老客经营

对于学校周边的水果摊老板来说，最重要的一件事是什么？老客经营。为什么？因为学校周边的水果摊流动客户比例特别低，绝大多数顾客其实都是老客。如果顾客有一次买水果体验不好，他下一次基本上就不会再去了，所以如果有一个顾客在水果摊买了20元的水果，下一次他回来跟水果摊老板抱怨说水果不好，老板该怎么做？聪明的经营者会说20元我退给您，这次吃好了再付钱。表面上看，水果摊老板损失的是20元，但是要知道的是，水果的复购率基本上一个星期至少两次，如果就此留住了顾客，未来的两三个星期一定会赚回来。反之，如果不这么做，这个顾客可能就丢掉了。

资料来源：鲍忠铁．亚马逊怎样靠数据赚钱？[J]．销售与市场，2018（12）．

讨论：维系客户需要从哪些方面入手？

工作岗位讨论

1.如果从顾客的角度出发，如何才能成为一名受欢迎的推销员呢？
2.给你日常生活中的衣着、行为挑挑毛病。
3.结合实际，谈谈推销员自我管理的重要性。

工作岗位思考

1.推销员应具备哪些基本素质？
2.推销员应具备怎样的推销礼仪？
3.推销员应该在哪些方面进行自我管理？
4.推销员的目标管理应包括哪些部分？
5.推销员如何进行客户管理？结合实际谈谈客户档案的重要性。
6.如何做好推销员的时间管理？

工作岗位实例分析

【背景资料1】　“知识”型直播，我们需要更多这样的“清流”

2022年，从新东方讲师转型主播的董宇辉火了，单月涨粉2 000万，销售额达到6.81亿，董宇辉的成功被定义为“颠覆了传统的直播模式”。

也确实如此，在董宇辉的直播间里，你看不到多年来千篇一律的大喊大叫，对产品的极尽夸赞和削尖脑袋式营销，代之的是聊着天，分享着历史、地理、人文，“顺带”卖货。这场景新鲜又美好：每次直播，都有几十万甚至上百万的人边买东西边听董宇辉说话，有人练了英语，有人学习了知识，有人得到感动和共鸣，还有人看到诗和远方。

“它激起了普通人对生活的珍视与热爱，对知识与眼界的无限追求，甚至对理想的坚守。”有人说，在流量盈利之外，这或许是董宇辉知识型直播走红更大的意义。这一刻，直播带货在媒体、社交、商业、娱乐属性之外，多了教化的属性和能力。

我们不必，也不可能人人去做董宇辉，但在这个信息爆炸、泥沙俱下，为了流量恶俗丑态想方设法输出的时代，多一些这样的主播真是好事。

还有开法律课堂的罗翔，粉丝已达到2 397万，以法律老师的身份成为B站粉丝最多的主播和上传者。罗翔带着他的“法外狂徒张三”，让越来越多的人掌握了法律知识，有了法治思想和运用法律保护自身的能力。

2021年2月，国家互联网信息办公室等七部门联合发布的《关于加强网络直播规范管理工作的指导意见》中曾提到，网络直播平台应当坚持把社会效益放在首位，实现社会效益和经济效益相统一，有效提升直播平台“以文化人”的精神气质和文化力量。

资料来源：孔雨童．“知识”型直播，我们需要更多这样的“清流”[EB/OL]．[2022-09-02]．https：//baijiahao.baidu.com/s？id=1742864607697072835&wfr=spider&for=pc.有删改．

【问题讨论】

结合案例谈谈传统推销与网络直播销售的异同点。

【背景资料2】　电脑采购

招标会终于结束了。北京康顺达中医院小会议室里只剩下信息中心主任王达生和他的助手石海涛。

这次招标是采购40台台式计算机。去年采购的20台在短短1年内出现了许多问题，以致其他部门的人纷纷指责信息中心，还有人怀疑有暗箱交易。所以，经王主任提议、主管行政副院长同意，此次以招标的形式来确定供应商。今天的招标会首先由投标企业讲解投标的情况、提供的可选择的台式计算机，然后由投标企业回答医院不同部门人员的有关问题。参加招标的既有惠普、戴尔，也有联想、同方、方正，还有八亿时空这样的二线品牌，去年的供应商快蓝科技也来了。

空荡的会议室里，王主任与助手石海涛的对话就这样开始了。

意向初定

王主任：“小石呀，你看，今天招标效果怎么样？”

石海涛：“刚才郭副院长走的时候说咱们这次搞得不错！”

王主任："是啊，去年咱们太被动了。当时也是不了解这个计算机还有什么保修期、维护期、保证期等，也不清楚计算机看起来外表都不错，只有用起来才能发现不是这里有毛病，就是那里有毛病。"

石海涛："还真是这样。刚才后勤中心的还问那个戴尔的，你们的操作界面是不是比较复杂。"

王主任："其实，是去年他们用快蓝科技的计算机总出故障，人家来维修的一看，在界面上点了几下就好了。所以，他们关心界面的情况。你注意到药剂科的老刘问戴尔的问题了吗?"

石海涛："好像他们特别关注键盘，他们问戴尔键盘的保修期能否延长。"

王主任："去年那20台，药剂科分了8台，巧了，8台的键盘陆续都坏了。虽然快蓝科技给换了新的，但毕竟麻烦太多，当时就为这个事情，好像还要打官司，结果还是我内外协调后解决的，不过快蓝科技也是看重咱们后面还有比较大的采购，所以也就给免费更换了。"

石海涛："我看他们倾向于要联想的，联想的也答应，键盘给3年的包换保修期。"

王主任："不见得，联想的机器贵，我看快蓝科技与咱们都熟了，你觉得他们的产品怎么样?"

石海涛："主任，都是您定，虽然去年其他部门对计算机有不同的意见，但是后来不都解决了嘛，关键看您这次的评价标准如何制定。"

王主任："这样，你找联想的，还有快蓝科技的，同时找一下戴尔的，主要考虑如下三个方面的问题：第一，就是维护、维修、保修、包换的问题；第二，就是网络支持问题；第三，就是价格问题，如果每台控制在6 000元以下，院里的预算就够了。"

石海涛："主任，第一点和第三点都没有问题，我去谈，可是第二点，咱们招标中可没有提到网络问题呀。"

王主任："他们供应商都有经验，我们去年买了20台，今年买40台，肯定不是分散使用的，必须是通过网络来管理和实现信息共享的。所以，看他们谁愿意提供支持吧。"

石海涛："那您的意思是我们买了40台机器以后，让他们送货的时候负责安装网络，对吗?"

王主任："对，这样就可以将网络连接和网络安装的费用省下来了，反正像戴尔、联想，还有上次的快蓝科技都是负责安装到位的，等他们送货的时候再说。"

石海涛："好，我这就办，院里倾向这3家中选哪家，我重点谈谈。"

王主任："目前没有倾向。从今天的招标会看，院里的人对这3家的提问比较多，联想的那个销售回答得还不错；快蓝科技是了解咱们的，所以，回答得虽然不精彩，但是，也都在点子上；就是戴尔的那个销售，专业术语太多。不过，你先接触看看，总之，把握一个要点，质量上一定不能出问题，价格并不是最主要的，当然，最后的网络连接，是一定要让供应商顺便做到的。”

石海涛：“好的，我清楚了。”

王主任：“今天是周三，周五前咱们就定下来，周末让院里批一下，争取下周就能送机器。周一院里开会的时候，各部门都是这么安排的，各科室放电脑的地方都腾好了，所以，尽快为好！”

石海涛的推进

接受了主任的委托，在医院工作了两年的石海涛就开始了他的洽谈工作，联系、落实最后的供应商，确定相关的条件，并选择一家。他率先打通了联想计算机中小企业事业部的北京高级销售顾问陆茵蓉的电话。陆茵蓉就是招标会上的联想销售顾问。

陆茵蓉：“您好，我是陆茵蓉，请问您需要什么帮助?”

石海涛：“您好，您是陆小姐吗?”

陆茵蓉：“对，我是，您好像是康顺达的小石吧?”

石海涛：“对，今天招标会结束后，还有点事情想最后协商一下。”

陆茵蓉：“可以，现在快5点了，您都快下班了，还要操持这事儿，真是辛苦了!”

石海涛：“还好，咱们电话说几句。”

陆茵蓉：“是关于这次采购的事情吧，中心王主任可是没少操心，我也看出来了，去年采购的快蓝科技的机器，好像院里其他部门的人不太满意，就冲这点，建议还是慎重一点，我就在您医院附近，要不一会儿我带份外卖去找您，咱们边吃边聊? 一会儿到了医院，就打您现在打的这个电话，可以吧?”

石海涛：“那好吧，再当面沟通一下很有必要，就是这个电话，不过，你就别带外卖过来了。”

挂断电话，石海涛旋即致电戴尔的夏侯山。石海涛拨通了戴尔北京地区的销售顾问夏侯山，一个严谨的技术出身的销售人员。

夏侯山：“您好! 我是戴尔夏侯山，您是哪位?”

石海涛：“我是康顺达信息中心的石海涛，今天上午你们参加了我们的招标会，现在有一些问题中心还想了解一下。”

夏侯山：“哦，对，您好，石先生，您有什么问题?”

石海涛：“中心主要想了解的是戴尔机器的保修、包换问题，还有就是技术支持等方面的问题，不知道戴尔如何保证我们在使用机器上没有任何麻烦?”

夏侯山：“哦，上午在招标会上，我在介绍公司的售后政策中都讲到了，24小时响应，3个月包换，1年保修，软件支持1年的收费是1台机器800元。我们是硬件提供商，但是为了客户使用方便，我们还是提供软件支持的，不过因为有额外的支出，所以向客户收取点儿费用，这也是今年才出台的规定，我也无权更改。您看，我留下的资料中特别注明了，用红笔画线的部分就是。”

石海涛：“哦，资料里都有是吧，那我就再看看吧。”

夏侯山：“好的，这样，有什么问题，您再给我电话，我能做到的肯定做到，好吗？”石海涛挂断电话后的感觉并不好，看了一下手表，已经10分钟过去了，正在想的时候，电话响了起来。

这时，快蓝科技的电话打过来了。

石海涛：“您好！信息中心。”

“王主任在吗？”对方急切地问。

石海涛：“王主任已经下班了。您是哪位，有什么急事？我可以转告他。”

“哦，小石呀。我是快蓝科技的小张，啊，就是下午参加招标会的，我们换了名片的。”小张说道。

石海涛想起来了，快蓝科技对这次招标非常重视，特意派了4个人来。

石海涛：“对，我记得，王主任回家了，要不您明天再打，不过，对了，我找您还有点事。”

小张：“没关系，不找主任找你也行，我的意思是咱们都合作快两年了，这次的招标走走形式就行了，你跟主任说一声，明天就把合同定了吧，郭副院长那里我都说好了，我们这次的货比上次好多了，其实，你们用联想的或者戴尔的，还不都是组装的，还不如我们的产品，我们现在是在苏州工业园区加工，质量有了质的飞跃。你说呢？”

石海涛：“要是郭副院长那里你都说好了，那你还是直接跟王主任说吧，我就没有什么可说的了。”

小张：“别呀，咱们合作有年头了，你有话就说，我能办的，肯定办到。”

石海涛：“好吧，那我就直说，如果还是你们供货呢，质量是一个问题，更重要的就是这个售后支持问题。你们的响应时间是多少个小时？保修和包换条款是不是可以修改？再有就是网络连接，能否提供网络方面、软件方面的支持？”

小张：“这个好说。响应时间是小事，你一个电话，我就过来，没有问题。保修和包换也都不重要，咱们都合作两年了，你们叫我们过来，想换零件，还不是一个电话，哪次我们没有给换？再说了，去年的网络支持，都是我们做的，今年还是我们做更好，对吧？”

石海涛：“去年都要打官司了，你们才换的键盘。再说了，去年你们做网络的时候收的费用可不低。”

小张：“今年这可是40台机器，投入更大，这样吧，网络安装收费就100元一台吧，你看怎么样？”

石海涛：“不行，如果今年还是你们供货的话，网络支持就不应该收费了。去年都是你们铺线调试的，轻车熟路，免费才对。”

小张："石经理，你就别压我了，去年是400块一台，我都让到100块了，您要我免费，公司也不批呀，我答应了没有用呀。"

石海涛："我不是经理，别叫我经理，这样吧，这个事情回头再说，我明天向主任汇报，就这样吧。"

小张："别，等一下，要不这样，我明天过来，你看主任上午在吗？"

石海涛："你别过来，主任上午有会，下午也有约了，我们通知你，你的意思，我肯定告诉主任。"

与快蓝科技的通话刚结束。这时，敲门声响起。

石海涛一开门，看到了气质、穿戴都十分得体的陆茵蓉。陆茵蓉说："等着急了吧，石大夫，北京这个交通呀，实在是太堵了。"

石海涛听了一笑："没想到，你还来得挺快。"

石海涛与陆茵蓉再次洽谈采购合同。

毕竟已经过了正常工作时间，严肃的话题在相对轻松的氛围下得到了有效缓冲，似乎代表采购和销售双方的人自然而然地开启了合作模式。

石海涛："主任关心的就是服务，售后服务上面，去年是吃了大亏的，主任在院里也不好交代，这个你理解。"

陆茵蓉："当然了，计算机不是简单的家电。售后其实才是不同厂家的竞争点，作为联想来说，我觉得还是令人放心的，你说呢？"

石海涛："一个是响应时间，另外一个就是保修、包换的事情，最后就是网络链接。"

陆茵蓉："保修、包换都是重要的条款，我们不仅确保现有设备的快速支援响应，还提供1年的保修、3个月的包换。说到网络连接问题，让我看一下你们设备的配置，我记得好像有网卡的要求吧。"

石海涛："对，有网卡配置。"

陆茵蓉："那没有问题，我们上门送货时负责连接入网，医院用什么网络？"

石海涛："我也不是很清楚用什么网络，是去年快蓝科技做的网络，还收了不少钱呢！"

陆茵蓉："没有留下一些网络说明资料吗？"

石海涛："好像没有，主任也挺头疼，一天到晚就担心网络出问题，可是也不知道谁可以解决。"

陆茵蓉："40台的订单确定以后，我们的供应是负责接入网络，然后，协助中心制作一个网络使用指导手册，我估计要是快蓝科技做的网络，肯定是NT，应该比较容易，我们的工程师会有办法的。"

石海涛："那么，保修、包换的事情呢？"

陆茵蓉："订购40台，包换、保修的条件我没有权力改动，不过过去几乎还没有客户对我们的售后有不满意的情况。这样，确定了40台的合同以后，我可以额外提供2台作为备份件，可以放在你们中心的办公室，也可以放在使用机器最多的部门，临时有问题，在我们的工程师来到之前，可以简单地更换备份设备上的零件，你看呢？”

石海涛：“这样我估计主任就没有什么担心的了。价格方面呢？”

陆茵蓉：“联想的价格也是全国统一的，我没有多大的权力调整，你们的配置不低，所以，5 999元的这个价格，我没有余地了，看医院方面的预算情况吧。”

石海涛：“好吧，其实，时间已经挺紧的了，下周各部门都希望用上这次的新机器，你们供货时间怎么样？”

陆茵蓉：“你这可是问到我们的强项了，联想还真是按需定制的高手，尤其是在物流时间控制上做得很好，所以，如果明天确定合同，下周二肯定就可以送货了。”

资料来源 作者根据相关资料改编而成.

【问题讨论】

1. 结合案例谈谈单位采购办公用品有何特点。

2. 康顺达中医院最终与谁签订了合同？为什么？

3. 请分析快蓝科技、联想、戴尔公司的3名销售人员各自的优点与缺点。

岗位实例操作

实训项目：商用电脑销售

【实训目的】

1. 体会推销员上门推销前应进行的准备工作。

2. 初步掌握推销员自我管理的方法。

【实训要求】

1. 每组设定一家单位作为商用电脑的推销对象。

2. 搜集所设定的上门推销单位的相关信息。

3. 做好商用电脑上门推销前的各项准备工作。

4. 进行商用电脑上门推销的礼仪模拟。

5. 分组进行商用电脑上门推销的模拟。

【实训步骤】

1. 资讯准备。

• 通过相关途径搜集上门推销单位的各项信息资料，尤其是采购具体负责人的信息，建立客户档案；

• 熟悉所推销品牌商用电脑的市场地位、品种、特征及商用电脑的市场状态。

2. 工作任务实施。

• 根据客户的具体情况，设计上门推销的服饰；

• 根据客户的具体情况，每位同学进行商用电脑的模拟推销。

3.工作检查与评价（见表1-8）。

表1-8　实训考核评价参考表（3）

实训考核评价内容	分值（分）	得分（分）
客户档案	20	
商用电脑市场介绍	10	
服饰搭配	20	
推销行为举止	20	
模拟推销	20	
团队合作精神	10	
合计	100	

• 每组一名学生进行商用电脑市场现状介绍；

• 每组一名学生模拟客户，另一名学生模拟推销员进行某品牌商用电脑的上门推销；

• 教师对学生推销礼仪、行为举止、衣着予以评价；

• 同学互评，教师进行适当点评和实训总结；

• 教师对各项目小组及各成员进行综合成绩评定。

第二部分

推销岗位操作

学习情境一

店面推销

岗位任务

销售人员在固定的经营区域里，面对不同的消费者进行销售。

能力目标

1. 掌握店面销售的工作程序与工作内容。
2. 掌握店面销售的技巧。
3. 掌握店面销售的行为规范。

思政目标

围绕店面推销岗位的工作内容，认真钻研顾客的消费心理，树立爱岗敬业的职业素养。

结合“操作实例”中“一个导购员和厂商必看的案例”“一个退货建议如何‘孕育’一笔生意”等案例、“厚德精技”专栏中的“识别传销，杜绝诱惑”进行研讨，树立服务顾客、恪尽职守的职业素养，杜绝传销等违法销售的利益诱惑。

情境设计

以某品牌超市销售岗位为学习情境，推销人员（促销员）在该销售岗位完成相关销售工作。

导入资料

推销是推销什么？

一天，一家高档服装店来了两位顾客，指着一套最高档的西装要试。导购是一位小伙子，他马上把这套西装取下来，十分和气地递了过去。试衣服的顾客比较魁梧，衣服穿上后有些紧，顾客觉得不合适，导购却说“不错，挺好的”，意思是

“你快掏钱吧”。只见另一位顾客使了个眼色，试衣服的顾客把衣服放下就走了。高档服装店的导购怎能和练地摊的一样推销呢？一心想把服装推销给顾客，结果适得其反，而且这两位顾客以后可能再也不会光顾这家服装店了。

资料来源：作者根据相关资料编写而成.

导问 2-1

你有过短期促销工作经历吗？请谈谈你对这一岗位的认识或体会。

一、店面推销的资讯准备

作为店面推销人员，在面对顾客进行销售之前，必须收集有关销售的资讯，为从容自信地面对顾客做好充分的准备工作。店面推销人员应掌握产品知识、顾客类型、市场竞争状况、同类竞争品的情况等。

导问 2-2

店面推销人员在面对顾客进行推销之前应做好哪些资讯准备工作？

（一）产品知识

推销人员必须具有丰富的产品知识，这样顾客在进行产品咨询时，推销人员才能正确地介绍产品特点、性能、使用方法。如果对产品知识一无所知，顾客就会没有安全感，从而拒绝购买产品。

推销人员在销售一线，代表着企业的形象，如果对产品知识缺乏了解，将直接影响企业在消费者心目中的形象。许多顾客抱怨推销员尤其是一些促销员缺乏产品知识，这是一些企业推销人员数量上升、素质下降的一个重要原因。

例如，某品牌液态牛奶的推销人员应掌握的产品知识包括以下三个方面：

（1）有关牛奶的基本常识。

（2）所售品牌牛奶的各品相卖点及利益点。

（3）市场上主要竞争品牌液态牛奶的基本情况。

岗位资讯 2-1　　牛奶的基本知识

牛奶物美价廉，是人类膳食中蛋白质和钙的最佳来源，被人们称为完全营养食物。牛奶中所含的营养物质几乎全部能被消化和吸收，是人们获取营养、增强体质、延缓衰老不可缺少的理想食物。

牛奶由以下5种主要成分构成：蛋白质（含量约3.1%）、脂肪（含量3.4%～3.8%）、乳糖（含量约4.7%）、矿物质、维生素。

牛奶的具体营养点包括：

1. 牛奶中的蛋白质含有8种必需氨基酸，适于构成肌肉组织和促进身体发育，对正处在成长发育阶段的儿童、青少年尤为重要。

2.牛奶中所含的脂肪颗粒小，很容易被人体消化、吸收，其消化率达97%。

3.牛奶中主要的碳水化合物是乳糖，乳糖在人体内可起到调节胃酸、促进肠蠕动和助消化腺分泌的作用。

4.牛奶中所含的钙质是人体所需钙的最好来源。由于牛奶中的钙在人体内极易被吸收，远比其他各类食物中的钙的吸收率高，而且牛奶中钙与磷的比例合适，因此牛奶是促进儿童、青少年骨骼、牙齿发育的理想营养食物。

5.牛奶中几乎含有一切已知的维生素，如维生素A、维生素B族、维生素C、维生素D。

6.牛奶中还含有能增强人体免疫抗病能力所需要的抗体物质。

导问2-3

选择两种竞品进行对比介绍。

（二）顾客的类型

在店面推销中，推销人员接触的大多是主动上门寻购的顾客。这些顾客来店的主要目的是为现在或未来的购买寻找目标，只要推销人员接近顾客的方式或时机恰当，能准确掌握顾客的需求偏好，往往就能得到顾客的主动配合，说服顾客立即采取购买行动。为此，推销人员有必要了解顾客的类型，根据顾客的不同类型和不同需求，有针对性地进行产品推销。

1.走马观花型

这类顾客一般行走缓慢，谈笑风生，东瞧西看，哪热闹往哪去。对于这类顾客，应随时注意其动向，当他到货架前查看产品时，促销员应热情接待，尽量不让其空手而归。

2.一见钟情型

这类顾客大多喜欢新奇的东西，当其对某种产品产生兴趣时，会流露出中意的神情，向促销员询问，这时促销员要主动推介。

3.胸有成竹型

这类顾客目光集中，脚步轻快，直奔商品而来，促销员应迅速接近、积极推介，尽量不让他购买其他品牌。

作为一名推销员，每天要接待各种各样的顾客，要使他们高兴而来，满意而归，关键在于把握不同顾客的购买动机和心理特征，采用灵活多样的接待技巧，通过主动、良好的服务来促成交易。

微课16

接待耐用消费品顾客的方法

岗位资讯2-2　　耐用消费品顾客的类型

耐用消费品顾客可分为四种类型：询问型、精通型、焦躁型和豪放型，他们的心态各有特点，促销员的导购方式自然也就随之而动。

询问型顾客的特征：

•通常会先在柜台前看，因对产品知之甚少，故开始时话不多。

•希望获得产品的相关知识，希望能引起促销员的注意，希望促销员主动上前介绍。

•听产品介绍时十分认真，渐渐进入状态，提问增多。

•想动手感受，但对自己能否操作没有把握。

•还想获得更多的产品相关信息，以免上当，故喜欢做比较。

精通型顾客的特征：

•在柜台前自己看，不左顾右盼，说话时底气较足，能针对产品的关键问题发问。

•只希望获得所问问题的答案，对促销员的过多介绍会产生抵触情绪。

•听促销员介绍时，会提出一些反驳意见。

•对产品没有陌生感，自己动手能力较强，不喜欢被促销员牵着鼻子走。

•自己有一套对产品的衡量标准。

焦躁型顾客的特征：

•对品牌明显有错误认识，不愿在柜台前久留。

•与同伴来时，经常有攻击性言论。

•对促销员的言辞存在明显的不认同。

豪放型顾客的特征：

•购买意图一般是为了送礼。

•在柜台前只问最好的产品。

导问2-4

面对以上不同类型的耐用消费品顾客，店面推销员应如何接待？

二、店面推销员的工作任务

店面推销员除了要在固定的经营区域内完成销售商品的核心任务外，在该工作岗位上还应完成其他各种工作任务，以保证商品的顺利销售，提高销售业绩。

导问2-5

在商场环境中，影响终端销售的因素有哪些？

（一）品牌宣传

推销员要通过自己的工作，积极宣传产品的特点，为企业、产品在市场上树立良好的形象。推销员要向准顾客提供企业的品牌产品信息，包括产品的品种、规格、数量、质量、性能、特点和使用方法等；同时，还要向准顾客说明价格、渠道、广告和推广等营销因素及其计划，让顾客全面了解该品牌、信赖该品牌。

为了向顾客提供有用的购买信息，推销员必须做好推销前的准备工作，必须对公司、产品、竞争对手和行业状况有足够的了解。为了有效运用这些信息，推销员必须识别顾客的需求。一旦顾客的需求得到确认，推销员必须进行产品展示和说明，使顾客了解产品和服务将如何满足他们的需求。

推销员只有通过介绍企业信息，让顾客了解企业的情况、最近的动态，向顾客描述公司的发展前景、品牌优势，才会树立顾客的购买信心。

品牌宣传的具体操作方式有：

（1）通过与消费者的交流向其宣传某品牌产品和企业形象，提高品牌知名度。

（2）在卖场派发有关产品的各种宣传资料和促销品。

（二）产品销售

店面推销员的推销更多地表现为按顾客的要求进行商品递送。顾客提出展示商品或其他服务要求时，就表示其有购买意向，店面推销员必须善于察言观色，准确分析顾客的心理，抓住顾客的真实需求，有针对性地积极推荐，说服顾客购买。

在开架售货或自选售货时，店面推销员的工作主要是解答顾客的询问和提供各种服务。推销员主动、恰到好处地推销，往往能提高成交率。当发现顾客千挑百选而不能决定，或观察、了解商品不得要领，或长时间欣赏某件商品，或正在议论某件商品时，推销员就可主动出击，仔细了解顾客的需求，推荐、劝导、说服顾客下决心购买能满足其需求的商品，这往往能提高成交率，并获得顾客的好感。

产品销售的具体操作方式有：

（1）负责上货、整理并照看商品。

（2）解答顾客的询问。

（3）利用各种销售和服务技巧提高顾客的购买欲望，以增加商品的销量。

（三）产品陈列

产品陈列是指在卖场指定销售区域内运用一定技巧、方法摆放、展示商品，以达到销售商品的目的，创造一种理想的购物空间。店面商品的布局与陈列对品牌销售的影响极大，好的商品陈列是无声的广告促销。推销员需要做好卖场产品陈列生动化和POP的维护工作，保持非促销品与促销品的整洁和标准化陈列。

微课17

产品陈列

产品陈列的具体操作方式包括：

（1）商品集中垂直摆放，同一品类的商品集中在一个区域垂直陈列。

（2）商品摆放丰满，陈列的商品与上面的层板之间的间隔距离以二指为宜。

（3）按照黄金区域原则陈列商品。黄金陈列区域是指手和眼之间的陈列位。通常，顾客在店内无意识地站望的高度是0.7～1.7米，在视线轴大约30度角上的商品最容易被顾客清晰感知。

（4）按照先进先出的原则陈列。

（5）前置陈列。陈列时放满货架前沿，随时摆满，不能出现空当。

（6）可对比陈列。有意制造差异，使价格、功能有对比性，让顾客思考进行对比购买。

操作实例2-1　盒装牛奶陈列要求

单包陈列，集中醒目最要紧；
底部顶部，整箱陈列不能免；
全品陈列，合理搭配来装点；
先进先出，干净整洁强竞品；
标志朝外，吸管朝内注意点；
产品标签，一一对应要抢眼；
强势产品是我脸，弱势产品挨竞品。

（四）收集信息

推销员处于销售的第一线，每天接触大量的顾客，最了解顾客的各方面需求和当前产品的销售状况。为了提高销售额，推销员有责任和义务从各方面收集相关的产品信息。这一方面有利于自身销售任务的完成；另一方面可将信息及时反馈给上级主管，有利于企业调整产品结构、促销方法，为全面提升销售业绩创造条件。

收集信息的具体操作方式包括：

（1）收集顾客对产品的期望信息和建议，及时妥善地处理顾客异议，并及时向销售主管汇报。

（2）收集竞争品牌的产品、价格和市场活动等方面的信息，及时向销售主管汇报。

（3）了解卖场对公司品牌的要求和建议，及时向销售主管汇报，建立并保持与卖场良好的客情关系，以获得最佳的宣传效果和促销支持。

（4）了解卖场的销售、库存情况和补货要求，及时向销售主管和经销商反映。

（五）填写报表

推销员在完成销售任务的同时，要及时、准确地填写相关销售报表，以便各部门及时、全面地掌握销售进展情况，保证账货相符。填写销售报表，不仅便于相关部门及时调整商品库存结构，防止存货不足、影响销售，同时也便于相关部门及时发现滞销商品，进行必要的调整。推销员要及时完成日、周、月销售报表及其他报表的填写工作，并按时上交给主管。

表 2-1 为常见的销售日报表。

表 2-1 销售日报表

部门： 年 月 日

货号及货名	数量	单位	单价	金额	备注

（六）处理偶发事件

微课 18

处理偶发事件

针对顾客投诉、质疑产品质量或者其他突发事件，推销员可根据相关政策在第一时间做适当处理，并以最快的速度把相关情况反映给销售主管。无论是哪种抱怨，对顾客来说，都会对其产生一定的伤害。有的顾客会诉诸法律，而大多数顾客会采取一种消极行为——不再光顾，并且以口碑的形式将自己的抱怨传递给周围的人。

处理偶发事件的具体操作方式包括：

1. 认真倾听顾客的抱怨

当顾客对零售店产生抱怨或投诉零售店时，其情绪一般都比较激动，推销员要先冷静下来，认真倾听顾客的不满，不要做任何解释，要让顾客将不满情绪完全发泄出来，使其心情平静，然后询问一些细节问题，确认问题的所在。

2. 同情顾客的遭遇

在倾听了顾客的抱怨以后，要站在顾客的立场来想问题，即支持顾客的观点，使顾客意识到零售店非常重视自己的问题，并将全力以赴来解决问题。

3. 真诚地道歉

不论责任是否在零售店，推销员都应该以“顾客永远是对的”为原则，真诚地向顾客道歉，并感谢他们发现了零售店经营中存在的问题。

4. 提出解决方案

（1）了解并掌握问题的关键所在，分析问题的严重性。

（2）确定责任归属。如果责任在生产厂家，零售店应协助解决；如果责任在顾客，零售店要有使顾客信服的解释；如果责任确实在零售店，在合理的范围内，应给顾客一个满意的答复。

（3）遵守零售店既定的处理规定。零售店在出售商品的过程中，出现顾客投诉与抱怨的情况是难以避免的，零售店一般都会事先制定处理办法与规定。事件发生后，对于常规性的抱怨，可以遵照既定的办法处理，如退换商品等；例外事件发生时，要遵照既定的原则进行处理，同时要有一定的弹性，使双方都能满意。因为例外事件影响较大，一旦媒体曝光，就会造成难以估量的损失。

（4）与顾客就处理方案进行协商，使他们同意处理方法。在通常情况下，顾客的要求与零售店的应允会有一定的差距，这就需要推销员对顾客进行耐心的说服，使其从实际出发，抛弃不切实际的预期，冷静地协商，共同解决问题。

5.执行处理结果

处理方案一经协商同意，就要尽快执行。首先要拟订有关协议，通常一式三份，零售店与顾客各一份，中间人一份。顾客方面的签字者必须是当事人，或者是当事人委托的代表；零售店方面的签字人必须是法人代表，或者是法人代表委托的有关人员。协议一旦签订，就具有法律效力，受法律保护。

如果顾客的投诉已被新闻媒体报道过，就要将处理结果及时通报给有关媒体，这样不仅能够澄清事实，而且可以从正面树立零售店的形象，提高零售店的知名度。

6.反省检讨

对顾客的每一次投诉和抱怨，零售店都应该指派专人登记备案（见表2-2），并定期分析，查找产生问题的原因。如果责任在零售店职员，应追究其责任，并制定有关规定，杜绝此类事件的再次发生；如果是例外事件，就应制定出处理原则，以便以后有章可循。

表2-2　　**卖场顾客投诉登记表**　　编号：

顾客姓名		发生日期	
通信地址		受理日期	
联系电话		处理周期	
投诉或抱怨项目		协议达成日期	
发生地点		执行日期	
所属部门		投诉方式	
投诉事件发生经过			
事件危害程度			
处理经过			
赔偿金额			
处理结果			
卖场负责处理人员			
新闻媒体报道			
对卖场影响的评估			
对责任人的处理方法			

操作实例2-2　处理顾客投诉歌

学会倾听不急躁，诚恳道歉最重要；
了解原委不烦躁，解释原因不可少；
合理要求要满足，无理索求婉拒掉；
达成共识不争吵，平息事态事化了；
隐患消除要及早，处理不好报领导；
相关记录要填好，追踪服务客不少。

（七）服务人群和融洽客情

推销员在向顾客提供与商品销售有关的基本服务的同时，还应力所能及地向顾客提供其他服务，让所有客户及消费者（无论购买产品与否）都能够从推销员这儿获得尊重和快乐。

（八）其他

推销员要完成销售主管交办的各项临时任务及卖场安排的其他有关工作。

操作实例2-3　一个导购员和厂商必看的案例

2018年5月16日，高先生的爱人在某家具卖场里看好了一款顶柜。由于当时这款顶柜的螺丝松动，因此当顾客动手查看时，顶柜门脱落，并将价值3 360元的饰品及3 900元的电视柜砸坏，总价值8 020元的产品受到不同程度的损坏。

双方就赔偿问题产生了分歧，顾客的想法是：由于产品未进行定期维护及检查，才导致了这次事故的发生，高先生为表示同情，愿意赔偿200元；而厂商和导购员的意见是：由于高先生的爱人看商品时出手太重，才导致了这次事故的发生，顾客提出的赔偿额度不能接受。

后经协调，顾客勉强同意将零售价3 900元的电视柜以1 800元的价格买下。可是没过几天，高先生将这段购物经历告知了省城一家影响力非常大的媒体，该媒体对此事进行了报道。看到媒体的报道后，卖场高层非常重视，详细了解了整个事件后，要求客服部门主管亲自上门将顾客交付的价款全部退还给顾客并向顾客道歉。

由于卖场反应及时、措施到位，客服主管态度诚恳，顾客对处理结果非常满意，并向媒体反馈了这一信息，媒体随后对该卖场进行了正面跟踪报道。

资料来源：作者根据相关资料整理而成.

导问2-6

遇到“顾客非故意损坏物品”的情况，接待人员应该如何处理？

三、店面推销员的工作步骤

店面推销员的工作步骤如图2-1所示。

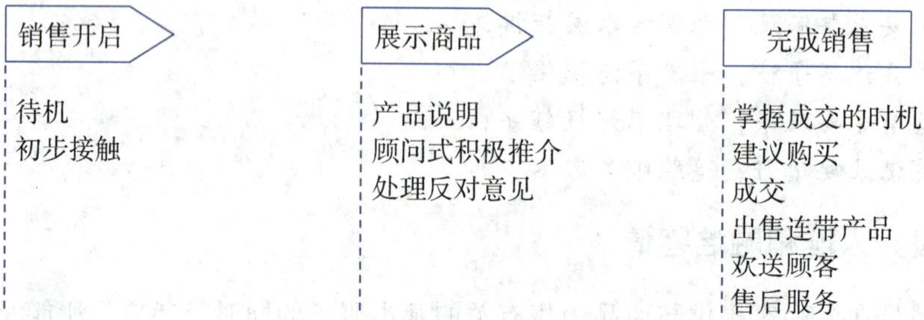

图2-1　店面推销员的工作步骤

（一）销售开启

1.待机

待机就是商店已经营业，顾客还没上门或暂时没有顾客光临，推销员边做销售准备，边等待接触顾客的时机。在待机过程中，推销员不仅要想方设法做好吸引顾客视觉的准备，如用宣传品引起顾客的注意，还要随时做好迎接顾客的准备。

待机的具体操作方式包括：

（1）正确的待机姿势。推销员可将双手自然下垂，轻松交叉于胸前，或双手重叠轻放在柜台上，两脚微分平踩于地面上，身体挺直，向前微倾，站立的姿势不但要使自己不容易感觉疲劳，而且必须使顾客看起来顺眼。另外，在保持微笑的同时，还要以极其自然的姿态等待与顾客做初步接触的良机。

（2）正确的待机位置。推销员要站在能够照顾到自己所负责的产品的区域，并以容易与顾客做初步接触为宜。

（3）在暂时没有顾客光临时，推销员应抓紧时间做以下工作：

① 检查展区环境。尽管在营业前该项工作已经做过了，但是展区的卫生可能会因为之前顾客的到来，留有一些污渍，如泥土、纸屑、果皮等，推销员应利用等待时机的空闲，随时检查展区的环境。

② 检查、整理商品。顾客的光顾也许会把商品弄乱，或者有些商品原本是完好无损的，可是经过众多顾客的抚摸，会受到污损。推销员应利用等待时机的空闲，整理商品并认真检查商品的质量，把有缺损的商品挑出来，以防流入顾客手中，影响声誉。

③ 更换、补充商品。有些商品刚刚卖掉，货架上暂时没有存货，或者有些商品销量不好，需要调换商品品种，销售人员可利用空闲时间去库房取货，更换、补充货架上的商品。

④ 其他准备工作。如果等待时机较长，推销员还可制作商品标签和一些简单的宣传品；学习有关商品或其陈列技巧等方面的知识；注意竞争产品的销售状况和市场活动等。

(4) 时时以顾客为重，有顾客来时，应立即停下手中的事，招呼顾客。

推销员等待时错误的行为方式包括：

①躲起来偷看杂志、剪指甲、化妆、吃零食等。

②几个人聚在一起嘀嘀咕咕或是大声说话。

③胳膊拄在产品、货架上或手插在口袋里。

④背靠着墙或倚靠着货架，无精打采、胡思乱想、发呆、打哈欠。

⑤远离工作岗位到别处闲逛。

微课 19

如何接待顾客

⑥目不转睛、不怀好意地盯着顾客的行动或打量顾客的衣服、容貌。

⑦专注于整理产品，无暇顾及顾客。

2. 初步接触

对店面推销人员来说，找准与顾客初步接触的适当时机，是最重要也是最困难的事情。从顾客的心理来讲，与其接触的最佳时机是在其“兴趣”和“联想”之间，在这之前或之后都不合适。店面推销人员与顾客初步接触的时机主要有：

(1) 当顾客与推销员的眼神相碰撞时。这时店面推销人员应点头微笑、问好，询问顾客是否需要提供服务。如果顾客表示只是随便看看，就应给顾客宽松的空间，任顾客浏览，在其需要提供帮助时，第一时间上前提供服务。

(2) 当顾客四处张望，像是在寻找什么时。这时店面推销人员应上前打招呼，提供商品咨询服务，进行产品介绍。

(3) 当顾客突然停下脚步时。当在店内边走边浏览货架上的产品的顾客突然停下脚步注视某一商品的时候，是店面推销人员与其打招呼的最佳时机。

(4) 当顾客用手触摸产品时。顾客对某种商品感兴趣时，必定会有用手触摸、拿在手上翻看、试用的欲望。

(5) 当顾客主动提问时。顾客主动提问、询问有关产品的情况，说明他对此产品已经非常感兴趣了，推销人员此时应详细地进行介绍。

初步接触的具体操作方式有：

(1) 产品接近法。当顾客正在凝视产品时，产品接近法是推销中最有效的接近方法，因为向顾客介绍产品，可以把顾客的注意力、兴趣与产品联系起来。

(2) 服务接近法。当顾客没看产品或者销售人员不知道顾客的需求时，最有效的方法就是用友好和职业性的服务向顾客提供帮助。一般情况下，可以单刀直入地向顾客询问。例如：“您好，您想看看什么产品？”

(3) 顾客在浏览产品时如果不愿意被人打扰，他可能会说：“我什么都不买，只是随便看看。”遇到这种情况，推销员应以真诚的口吻说：“没关系，您可以慢慢看，如有什么需要帮忙的，请随时叫我。”然后要注意，不要紧跟着顾客，也不要紧盯着顾客的一举一动，用视线的余光照顾到顾客就可以了。

（4）如果遇到脾气较暴躁的顾客，最好由其自由选择，待对方发问时再上前介绍。

操作实例2-4　商场的销售冠军

某商场的销售冠军是一位40多岁的女营业员，在所有人的眼里，她都是一位性格比较内向的柜台销售员。然而令大家惊讶的是：她在商场一个非常偏僻的柜台销售商品，销售量却比别人高出至少3倍。为此，公司专门派人观察了她一个星期的柜台销售工作。

当顾客走近柜台时，（公司人员）发现她不是像一般柜台销售人员那样立刻热情地迎上去，迫不及待地说“我给您介绍一下我们的商品吧”，而是微笑着对顾客点一下头，简单地打个招呼“欢迎光临”，让顾客自由自在地置身于商品中去选择、去欣赏。她只是随时关注着顾客，当顾客从神态、举止中流露出对商品的兴趣时，她立刻走过去对商品做介绍……

资料来源：作者根据相关资料编写而成.

导问2-7

为什么她会成为商场的销售冠军？

（二）展示商品

微课20

产品说明

1.产品说明

推销员要为顾客做产品说明，首先必须精通产品知识，让顾客产生信任感，然后有针对性地进行产品介绍。介绍产品要从以下几个角度谈起：

（1）介绍产品本身的情况。重点介绍产品突出的特点、给顾客带来的利益，尤其是顾客看不到的优点；要根据顾客的思路进行介绍，介绍要具体，不要泛泛而谈。

（2）介绍产品行情。顾客多有从众心理，他们会选择热销的产品。推销员要用获取利益的方法来说服顾客购买商品，促成交易。

（3）介绍时引用例证。一般可引用的例证有荣誉证书、质量认证证书、数据统计资料、专家评论、广告宣传情况、媒体报道情况等。除此以外，以往顾客使用产品的情况、体验与评价，都能作为说服顾客购买的依据。

（4）向顾客进行产品使用方法的演示。

（5）介绍企业竞争者及其产品，以便顾客进行比较，从而突出自身的竞争优势。

（6）介绍产品的发货方式、发货周期。

（7）介绍售后服务的运作情况，以便让顾客放心购买，无后顾之忧。

产品说明的具体操作方式包括：

（1）让顾客了解产品的用途及优点。

（2）尽可能地鼓励顾客触摸、试用产品。推销员不仅要将产品知识介绍给顾客听、把产品拿给顾客看，更要让其触摸、试用，充分调动顾客的多种感官，以达到刺激顾客购买欲望的目的。

（3）要注意调动顾客的情绪。如果推销员不顾及顾客的感受，顾客可能只记得你讲的一小部分，还可能因不感兴趣或反感而扭头就走。如果能与顾客进行对话，让顾客参与到介绍的活动中来，让其发表意见，推销员在适当的时机主动提问并回答一些问题，就会大大提高成交率。

（4）语言要流畅，避免口头禅。在进行产品说明时，推销员要避免"啊""嗯""大概""可能"等口头禅或含糊不清的语言，这样轻则会让顾客认为你对产品不熟悉，重则会让顾客认为你不诚实。

（5）让顾客看到许多同类产品。顾客在购买时都喜欢比较，喜欢在许多同类产品中挑出一件中意的产品。所以，推销员应将不同的产品提供给顾客，让其自由选择。一方面，这样可以满足顾客的需求；另一方面，大多数顾客都希望买到的产品是由自己经过判断挑选出来的，而不是由推销员推荐的。

2.顾问式积极推介

所谓顾问式积极推介，是指推销员要真诚地帮助顾客，不论顾客能否在产品决策方面做出某种程度的选择，推销员都要站在顾客的立场上为其着想，对顾客的需求给予最多的建议，使他们能放心、愉快地购物。

经过推销员的一番详细说明之后，顾客对产品的特性、价格等已经有了一个全面的认识，甚至会产生强烈的购买欲望。但是，大多数顾客在这个阶段是不会冲动地立即掏出钱包的，所以此时，推销员应把握机会，提供一些有价值的建议给顾客，供其参考，帮助顾客下定决心。

顾问式积极推介的具体操作方式有：

（1）帮助顾客比较产品。

（2）实事求是地介绍产品。

（3）设身处地地为顾客着想。

（4）让产品说话。

操作实例2-5　营业员错误的接待方法

第一，营业员"热情似火"，消费者"望而却步"。

有些营业员缺乏基本的推销知识，一味地认为只要"热情似火"，便可"无往不胜"，不能根据每个消费者的实际情况，如消费者的性格等，迅速制定有针对性的推销策略，结果往往事倍功半。笔者曾看过这样一幕：一位腼腆的男士想买洗面奶，每当他随手拿起一种样品时，营业员就无休止地热情介绍此品牌产品的用法、用途和特点等。结果那位男士满脸通红，买洗面奶的念头也一去不复返了，在“摆脱”了营业员的“热情款待”后，他长长地松了一口气：“真厉害，我再也不敢来了！”俗话说：“人叫人摇头不语，货叫人点头自来。”

第二，营业员“大肆围剿”，消费者“无所适从”。

有些营业员往往从个人利益出发，不顾超市的整体利益，盲目争抢顾客，最终导致顾客反感，超市的整体利益受到损害。例如，在某超市，一对恋人想买洗发水，几乎所有促销洗发水的营业员都围了过来，每个人都拿着自己的样品喋喋不休地介绍，让这对恋人无所适从。青年男子很不耐烦，对女朋友说：“走，到那边超市看看。”结果，不仅营业员“竹篮打水一场空”，超市的利益也受到了损失。

第三，营业员“百折不挠”，消费者“莫名其妙”。

某些营业员为了提高自己的促销业绩，竟然到了“无所不用其极”的地步，甚至互相诋毁。譬如，某消费者已经选好了商品，但营业员竟然“百折不挠”，继续“劝说”消费者购买自己的商品。此时，消费者感到“莫名其妙”——“本是同根生，相煎何太急”，最终损害了超市的良好形象。

资料来源：作者根据相关资料编写而成.

导问2-8

顾客对所售商品提出尖锐的批评意见，是否表明顾客对该商品没兴趣？销售人员应如何对待？

3.处理反对意见

顾客提出反对意见，是销售过程中的一种必然现象，它既是成交的障碍，又是顾客有购买意图的征兆。如果顾客没有购买兴趣和动机，也就不必在产品上多费唇舌了。

为把反对意见转化为有利于销售的行为，推销员要抓住机会，了解隐藏在反对意见背后的真实动机。

处理反对意见的具体操作方式有：

（1）积极倾听顾客对商品的意见。要想回答好顾客的问题，推销员必须认真听取顾客对商品的意见，让顾客把话说完，不能打断顾客的讲话；找出顾客误解和反对的真正原因，如顾客提及竞争品牌，推销员要正面阐述自己的品牌优势、竞争品牌不具备的优点，不要讲竞争对手的坏话。

（2）回答问题之前应有短暂的停顿。在顾客讲完之后，推销员不要急于回答，可以做一个短暂的停顿，考虑回答问题的适当方式。尽管有时顾客提的问题很简单，推销员能顺口答出来，但也不要太匆忙，最好先理清一下头绪再回答。

（3）对顾客目前的处境表示理解。顾客对商品提出异议时，通常带着某种主观情感，所以推销员要向顾客表明自己了解他们的这种情感，并表现出同情心。推销员可以用“我明白您的意思了”“很多人都是这么看的”“我知道您的要求”之类的话来回答顾客。

（4）复述顾客提出的问题。推销员可以用自己的话把顾客的问题复述一遍，一方面表明自己已经知道了顾客的意思；另一方面也可以留一点时间，思考如何更好地回答。

一般来说，推销员可以把顾客表示异议的陈述变成疑问句。例如，一位顾客对轮胎的质量表示怀疑，推销员可以这样回答："我已经知道您的要求了，您是不是怀疑这种轮胎的质量啊？"复述完毕后，稍微停顿一下，然后回答自己提出的这个问题，这样顾客比较容易接受推销员的意见。

（5）采取欢迎的积极态度，不能表现出一副不屑的样子。

（6）不与顾客争辩，积极提出解决方案。

（7）不懂或无法处理时，应与商场主管或促销主管取得联系。

操作实例2-6　某品牌销售中异议的处理

第一种方法："是"或"但是"法。

在销售中，顾客永远是对的，即使不对，也不要直接指出来，而应先同意顾客潜在的异议，然后用另一种说法抵消他的异议。推销员可以通过充分陈述实情，与潜在顾客达成一致的意见。比如，顾客说："你们品牌太贵了！"推销员可以这样说："是呀！的确贵了点，但它可以使用6年，还是挺划算的，不是吗？"

第二种方法：迂回法。

当顾客的异议错误时，对促销更加有效。比如，顾客说："许多人买的都是复读机，很少有人买学习机。"推销员可以这样说："现在是数码时代，真正有眼光、有远见的人都不会买复读机，而是买数码类的学习机。"

第三种方法：举例法。

当异议来自顾客对产品功能的效果产生怀疑时，推销员应当告诉顾客，其他顾客刚开始也有种种疑虑，但使用了该产品之后，就打消了这种疑虑。比如，顾客说："某品牌学习机真的对学生的学习有帮助吗？"推销员可以这样说："我理解您的想法，许多顾客一开始也有这样的疑虑，但他们使用产品7天后就没有这种疑虑了。"

（三）完成销售

1.掌握成交的时机

微课21

完成销售

通过店面销售人员详细的商品介绍和周到的服务，顾客对某一商品动心了，有了购买意图，这时顾客就会从言行上不由自主地发出某种购买信号。一旦顾客发出购买信号，推销员就要自然地停止产品介绍，转入建议购买的攻势中，机会稍纵即逝，推销员应好好把握。

顾客的购买信号可分为语言上的信号和行为上的信号两种。

首先介绍一下成交的语言信号。

（1）反复关心某一优点或缺点。顾客再三询问早已经弄清楚的问题，这实际上是他想减轻购买的心理压力、自问自答的一种心理活动表现。

（2）话题集中在某一商品上。顾客舍弃了很多同类商品，但对其中一件详加询问、反复挑选。

（3）再三征询同伴对商品的意见。

（4）讨价还价，要求优惠。

（5）询问有无附件或其他赠送品。

（6）开始关心售后服务的详情。

接下来，我们介绍一下成交的行为信号。

（1）离开后又转回来，并查看同一商品。这是非常明显的购买信号。

（2）面露兴奋神情。顾客瞳孔放大，眼睛发亮，说明某种商品与其想象中的商品相差无几。

（3）不再发问，若有所思。顾客从一进门开始，就对某商品东摸西看，并不断发问或陈述自己的意见；但从某一时刻起，停止了对话，若有所思。此时，顾客并不是不高兴，而是在权衡买还是不买。

（4）同时索取几个相同产品来比较、挑选。顾客可能会让店面销售人员左一次右一次地拿同一类商品，然后非常仔细地比较商品的颜色、款式、价格等。

（5）不停地把玩或操作某商品，表现出一副爱不释手的模样。

（6）关注导购的动作与谈话。顾客的一双眼睛非常犀利，仔细地查看柜台销售人员的每一个细微动作、眼神，并注意其谈话的语气、内容，一副担心上当的样子。

（7）不断点头。当顾客一边看商品、一边微笑地点头时，表明他对此商品很有好感。

2.建议购买

时机成熟时，推销员就要促成顾客购买。

建议购买的具体操作方式有：

（1）直接成交。这是一种直截了当的成交方式，恰当的措辞有助于成交。如设计好“6+1”推销话术，即你能够持续问顾客6个问题，而让顾客连续回答6个“是”，那么第7个问题提出后，顾客自然会购买。

（2）假设成交。推销人员始终假定顾客已经接受购买，从而在推销中轻松自如，缓和成交时的紧张气氛，增强顾客的购买信心，即使顾客不购买也会获得好感。

（3）刺激成交。推销人员要学会把握好顾客最感兴趣、能促使其购买的关键时机，利用好顾客的选择心理、从众心理、异议心理，刺激顾客购买。

3.成交

推销员要尽快帮助顾客确定他选择的产品，包装时要快捷，并检查商品有无污损。

成交的具体操作方式有：

（1）缩短付款时间和环节，避免顾客因为付款占用时间较长而放弃购买。

（2）缩短拿取商品和包装的时间。

4.出售连带产品

推销员可顺便推荐其他品类的产品，如顾客买了纯牛奶后，可以向其推荐酸奶等。

5.欢送顾客

不管顾客是否购买产品，其离开时，推销员都要表示真诚的感谢。要注意顾客有无遗留物品，不要忙于收拾、整理东西。送客是最后的服务机会，给顾客留下一个好印象，有助于顾客下次光临。

6.售后服务

商品成交后，推销工作还没有结束，店面销售人员应做好售后服务工作。售后服务是树立好的口碑、吸引回头客的重要手段。

售后服务的具体操作方式有：

（1）对购买后回头咨询的顾客，应热情、耐心地予以解答。

（2）对待投诉，应认真处理，确认投诉内容是否因本公司的产品或服务引起；若不是，也必须耐心解释。

（3）对于确因本公司的产品或服务引起的投诉，应确认是否是使用不当造成的；若是使用不当造成的，应细心向顾客讲解。

（4）对于确因质量问题引起的投诉，应予以退、换货，并表示歉意（如企业允许，可送一些赠品等）。

（5）问题较严重的，应先安抚好顾客的情绪，并马上向业务主管或其他上级汇报。业务主管必须核定事实，与顾客取得联系（最好登门拜访），表示歉意，并了解其需要，商洽合适的解决办法，达成初步谅解。注意不可拖延，以防事态扩大。整个处理过程应注意隔离媒体，严防其进行不利的报道。

操作实例2-7　一个退货建议如何“孕育”一笔生意？

庄先生2020年1月10日在某专卖店购买了一款茶几，由于庄先生自己的疏忽，估错了尺寸，摆到家里后才发现大小不合适，便及时给接待他的导购员打了电话。导购员接到电话，了解了实际情况后，告知顾客：“这款产品只有这个尺寸，根据您家里的实际情况，要不给您退了吧，好吗？”听到这样的答复，庄先生才放下心来。

第二天，庄先生将购买的茶几送到了店里，导购员和往常一样认真、热情地接待了他。随后，导购员告诉庄先生：“您在这儿先休息一下，我给您办理退款手续。”就在庄先生等待的过程中，另一位导购员主动陪庄先生聊天。通过导购员的提示，庄先生发现家里的沙发还缺一款沙发套。于是，庄先生决定在退款价格的基础上再加500元，定做一套时尚沙发套。

资料来源：作者根据相关资料编写而成.

导问2-9

一个退货行为因何转变成一个购买行为?

四、店面推销员的行为规范与推销技巧

(一) 职业仪表要求

职业仪表是指推销人员在工作时的修饰、举止、姿态、精神状态、个人卫生等方面的外在表现，以能反映健康的精神面貌、给顾客带来良好的感觉为标准。

1.男性店面推销员的仪表要求

（1）脸。胡子要刮净，鬓角不能太长，头发要整洁。

（2）工作服。工作服要干净整洁，领口和袖口无污渍，扣子齐全，服装里外颜色搭配要得当。

（3）胸章、名牌。胸章、名牌要别在左胸前，不能歪斜。

（4）指甲。指甲不能过长，指甲内无污垢。

（5）鞋。鞋要擦拭干净，不能穿旅游鞋。

（6）袜子。袜子的颜色和花样不可过于华丽，要与鞋的颜色相搭配，不能有臭味。

2.女性店面推销员的仪表要求

（1）头发。头发要整洁，发式不可太过复杂，长发要拢起，刘海不可过长；丝带和发卡的样式、颜色不可过于华丽。

（2）服装。若公司配发工作服，应穿工作服；服装要朴素大方，整齐干净，内外搭配得当，夏装不可过于暴露；裙子和背心的扣子要扣好。

（3）胸章、名牌。胸章、名牌要别在左胸前，不能歪斜。

（4）指甲。指甲不能过长，指甲油的颜色不可过于艳丽。

（5）丝袜。丝袜束紧的部分不可太松，不可有破损，颜色不可过于艳丽，穿裙装不可露出袜边。

（6）鞋。鞋的颜色和样式不可过于华丽，要干净整洁。

建议推销员在办公桌的抽屉内放一个小镜子和一把梳子，随时对照整理。另外，在进入电梯、洗手间等处的时候，也有镜子可以照看。仪容整洁得体的推销员能够给人以朝气蓬勃的印象。

如果推销员的住处离公司较远，可能需搭车或骑自行车上班。身着西装挤公交车或骑车不是很方便，因为这样不但容易弄脏衣服，而且与环境不协调。如果公司有衣帽间或衣架，营业员可将工作服备好一套放在公司内，另择适当服装上下班

穿。推销员每日需提前到达公司，换好工作服。

（二）职业规范用语

在工作过程中，营业员处处都应注意正确地使用服务用语。服务用语是店面推销员工作的基本工具，要使每一句服务用语都发挥它的最佳效果，就必须讲究语言的艺术性。服务用语不能一概而论，应根据营业性工作岗位的服务要求和特点，灵活地掌握。店面推销员工作中常用的服务用语很多，这里列举数例：

• 迎客时说“欢迎”“欢迎您的光临”“您好”等。

• 对顾客表示感谢时说“谢谢”“谢谢您”等。

• 接受顾客的吩咐时说“听明白了”“清楚了，请您放心”等。

• 不能立即接待顾客时说“请您稍候”“麻烦您等一下”等。

• 对在等候的顾客说“让您久等了”“对不起，让你们等候多时了”等。

• 打扰或给顾客带来麻烦时说“对不起”“实在对不起”“打扰您了”“给您添麻烦了”等。

• 由于失误表示歉意时说“非常抱歉”“实在很抱歉”等。

• 当顾客致谢时说“请别客气”“不用客气”“很高兴为您服务”“这是我应该做的”等。

• 当顾客致歉时说“没有什么”“没关系”“算不了什么”等。

• 当听不清楚顾客问话时说“对不起，我没听清，请您重复一遍好吗”等。

• 送客时说“再见，一路平安”“再见，欢迎您下次再来”等。

• 当要打断顾客的谈话时说“对不起，我可以占用一下您的时间吗”“对不起，耽搁一下您的时间”等。

在营业接待工作中，使用礼貌用语应做到自觉、主动、热情、自然和熟练。把“请”“您好”“谢谢”“对不起”等基本礼貌用语与其他服务用语密切结合起来加以运用，会给销售工作增添绚丽的色彩。

（三）职业禁忌用语

从事店面推销工作的职业禁忌用语包括但不限于以下几种：

• 你自己看吧。

• 不可能出现这种问题！

• 这肯定不是我们的原因。

• 我不知道。

• 这么简单的东西你也不明白？

• 我只负责卖东西，不负责其他。

• 这些产品都差不多，没什么可挑的。

• 想好没有？想好了就赶快交钱吧。

• 没看我正忙着呢？一个一个来。
• 别人都说挺好的呀！
• 我们没发现这个问题呀。
• 你怎么这样讲话？
• 你相不相信我？

（四）店面推销人员的卖场纪律

店面推销员的卖场纪律包括但不限于以下几种：

• 不能珠光宝气，香气扑鼻。
• 不能衣冠不整，掉扣脱线。
• 不能发型离奇，化妆怪异。
• 不能表情麻木，萎靡不振，抱肘拥胸，手插衣袋。
• 不能与顾客、卖场管理人员发生争执。
• 不能看报、看杂志、剪指甲、化妆。
• 不能谈天说地、嬉笑喧哗、吃零食。
• 不能倚在产品、货架或墙上。
• 不能远离工作岗位，到别处闲逛。
• 不能出现违法乱纪、违反卖场及公司其他规章制度的行为。

操作实例2-8　预约送货时间的重要性

刘女士于2020年12月7日购买了某品牌家具专卖店的一张大床，在交款前，厂商导购告知顾客10天后将家具送到其家中，并将该项条款写在了销售合同上。双方都签字认可后，刘女士高兴地到收银台交了定金。可10天后，刘女士没有收到预订的家具，她有点着急了。因为眼看就要搬入新房了，没床怎么行呢？于是她就给厂商打了电话，被告知再等3天左右就可收到。可到了2021年1月1日，刘女士还是没收到床，于是她要求退还定金。

“千里之堤，溃于蚁穴。”“100-1=0。”千万不要因为送货时间不准确而失去顾客对我们的信任。销售人员一定要在送货时间上给自己留有空间，从发传真下单到从厂家往回发货，一般周期为1个月。销售人员一定要把握好这个时间，善始善终是非常关键的。

微课22

一对一顾客开发（上）

微课23

一对一顾客开发（下）

（五）推销说明技巧

1.推销说明的程序与波登四步指引法

推销说明必须按一定的逻辑按部就班地进行。在买方市场条件下，购买者可以进行选择，而推销员则无从选择，必须一如既往地推销自己的产品，坚持自己的立场。由此，推销说明的逻辑性就显得极为重要。

推销说明的逻辑程序如下：

（1）寻找事实的真相。查询是获得事实真相的最佳方法，能使准顾客透露出自己的需求、欲望以及特定的问题，推销员也能据此查对准顾客的购买状况。

（2）详细解释，指出产品和服务的优点。推销员应针对寻找事实真相过程中所获得的准顾客的需求、欲望以及特定的问题进行有针对性的解释。

（3）说服。推销员要以演示、证据来提高说明的可信度，强化产品和服务的优点。

合乎逻辑地一个步骤接一个步骤地进行推销说明，推销员终可促成交易。美国纽约大学的教授理查德・C.波登所提出的四步指引法，使推销说明的逻辑程序更具体化。波登四步指引法的简单程式是：提出问题（突破厌倦）—为什么提出这个问题（解释）—说明及旁证（例子）—那又怎样（促成购买）。

波登认为，接近准顾客时，推销员往往会尽可能地吸引对方的注意，但准顾客却经常忽略推销员所要推销的东西，由此而产生洽谈时的厌倦情绪。因此，改善准顾客漠不关心的厌倦氛围，吸引准顾客的注意，在推销开始时是非常必要的。突破厌倦的方法往往是提出一个符合准顾客心理的问题，如化妆品推销员说“您希望青春永驻吗”，洗衣机推销员说“如何做到洗衣服时既净且快，省时省力”等。

改善厌倦氛围后，准顾客接着会出现的反应是“为什么提起这个，这对我有何用处”。在回答准顾客这些沉默的反应时，推销员必须把自己的观点、产品和服务的优点与准顾客的需求、欲望或特定的问题关联起来，如化妆品推销员说：“使用这种化妆品可令您容颜娇美。”洗衣机推销员说：“用××品牌全自动洗衣机就可以解决这些问题。”

现在，顾客已把注意力转换成兴趣，心理的自然反应就是：“有什么理由？例如……”也就是需要证实推销员所强调的产品和服务优点的可信度。推销员对“例如”的说法需要从一般状况进入具体状况，这样才会有相当的说服力。如化妆品推销员说：“你看，住在你隔壁的李姐在用过我们的化妆品后显得多漂亮、多年轻。”洗衣机推销员说：“全国10种洗衣机售后质量追踪，××牌洗衣机得到最高分，很多顾客都指定购买这个牌子的洗衣机。”

当推销员的推销说明进行到准顾客说出或想到“那又怎样”时，就要促成交易了。如化妆品推销员说：“购买这种化妆品后，可加入我们的美容俱乐部学习自我美容、化妆。”洗衣机推销员说：“顾客购买洗衣机后，我们提供免费送货上门和终身保修服务。”

波登四步指引法其实也是对AIDAS公式的运用，四个步骤中准顾客历经的反应过程亦是从引起注意、产生兴趣、形成欲望到采取行动的连锁过程。

微课24

推销说明技巧（上）

微课25

推销说明技巧（下）

操作实例2-9　推销投资基金

小张是一名投资基金的销售人员，他创造了一种用名片来开始其销售陈述的非常具有创造性的方法。与客户见面后，他就递上名片。名片上印着那些通常应有的内容，但是在最上面还有几个大写的数字13 639。当客户奇怪地问这些数字代表什么时，小张就会非常巧妙地回答：“那是您65岁之后将要购餐的数目。如果您每餐付21元，那么您与妻子一共需要花费至少572 838元，您有没有兴趣同我谈一谈有关退休金投资的事呢？”事实证明，这样开头以后，多数客户都有兴趣谈下去。

资料来源：作者根据相关资料整理编写而成.

2.刺激反应与购买者的感受

刺激的方法可以是多种多样的，到底用何种方法，要根据购买者对特定产品的外界感受而定。购买者的外界感受是指其视觉、听觉、嗅觉、味觉以及触觉五种感觉，不同的感觉受刺激的敏感程度会不同。为了强化刺激，推销员必须了解每种感觉对人们的注意力和接受能力的影响程度，而且每种产品都有其固有的特点，它们对感觉所能产生的刺激作用也不尽相同，有些产品可能对五种感觉都有吸引力，有些产品则只能对其中一两种感觉有吸引力。

根据国外的一项研究结果，五种感觉对人们的注意力和接受能力的作用次序见表2-3。

表2-3　五种感觉的作用次序表

次序	感觉	对注意力和接受能力的作用率（%）
1	视觉	87.0
2	听觉	7.0
3	嗅觉	3.5
4	触觉	1.5
5	味觉	1.0

为了提高推销说明的效果，推销员应全面调动顾客的感官。同时，推销员也应该注意到，对于不同的产品，刺激不同的感觉，所起的作用是不同的（见表2-4）。也就是说，推销员应根据推销产品的不同，刺激顾客不同的感觉，这样效果更好，更有针对性。

表2-4　不同感觉对不同产品的作用

感觉	产生作用的不同产品
视觉	每一种产品
听觉	音像产品、电动产品、声讯产品
嗅觉	化妆品、食品、化工产品
触觉	衣服、装饰品、工艺品
味觉	所有食品

心理学的研究结果表明，人们的记忆力只能记住所听到的10%，所看到的35%，对同时看到和听到的却能记住其中的65%。推销员应在具体的推销说明过程中，结合推销品的特点，灵活而恰如其分地刺激准顾客的外界感受，这有助于提高顾客的购买兴趣。

（六）店面推销人员的语言表达技巧

在零售学中有这样一项统计：20%的顾客事先已计划购买某种产品，80%的顾客是临时产生购买欲望并做出购买决策的。可以说，大部分顾客是随机购买的，受推销员的影响较大，推销员的介绍说明、服务是其做出购买决策的一个重要依据。推销员主要通过语言、交谈、问话来影响顾客的购买决策。

1.“两点式”谈话法

它是指只向顾客提供两种选择，而不论哪一种，都会迫使顾客成交。

[例] 推销员：“您买一件还是买两件××产品？”

顾客：“××产品现在有红色的吗？”

推销员：“没有。”（错误）

推销员：“现在有黄色和蓝色两种，这两种颜色都很好看。”（正确）

2.问话要尽量多用肯定的语气

[例] A.“你有没有联系电话？”（错误）

“您的联系电话是多少？”（正确）

B.“你要不要××产品？”（错误）

“您要几件××产品？”（正确）

3.用他人的话打动顾客

有时，巧妙引用他人的话，由其向顾客说出对推销员所推销的产品的评价，也会很有用。

例如，推销陷入了僵局，这时刚好进来一位顾客说“我用过××产品，效果不错”，局面一下子就改变了。

4.避免使用命令式语句，多用请求式语句

命令式语句是说者单方面的意思，没有征求别人的意见，就强迫别人照着做；请求式语句则是以尊重对方的态度，请求别人去做。

譬如，肯定句：“请您稍微等一等。”疑问句：“稍微等一下可以吗？”否定疑问句：“马上就好了，您不等一下吗？”一般说来，疑问句比肯定句更能打动人心，尤其是否定疑问句，更能体现出营业员对顾客的尊重。

5.要用先贬后褒法，不断推进

先贬后褒法是指在向顾客介绍商品时，先主动指出商品的不足（注意，只是一些无关紧要的小地方），再详细介绍商品的优点，以优点大于缺点来突出商品的优质。

［例］A.“这款防辐射产品虽然贵了点，但是它选用了上等材质，而且是目前热销的款式。”（正确）

B.“这款防辐射产品选用了上等材质，而且是目前热销的款式，但是价钱贵了点。”（错误）

两句话顺序颠倒，由于重点不同，因此会给人截然不同的感受。前者将重点放在产品性能的优良上，虽然价格高，但是“一分钱一分货”；而后者给顾客的感觉是产品性能优良，但也不值那么多钱。这样看来，对表达侧重点的把握也是很关键的，总结上面两句话，就形成了下面的公式：

（1）缺点→优点=优点

（2）优点→缺点=缺点

所以，在向顾客介绍产品时，应该多用第一种句式，先贬后褒的效果比较好。

6.语言生动，用词委婉

向顾客推荐和介绍商品时，一定要采用生动、形象的语言，这样顾客听起来容易产生联想，从而产生购买欲望。

［例］A.“这款衣服很好看。”（错误）

B.“这款衣服很适合您，很实用，颜色也不错。”（正确）

C.“这款衣服您穿在身上显得很时尚也很高档，很适合您的气质。”（正确）

第一句只是很普通的评价，不够生动；第二、三句比较生动、形象，顾客听了即便知道是在恭维自己，心里也是高兴的。

除了语言生动之外，用词委婉很重要。有些顾客很挑剔、很敏感，会把销售人员的话套在自己身上。例如，对一个比较胖的顾客来说，“胖”的字眼是他比较忌讳的，销售人员不应说“胖”，而应说“丰满”；对于想买低档产品的顾客，不要说“这个便宜”，可以说“这个价格比较适中”。

7.配以适当的表情和肢体动作

在向顾客介绍产品时，一定要配以自然的动作、亲切的表情，这样能使顾客心情愉悦，但要注意表情和动作不可夸张或造作，以免顾客反感。

岗位资讯2-3

语言表达的基本原则

（1）要突出重点和要点。推荐和说明必须抓住重点，突出要点，言简意赅。

（2）表达要恰当、准确、贴切。

（3）语气要委婉，涉及顾客生理上的缺陷和禁忌的话要讲得中听些。

（4）语调要柔和，要使顾客产生舒服的感觉。

（5）讲话要通俗易懂，使用普通话，避免专业术语。

（6）不要夸大其词，要诚实、客观地推介产品。

（7）要留有余地，不能做“没有了”“不知道”等毫无余地的绝对回答。

（8）要有问必答。无论是有关产品交易的问题还是其他问题，都要尽量做到有问必答；不知道的，要表示歉意。

（七）店面推销人员的心理战术技巧

1.攻其不备

推销员应留心顾客的打扮及其身边的同伴或事物等，用友善的闲聊方式开始与顾客进行交谈，使其产生亲近感和信任感。

2.避重就轻

推销员应突出产品卖点，转移顾客的谈话重心，将内容转向自己想要强调的方向。

3.引导法

推销员可以凭借自己的专业知识、综合素质引导顾客改变消费观念和购物心态，引导顾客“敢为天下先”，最终达到销售目的。

［例］A：“保暖不一定要穿保暖内衣，您看这款时尚超薄棉裤，不仅能保暖，还是一条别出心裁的休闲裤，美观又舒服，漂亮保暖一举两得呀！”

B：“您纤纤细腰，小腹平坦，试一下这款低腰裤，一定会使您更性感。”

C：“品牌服饰正逐步走向个性化，这一款很适合您，您不用犹豫，您应该走在时装潮流的最前端，穿出自己的个性，让别人去效仿，而不是等到大街小巷的人都穿了再买。”

4.价值代换法

推销员应用某商品的价格取代顾客喜欢的另一件商品的价格，用价值做比较，突出该商品物超所值。

［例］“您买的配纱上衣花了80元，而我们的双纱面料成本是它的2～3倍，价格却没它高，哪个划算还用说吗?”

5.旁敲侧击法

推销员不在正面与顾客发生争执，而是在与顾客沟通的过程中，找出其谈话漏洞，从侧面让她的谎言不攻自破。

［例］“您没有买过我们品牌的裤子吧？穿过？穿过还把价格说得这么低，您身上穿的是不是就是100元的裤子？就是嘛！那您怎么又说我们的价格在50元左右呢？老顾客还用得着这样还价？呵呵。”

6.欲擒故纵法

这是为了留住顾客，故意卖关子，或故意装出不愿卖、不急着卖、不能卖的样子，让顾客坚定信心买下来的一种销售方法。

［例］A：“您说的价格，别说在我们专卖店买不下来，地摊上也买不下来呀！我不主张您现在就买，您还是先看一下别的品牌的价格证实一下吧，回来我更欢迎您。”

B：“这个款式只有我们有哦，不信您可以多看几家店。”

7.顾左右而言他法

当顾客的要求和愿望不能满足时，推销员可以换个话题或换一款产品，让顾客感觉他原来的选择是对的。

［例］A：“您是要这个吧？这个款式和那个款式相似，只不过没有您刚才选的料子好，但是价格便宜，您不是想要稍便宜一点的吗?”

B：“您的眼光真好，一眼就看上我们的精品了，好多人都穿不出您这样的效果，我同学买的和这个差不多，但价格要高20元。”

8.对比法

通过多方面、多角度的对比，让顾客自己感觉买对了、买得值。推销员可以从以下几个方面进行对比：

（1）不同品牌的对比。

（2）同品牌的型号、颜色对比。

（3）价格的对比。

（4）搭配的对比。

（5）穿着效果的对比。

（6）与其他顾客的对比。

9.激将法

这是反面刺激顾客购买欲望的一种方法。

［例］A：“您这么有品位，这款式和您的气质、身材多吻合啊，您不会错过这次机会等流行过去再买吧?”

B：“您还是别买啦！免得回家后您先生不认识您。”

10.服装搭配法

这是用专业搭配技巧，让顾客感觉二者的搭配和谐统一，进而做出购买决策的一种方法。

［例］A.吊带配高腰阔腿长裤。

B.欧版鞋配斜裁的裤子。

11.前置售后服务法

推销员将售后服务的承诺先告知顾客，并向顾客保证能做到，打消顾客的后顾之忧，进而使顾客放心购买。

［例］A：“您放心，若有质量问题，随时给您调换。”

B：“您先带回去，不合适或不喜欢这个款式我随时给您退换。”

12.推心置腹法

这是指推销员把顾客当成挚友，设身处地为顾客着想，真心付出行动。

［例］A：“大姐，您看您如果买这款衣服，产后也是可以穿的，算起来比买其他款衣服要划算很多。”

B：“大姐，天太热了，您又带个孩子，这样吧，直接给您打7.2折，给孩子买个冰淇淋吧！”

13.设置悬念法

对于未购物的顾客，不能让其失望而归，应设置悬念，吸引她下次来购物。

［例］A：“美女，本来说今天就到货，但因天气原因耽搁了，您给我留个电话，等货到了我给您打电话。”

B：“美女，明天会到一批新款，欢迎您明天再光临。”

14.说服同伴法

顾客的同伴多是其亲朋好友，通常，他们的审美观与顾客很相近，因此可以说服其同伴，让其同伴再说服顾客买下商品。最重要的原则就是不能冷落顾客的同伴，尤其是在顾客试衣服时，要迅速与其同伴沟通，找到共鸣点，从而为销售打下基础。

厚德精技2-1　　识别传销，杜绝诱惑

传销相对于直销的其他形式，主要特征有：

一是介绍加入，即必须通过传销员介绍，才能加入传销队伍，取得传销员资格，同时只要成为传销员，就可以获得推荐其他人员加入队伍的资格。

二是组成网络，介绍成员加入的目的是形成“上线”“下线”隶属关系，组成传销网络。

三是复式计酬，传销员可以从其个人销售的产品或服务中获取报酬，也可以根据其介绍加入的成员的销售业绩获得报酬，还可以将其亲自介绍加入的传销员再介绍加入的成员的销售业绩作为依据计提报酬。这也是维系传销网络的重要基础。

《中华人民共和国刑法》第二百二十四条规定：组织、领导以推销商品、提供服务等经营活动为名，要求参加者以缴纳费用或者购买商品、服务等方式获得加入资格，并按照一定顺序组成层级，直接或者间接以发展人员的数量作为计酬或者返利依据，引诱、胁迫参加者继续发展他人参加，骗取财物，扰乱经济社会秩序的传销活动的，处五年以下有期徒刑或者拘役，并处罚金；情节严重的，处五年以上有期徒刑，并处罚金。

资料来源：作者根据相关资料整理编写而成.

讨论：请结合身边实例辨别传销违法行为，总结传销的危害性。

工作评价

1.提醒学生推销过程的规范性。

2.提醒学生要规范填写工作日报表、客户档案等文件。

3.组织各组发言人演示工作成果。

4.设计工作成果评价要点。

5.组织各组交叉评价其工作成果。

6.教师点评各组的工作成果。

7.邀请企业兼职教师点评各组的工作成果。

8.给出各组的工作过程性评价和结果评价。

目的：从多个方面（如技术、经济、社会、道德、思维等方面）对工作过程和结果进行评价。

效度：使学生小组工作得到客观评价。

情境小结

1.店面推销主要是把那些在店堂内停留时间较长，且观察仔细、反复比较店内商品的人作为重点对象进行推销。

2.作为商品推销的一种方式，店面推销与其他推销方式相比，其实是大同小异的，没有明显的区别。

3.由于顾客与店面推销人员分别处于相对独立的空间中，因此柜台售货方式充分体现了店面推销的服务性。

工作岗位讨论

1.对某种消费品顾客的特征进行描述。

2.店面销售如何吸引顾客？

3.列举常见的店面销售的错误行为。

工作岗位作业

1.对某类消费品的市场现状进行分析。

2.店面顾客的抱怨包括哪些？应如何处理？

3.店面销售管理包括哪些内容？

工作岗位实例分析

【背景资料1】　　**推销欠真诚　一件产品没卖掉**

推销？不就是卖东西吗？谁不会！第一次做推销员，我根本没把推销当回事儿。

一天，一位顾客显然对我负责的产品很感兴趣，进商场后就直奔这儿来。我立即笑脸相迎："您真有眼力！这款音响音色纯净透亮、低音浑厚、震撼力强，是一款新产品，无论是性能、结构特点，还是价格比、售后服务，都远胜过其他杂牌音响。您听，音质多棒！听着就是一种享受。和它一比，其他音响根本算不上音响，听那种音质，就是受罪……"

我继续往下说，把产品里里外外介绍个透。可不知为什么，那个顾客抬头看了看我，一脸莫名其妙。"我介绍得很详细啊，还不明白？"我心里直纳闷。眼睁睁地看着他扭头走了，一句话也没说。我愣在原地，怎么也摸不着头脑。

仔细回想一下自己的推销过程，完美得几乎无懈可击：热情的态度、标准的职业微笑、详细生动的介绍、清晰流畅的语言……我这么热情而熟练地推销，他理应感动，并对我推销的产品产生几分好感才是，怎么反倒莫名其妙地走了呢？看着他的背影，我真想跑上前去问个究竟，不过这时又来了一位顾客，我才控制住冲动。"饶了他吧，就当'对牛弹琴'了！"我愤愤不平地想。

可是，接连几位顾客的反应都差不多，不是转转就走，就是表情麻木，表现最好的也只是淡淡地问了三个问题，白费了我热情细致的介绍。推销了一天，说得我口干舌燥，一台音响都没卖出去。据说我的前任推销员每天能卖出去五六台呢，怎么到我这儿风水就转向了呢？

这种情况持续了一周，我仍然"训练有素"地推销，顾客仍然坚决不买账。这下，我心虚了，开始怀疑是不是自己的推销方法出了问题。

资料来源：佚名．推销欠真诚 一件产品没卖掉［EB/OL］．［2012-04-18］．http：//www.xzbu.com/3/view-1470101.htm.

【问题讨论】

1.推销员为什么一台音响也没有卖出去？

2. 如果是你，你将如何向顾客进行关于音响的介绍？

【背景资料2】 "一句话"颠覆药店终端"首荐率"

作为一位销售人员，我总会想到一个问题：什么最能体现药店拜访的效果？答案有很多种，被大家普遍认可的就是"首荐率"。但是，在经历了一次无意中的市场体验之后，我几乎将以上想法完全否定了。

1. 体验：我没有买自己的产品

在一次市场调查工作中，由于天气原因，我感冒了，于是到附近的药店去买药，原想买我们自己的产品，肥水不流外人田嘛。

我来到一个规模中等的药店，这也是我们的重要客户，每年的产出比较可观。需要说明的是，我所在的市场是我们公司OTC工作做得比较出色的，业务员的工作能力一直让我很欣赏。在来这家店之前，我也询问了OTC专员，他们明确地告诉我这家店有我们的产品，从他们的介绍中，我听到了掩饰不住的骄傲。

当我走到感冒药专柜前，一眼就看到我们的产品摆在了最佳位置，很吸引人（我很满意）。当我准备让店员拿药时，店员先一步向我询问："您是要买感冒药吗？"

"是的。"

"这个药不错，您可以考虑。"店员将我们公司的产品拿了出来（我十分满意）。

就在这个时候，我忽然想到了什么，没有马上买，而是问："这个药啊，没用过，很好吗？"

"那当然了，我跟您讲啊……"

她说了什么，我并没有完全记清楚，但结果是连我都没有想到的——我没有买我们自己的产品。之后，我连续去了7家药店，其中有6家首先推荐了我们的产品，可我却没有买！为什么呢？

谁都能想到是为什么——是店员的那一番介绍让我放弃了，因为即便是我，也无法接受店员"热情的介绍"。

首先是吹牛，把我们的产品说成了神药；其次是乱承诺，像"肯定""没有副作用""马上见效"之类的词被多次使用；再次是漏洞百出，甚至把水杨酰胺说成抗病毒成分；最后也是最严重的就是动机不纯，强推硬卖，贬低其他产品，好像这样能得到多大好处一样。

我们的专员们引以为骄傲的终端工作，怎么会是这样呢？是哪里出了问题呢？仅仅是店员的介绍不够好吗？

2. 问题：重新认识终端

在第二天的工作会议上，我首先提出的问题就是"什么是终端"。"终端是产品从生产出来到被消费掉的整个过程中的最后一个环节"。当我们以这样的定义来界定终端的时候，就会马上发现一个大问题——原来我们做的并不是终端工作，而是终端的上一个环节。

实际上，我们的所有工作都是为了让这个真正的终端可以顺利完成交易，而那些渠道、商业、管理……都只有当最后一个环节的交易顺利完成了才有实际意义。从这个层面上看，终端工作的重要性才真正体现出来。

3.关键："成交率"就是水龙头

既然如此，我们工作的重点需要调整吗？这是毋庸置疑的，必须把"成交率"的概念放到我们终端工作的思路中去。我们可以将销售的过程比喻成供水过程：我们提高了"铺货率"和"首荐率"，就是在增加水压，而"成交率"就是水龙头的大小。水龙头放水的速度自然需要更好的水压来保证，然而水压再大，如果水龙头太小，也是没有意义的，甚至是浪费。

我们所有的OTC专员就是那个放大水龙头的关键人。重要的是，如何做到这一点呢？经过一段时间的讨论和研究，我提出了"一句话工作法"。

4.颠覆："一句话"工作法

可以设想，当店员向病人推荐我们的产品时，肯定希望客户成交。那么，就必须通过吸引人的介绍来推广这个产品。

（1）什么是一句话

考虑到病人买药时的心态，以及愿意听店员介绍的程度，我们有效的工作时间大约为10秒，而10秒的时间，仅仅够我们说一句话。那么，我们就要保证这一句话的效果，通过这一句话来赢得病人的购买。

（2）一句什么样的话

病人在购买药品时，其需求虽然是多样的，但药品是特殊商品，与其他商品相比有不同的满足点。一件衣服也许会因为品牌被选择、因为折扣被选择，而药品必须实现有效治疗才有意义。因此，这样的一句话应该能够最准确、最简洁地将产品的特点阐述出来，并有很强的说服力。我们可以根据产品的不同，将重点放在安全、疗效、方便等方面。

（3）怎样形成一句话

扎实的产品知识是十分重要的，不仅仅针对我们的专员，也包括我们的店员。我们必须通过对产品知识的学习，来实现一句话的目标。

我们可以先将病人的需求列出来。以感冒为例，病人需要什么呢？对症、安全、方便、便宜、质量、口碑，那么我们的产品是否能满足每个人的需求呢？我们针对病人的需求将产品要点总结出来，就构成了一句话的资料。

然后，就要考虑如何组织这些内容，并通过通俗易懂的方式表达出来；同时还要将产品的特点和差异体现出来。当然，最好是用当地的方言来表达。

需要特别注意的是，像"效果好""品牌好""质量好"之类的话千万不要说，因为这些话不能形成准确认知，是没有意义的，甚至让人反感。

例如，某感冒药的特点是针对以头痛和肌肉痛为主要症状的感冒，那么我们就可以这样总结——“这个感冒药每天只要吃一粒，大人小孩都能用，对于头痛和肌肉酸痛的改善特别明显。我每次感冒都吃这个感冒药，您不妨试试”。

是不是有些说服力呢？

资料来源：海融．“一句话”颠覆药店终端“首荐率”［EB/OL］．［2007-04-26］．http：//www.qikan.com.cn/article/xssc20070426.html.

【问题讨论】

1.分析在校大学生购买手机时的关注点。

2.就自己的手机用“一句话”进行介绍。

岗位实训操作

实训项目：消费品店面销售

【实训目的】

1.体会店面销售前应做的准备工作。

2.掌握店面销售的工作程序与工作内容。

3.训练店面销售技巧。

4.掌握店面销售的行为规范。

【实训要求】

1.每位学生选择一种消费品进行店面销售的模拟。

2.自选或指定一个或几个学生作为销售对象。

3.收集所售消费品的岗位资讯。

4.做好消费品销售前的各项准备工作。

【实训步骤】

1.资讯准备。

• 熟悉所售消费品的市场地位、品种、特征及该品种消费品的市场情况。

• 了解该类消费品的消费者情况。

2.工作任务实施。

• 根据某种消费品的具体情况，设计店面销售场景。

• 每位同学都进行某种消费品的店面模拟销售。

3.工作检查与评价（见表2-5）。

• 学生互评。

• 教师对每位学生的推销礼仪、行为举止、衣着予以评价。

• 教师对每位学生的模拟推销情况进行评价。

• 教师对每位学生进行综合成绩评定。

表 2-5　　**店面推销考核表**

学习领域：商品推销　　　　班级：

学习情境：店面推销　　　　考核时间：

考核对象：

<table>
<tr><th>评分项目</th><th colspan="2">细化标准</th><th>优秀</th><th>良好</th><th>合格</th><th>不合格</th><th>得分</th></tr>
<tr><td>销售准备
（20分）</td><td colspan="2">准备充分，有样品或产品资料，形象设计合理，有详细的销售计划</td><td>18～20分</td><td>15～17分</td><td>11～14分</td><td>10分以下</td><td></td></tr>
<tr><td>基本素质
（20分）</td><td colspan="2">仪表得体，态度诚恳，普通话标准，表达清楚流畅，谈吐自然，动作协调，应变能力强</td><td>18～20分</td><td>15～17分</td><td>11～14分</td><td>10分以下</td><td></td></tr>
<tr><td rowspan="4">销售设计
（40分）</td><td rowspan="4">销售过程中思路清晰，并能在各阶段中合理体现销售技巧和方法</td><td>接近客户</td><td>9～10分</td><td>7～8分</td><td>5～6分</td><td>4分以下</td><td></td></tr>
<tr><td>介绍商品</td><td>9～10分</td><td>7～8分</td><td>5～6分</td><td>4分以下</td><td></td></tr>
<tr><td>异议处理</td><td>9～10分</td><td>7～8分</td><td>5～6分</td><td>4分以下</td><td></td></tr>
<tr><td>建议成交</td><td>9～10分</td><td>7～8分</td><td>5～6分</td><td>4分以下</td><td></td></tr>
<tr><td>演示效果
（20分）</td><td colspan="2">在规定的1～2分钟内完成整个产品销售过程，要求过程连贯，并使客户感到满意</td><td>9～10分</td><td>7～8分</td><td>5～6分</td><td>4分以下</td><td></td></tr>
<tr><td>评价</td><td colspan="4"></td><td>得分
小计</td><td colspan="2"></td></tr>
</table>

学习情境二

渠道推销

岗位任务

厂家销售人员进行经销商开发，并针对已开发的经销商完成巡场、助销等销售工作。

能力目标

1. 了解经销商管理的基本工作职责。
2. 掌握开发经销商的方法。
3. 掌握厂家销售人员的工作职责。
4. 训练销售人员的经销商开发、巡场、助销等技巧。

思政目标

围绕渠道推销岗位操作，树立为经销商服务的工作态度，杜绝唯销量论的串货等单纯追求利益的错误行为。

结合“岗位资讯”中“终端市场的信息收集”和“操作实例”中“‘多管闲事’客情维护”等案例，以及“厚德精技”专栏中“3·15晚会：100多家经销商泄露个人隐私”案例进行研讨，树立服务经销商的自觉性，坚决杜绝利益驱使下的各种违法违纪行为。

情境设计

以某一品牌快消品的厂家销售代表进行经销商开发为学习情境，销售代表在该工作岗位完成相关销售工作。

导入资料

循循善诱你的经销商

坐了10个多小时的长途汽车，好不容易到了临沧县城。天还没放亮，掏出电话看看时间才5点多。几个同事对我说："临沧的经济在云南比较落后，在那个地方想找一个代理商很难。有一家经济实力比较大的商场，可是其老板说卡萨帝的价格高，在临沧这么穷的地方很难卖，所以不干。"

但是我来了。

因为我相信：再穷的地方也有一群高消费的人群，也许他们想买高档的东西都没地方去买。就这样，我来了——到了一个4个同事来过都无功而返的地方。

8：30，我守在商场的门口等着。8：40左右，商场的卷闸门打开了，一个20岁出头、长得挺漂亮的女孩子从里面走出来。看到我的时候，她大吃一惊地说："你怎么啦？一大早就这样站在我们的门口？把我吓死了，吓死了，吓死了！"在一连串"吓死了"的同时，她还用手轻轻地、不停地拍着胸口。

看到她那副可爱的样子，我笑了出来，并对她说："早上好，陈小姐。我不是要饭的，而是卡萨帝冰箱、洗衣机的业务员，一早就在这里等着你开门了。"

"业务员？有你这么勤快的业务员吗？"话语里面听得出她很意外。

"是呀，有谁会这么早给人家送钱呢？也只有我才这么勤快哦。"

也许是看到我一副很调皮的样子，她侧身招呼我进门："你是卡萨帝的业务员？你怎么知道我姓陈？你们好多同事都来过了，但我爸爸都和他们说不做你们的产品了，怎么你还来？"

"我当然知道你姓陈了，除了陈大小姐，在临沧还有谁这么漂亮呀！正因为他们和我说你们不做我才来的，希望你们能和我们合作。一旦有合作了，更要往你们这里跑，希望你们能够把我们的产品作为主推产品，能够多卖一点，那我们的收入也高一点。可是你们老给我们出难题，三番四次来都让我们无功而返。哎，你们生意好做，但做业务员的我们难做呀！这不，一大早站在你门口，还把你吓了一跳！"

一大通话还没说完，她"呵"一声就笑了："你和之前来的你的那些同事不一样，你挺风趣的。"她一边和我说话，一边洗杯子帮我泡茶。

"没有，你没见过我平时板起脸训斥那些促销员的样子，我还是第一次听到人家赞我风趣的，不枉此行！哪怕你爸爸和我谈完之后还是决定不和我们合作，我这一趟也没白来。"接过她手中的茶，我问："你爸爸还没起来吗？"

陈总已经站在了陈小姐身后。"听到你和我们家燕子的谈话，被吵醒了。我还是第一次被业务员一大早就吵醒的。"

"小伙子，你给我的印象很好。但直接说吧，不是我不想做卡萨帝，只是这地方消费不起这么贵的东西。你看看，整个县城就这么两条街，就那么十几万人，那么贵的东西我卖给谁呢？"

"如果你知道卖给谁的话，我就不会坐几百公里的车跑到这里来告诉您了。"看到陈总把话切入主题，我倒不紧不慢地卖起了关子。

"为什么这样说呢？"他兴致也很高，紧跟着就问我。

我回答："就拿我们现在坐的这张沙发来说吧，我想问，您在哪里买的？"

“昆明。”

“为什么要在昆明买呢？为什么不在临沧买呢？”

“临沧怎么会卖这么好的沙发呀，我都是在昆明买好托运回来的。”

“那你会叫全部临沧老百姓都学你跑到昆明买了之后再托运回来吗？并不是他们不想要这么好的东西，只是这个地方没有，没人为他们提供这样的购物环境，他们只好什么都迁就了。你说对吗？”

“有道理。”

“家电也一样，也有很大一部分人属于刚才我们说的那种类型。那我们为什么放弃这块市场呢？如果我们还是固守着那一套‘人家买不起，我们不要去干’的思想运营我们的商场，那我们的思想和早上拉着板车贩卖青菜的老百姓有什么区别呢？”说得激动，我的声音越来越高。

“好像有道理。”

这时候，门口进来一对青年男女，似乎是来买家电的。

陈小姐说：“爸，先招呼一下吧。我还没洗脸、刷牙。”

这对青年男女是专门为结婚来采购家电的，看得出，他们对店里陈列的家电品牌不甚满意，我趁机和陈老板示意，向这对青年男女介绍一下卡萨帝品牌。得到同意后，我拿出印刷精美的卡萨帝品牌系列家电的宣传册进行了展示，明显看出这对青年男女眼睛发亮，很感兴趣。通过这次现场展示，陈老板同意先试销一部分卡萨帝产品，这次渠道的开发圆满成功。

资料来源：作者根据相关资料编写而成.

导问 2-10

店面销售人员与面对经销商的销售代表两个工作岗位有何相同与不同之处？

一、渠道推销的资讯准备

绝大多数商品，尤其是快消品，是通过一层层销售渠道最终传递到消费者手中的。那么，制造商就要通过销售人员首先将商品销售给中间商，再由中间商销售给消费者。制造商的销售人员一般称为销售代表，也可称为销售员、推销员、业务员、业务代表等。销售代表就是代表制造商把产品、服务、营销理念等销售出去，为企业创造价值，为中间商提供服务和产品，及时收回货款和保证中间商与企业双方利益的人，是连接生产、销售与消费的纽带。

导问 2-11

销售代表在面对经销商进行销售之前，应做好哪些资讯准备工作？

销售代表在面对经销商进行销售之前，必须进行有关销售的资讯收集工作，从而为从容自信地面对客户做好充分的准备。

(一) 了解企业的历史、战略、资金实力

对企业的历史、战略、资金实力等了解得越多，销售代表越能产生对企业的归属感，这样才能让经销商也有同感；而作为经销商，经销产品时才会心里有底。

(二) 了解产品知识、市场定位及市场开发思路

销售代表要知道企业市场开发的思路、市场定位，以及产品的相关知识，如产品的特点、生产工艺、性能配置、使用方法等。

(三) 了解企业的销售政策

企业的销售政策包括企业的经销区域、销售任务、付款方式（包括运费）、推广力度（包括广告支持、铺底额度、促销政策等）、售后服务（退换货制度）、具体销售政策（包括年终返点）、价格政策等。

岗位资讯2-4 厂家销售代表的职位优势

销售代表虽然职位不高，但对渠道商来说，却是得罪不起的上帝，因为他们手中握着渠道商梦寐以求的各种资源。

比如，在特价订单的审批中，销售代表有权力决定是给渠道商批三个点还是四个点，即便更高的审批权限在高层经理那里，但往往起决定作用的还是销售代表。因为高层经理每天要处理特别多的特价订单，根本不可能一一核实，主要还是听销售代表的意见。在激烈的市场竞争中，一两个点的优势，往往决定了渠道商能否有盈利。

在许多大项目的销售中，渠道商是否能够得到厂商的全力支持，也往往决定了项目的成败。聪明的渠道商都知道其中的道理，如何和销售代表搞好关系也就成了许多渠道商的必修课。

虽然厂商对销售代表的考核要综合考虑许多方面的因素，但其中最重要的指标无疑是销售任务的完成情况。在许多企业看来，只要能有好的销售业绩，就是一名好的销售代表，而往往疏于对销售代表其他方面的管理。

其实，在许多大企业中，对销售代表的管理是非常宽松的。有相熟的销售代表告诉记者：“其实，我最喜欢出差了。找个好宾馆一住，打几个电话，批几个单子，逍遥自在。有好单子还可以甩给信得过的哥们儿，对自己也有好处。”

显然，失去监控的权力，往往会使销售代表私欲膨胀，肯定也会使厂商的渠道管理走向畸形。这是许多厂商尤其是产品占据市场主导地位的大厂商应该深思的问题。

（四）渠道的基本知识

渠道是指产品离开生产厂家的仓库到消费者手上所经历的销售途径。一般来说，产品离开厂家的仓库之后，经过代理商（省总代）—经销商（一批）—分销商（二批）—批发商（三批）—零售商，然后到达消费者的手中。

一般而言，传统的渠道分为三至五级，三级以上的渠道通常称为长渠道，三级以下的渠道称为短渠道，最短的渠道模式为厂家直接把商品卖给消费者，这种方式又称为直销。

传销是一种很特殊的渠道模式，与直销相反，传销的特点是渠道可以无限延伸，因此也称为多层次传销。在我国，多层次传销是违法的。

代理，顾名思义就是“代替厂家管理”，所以代理商的主要职能在于“管理”。代理的商的管理主要针对渠道，也就是说，其负责经销商、分销商、批发商、零售商这一系列渠道的管理。

由于代理商的功能在于管理，因此代理商通常需要交纳一定的押金给厂家。代理商的标的物（如货物）的所有权在厂家，厂家拥有对供货区域、价格、销售政策的决定权，代理商按照厂家的要求完成任务，享受相应的佣金待遇。

判别代理商的关键在于其提供的是“服务”，报酬来自服务的佣金。

经销，顾名思义就是“产品经过这里销售出去”，经销商与厂家之间是买卖关系，因此产品的所有权属于经销商。经销商销售产品，获得产品销售的差额利润。

经销商与代理商的主要区别在于，经销商给厂家提供的是“通路”，也就是厂家借用经销商的客户网络销售产品。

经销商模式是中国传统渠道的主要形式，不过它很容易跟代理商模式混淆，现在很多经销商都自称代理商。其实，很多所谓的代理商仍然还是传统的经销商。经销商模式与代理商模式的区别，关键在于货物所有权的转移。如果货物的所有权已经转移了，那么就是经销商；如果货物的所有权没有转移，那么就是代理商。

产品从经销商到消费者手上，除了店铺直接零售之外，还需要通过零售商。一个地区/城市的人口通常有好几百万，大大小小的零售店星罗棋布，一个经销商很难全部覆盖这些零售店，而且现代超市的发展越来越倾向于减少供应商的数量，这样可以提高资本的运作效率。通常，一个标准超市的商品至少有20 000种，如果一个供应商只供应一种商品，就意味着有20 000多家供应商，要处理这么多家供应商的结算至少要几十个人。但是，如果这个超市平均每个供应商供应100个品种，那么其供应商数量就只有200多家，几个人就可以处理这些事情了。所以，减少供应商数量对零售商而言，好处是显而易见的。这一类型的分销商可以理解为“配送商”。

还有一些县镇的批发商，他们除了提供配送功能以外，还提供自己的分销网络，这些也是重要的分销渠道。

经销商与分销商的区分有点难，一般来说，把专业的品类供应商视为经销商，把专业的渠道供应商视为分销商。假如某个公司专门给几十家超市供货，供应的品类很杂，但是供货的金额比较大，那么就可以将其定位为分销商。

岗位资讯2-5　厂家销售代表薪酬行情

对于销售代表而言，不同的行业，其薪酬的差距较大，且呈明显的分层级趋势。薪酬处于第一层级的是高科技行业、汽车行业和房地产行业，处于第二层级的是医药行业、酒店行业和食品行业，而日化行业和家电行业则退居第三层级。上一层级的薪酬水平基本是下一层级的2倍左右。

初级销售代表的薪酬水平并不高，岗位平均年薪约4万元。拥有1～2年销售经验的销售代表的薪酬明显提高，岗位平均年薪超过8万元；对一些销售业绩较好的销售代表而言，薪酬水平会大大超过此数值，约5%的销售代表的年薪能够超过12万元。拥有3～5年销售经验的销售代表的年薪可以达到16万元，约10%的销售代表的年薪能够超过20万元。

（五）经销商的选择

微课26

经销商的选择

销售代表在开发经销商时，必须对其进行严格考察，以保证今后的销售工作能够顺利进行。销售代表所选择的经销商应该具备以下基本条件：

1.独立的企业法人单位，在国家市场监督管理部门正式注册，有独立账号，具有某商品的相应经营范围，能独立开展对外经营业务。

2.拥有良好的商业信誉，在当地有良好的社会关系，无不良记录或者商业欺诈行为。

3.具有与操作授权市场相适应的资源配置，财务状况良好。

4.具有积极的合作态度，认可厂家的企业文化和理念。

5.具有一定的产品销售经验、一定的销售网络和终端管控能力。

6.承诺履行厂家规定的经销商的各项义务。

导问2-12

选择经销商是找实力强的还是找实力弱的？

操作实例2-10　找实力强还是实力弱的经销商？

一个牛肉干新品牌A厂家通过层层关系找到了F商贸公司，F商贸公司有自己的经营原则，每年新代理几个品牌有严格限制，而且要考察对方的实力、产品的市场前景以及利润额度等。通过层层关卡后，这个新品牌终于被F商贸公司接受。F商贸公司凭借卖场、二批、中小店等立体渠道，很快将A厂家的产品铺到全省各级渠道及终端，A厂家也积极配合，采取了广告促销等推广手段，3个月就取得了不错的销售业绩，成功地打入了该省市场。

对比另一个食品品牌B企业，开始时招商工作进展就不顺利，有实力的经销商谈不下来，为求尽快铺货，B企业转而找一些愿意接手但实力不强的经销商合作。由于这些经销商以前属于二批，对大卖场不是很熟悉，他们必须一个一个地和大卖场谈判，铺货进程可想而知。

（六）经销商的基本权利和义务

1.经销商的基本权利

经销商在经销合同有效期内，享有以下权利：在授权范围内享有品牌的使用权；在授权区域内销售产品并获取利润；享有厂家提供的相关培训及参加相应级别会议的权利；享受厂家提供的产品及售后方面的服务支持；享有对厂家工作人员违反合同和公司政策的行为进行投诉并获得答复的权利；享有在经销商平台上发表意见、建议和评论的权利；在下一年度的厂家经销商选择中，享有同等条件下的优先权；对于厂家的各项销售政策，在执行的前提下有提出意见和建议的权利；达到级别划分标准的经销商有权利选择是否成为本级别客户。

2.经销商的义务

经销商是厂家的战略合作伙伴，是市场的责任主体，承担以下义务：

（1）遵守法律法规，认可企业文化。遵守法律法规，依法经营；具有和厂家积极合作的态度，认可公司的企业文化，愿意与公司一同发展，维护公司的品牌形象，忠实履行合同；接受厂家的监督、管理和考核。

（2）配置必要资源，积极开拓市场。配置与销售任务相适应的资源，包括人力资源、仓储资源、运输资源、财务资源、信息资源；积极推广和销售厂家产品，合理使用市场支持费用，完成合同约定的销售任务；配合厂家进行新品上市推广，努力调整产品结构。

（3）建立分销体系，提升运营能力。建设和完善销售区域内的二级分销体系，不断提升组织运营能力、渠道终端掌控能力；按照合同约定开发终端，在市区市场深度分销，在外埠市场广度覆盖。

（4）维护市场秩序，抵制违法行为。严格遵守规定，在授权的销售区域内经营，遵守厂家的价格体系；抵制和配合打击侵权、假冒伪劣和不正当竞争等违法行为。

（5）做好售后服务，避免危机发生。树立服务消费者的理念，及时反馈并处理所辖销售区域内的产品质量投诉，积极配合政府行政部门做好质量抽检等工作，履行危机公关事件处理的义务，协调各方面资源，避免危机事件发生。

（6）完善物流体系，保障市场供应。储备合适库存，执行额定库存管理；加强仓储管理，管控产品日期，做到先进先出，改善物流配送工作，确保产品及时配送到二级分销商和终端处。

（7）建立信息系统，跟踪产品流向。使用资产管理系统，对终端进行网络信息化管理；准确提供进销存数据；建立产品销售台账，能够追踪产品的销售流向（一直到终端），当需要回收部分批次的产品时，能够承担回收责任。

（七）经销商业务管理

经销商有义务接受厂家业务管理方面的指导，维护厂家的品牌形象，努力开拓市场。同时，厂家也有义务对经销商进行培训和引导，对其业务进行管理。

1.销售业绩管理

微课27

经销商业务管理

经销商应该完成合同规定的销售任务，销售任务的完成情况是厂家评估经销商经营情况最基本也是最主要的指标。厂家应提供有竞争力的产品、制定市场策略、投入广告宣传等，以支持经销商任务的完成。同时，对经销商每月完成销售任务的情况进行分析，指导和帮助经销商完成销售任务。

经销商在完成销售任务的同时，应该积极提升产品结构，按照厂家的规划推广产品。

2.价格体系管理

（1）厂家一般可实行四级价格，即一级经销商价格（出厂价）、二级分销商价格、上柜价格、零售价格。

（2）一级经销商价格是厂家开票给经销商的出厂价，由厂家发布和调整。

（3）二级分销商价格根据二级分销商性质的不同而不同，包括：PWS（Partner Wholesaler，专营配送站）价格；SWS（Special Wholesaler，主营批发商）价格；AWS（Area Wholesaler，区域批发商）价格；外埠分销商价格。原则上，PWS价格就是出厂价；SWS价格在PWS价格的基础上顺加1%～2%；AWS价格在SWS价格的基础上再顺加1%～2%；外埠分销商价格原则上在PWS价格的基础上倒扣3%。二级分销商价格由销售中心根据市场状况和各个市场的不同情况自行制定。经销商应该在与二级分销商签订的“三方协议”中对此予以明确，并在业务操作过程中进行管控。

（4）厂家价格发布通知中有建议上柜价格，经销商应该管控二级分销商执行上柜价格，如果根据市场情况进行调整，应该经销售中心同意。销售中心要求经销商调整上柜价格的，经销商应该执行。

（5）零售价由厂家制定并统一发布，经销商如果想提高或者降低零售价，必须请示其所在的销售中心，经销售中心批准后方可执行。未经请示自行提高零售价的经销商，按照合同违约进行处理。

3.经销商额定库存管理

（1）销售中心实行经销商额定库存管理，设定经销商的额定库存。经销商的库存应维持在额定库存的80%～120%，低于或高于的，应对经销商进行考核。

（2）额定库存设定的原则是：用尽量小的库存满足市场的供应。

岗位资讯2-6　以冰激凌为例了解额定库存设定的标准

表2-6为冰激凌的额定库存设定标准。

表2-6　冰激凌的额定库存设定标准

月份	1、2、9、10、11、12	3、4、8	5、6、7
额定库存	日均销量的10倍	日均销量的6倍	日均销量的5倍
备注	额定库存标准为经销商在不同时期内在冷库中存放对应月份内日均销量的相应倍数。如果到货周期的天数高于以上规定中的对应标准，就以到货周期的天数为额定库存标准。任何情况下，额定库存不得低于日均销量的2倍		

（3）经销商库存产品时间管理。经销商库存产品时间管理应该做到"先进先出"，即先入库的货物应该先出库销售。如果因经销商违反先进先出的约定导致库存的传统渠道产品超出60天、现代渠道产品超过30天（自货物到达经销商库房之日开始计算），公司有权将经销商库存超过上述期限的产品进行折价处理。折价额度为出厂价格的50%，折价损失部分由经销商承担。

4.形象建设

（1）经销商自身形象建设。

经销商必须有整洁、独立的办公场所，设有业务办公室和财务办公室。原则上要求仓库或者自有店面在同一地点，店面干净、整洁，室内要制作厂家企业文化标牌，有统一的VI标识，还应该有区域地图（标注分销网络）、业绩考评表等。

（2）二级分销商形象建设。

二级分销商形象建设要求PWS和SWS店面具有统一的VI标识。PWS店面要制作企业文化标牌、配送区域终端网点分布图。

（3）市场形象建设。

市场形象建设包括合理、规范使用广告促销物料，充分宣传、展示公司的产品和文化；规范二级经销商和关键终端售点的形象；加强现代渠道品项、陈列、促销管理；做到"档柜相符"和"专柜专放"，达到陈列标准；保证主品的市场铺货率；快速推广新品。

5.危机公关处理

（1）消费者投诉信息反馈。

经销商作为最贴近市场的销售机构，需要第一时间与消费者联系且必须面谈，然后将面谈结果在30分钟内反馈给厂家的相关业务人员。在后续解决过程中，经销商需要全力配合，先行垫付处理费用，厂家根据结案结果兑现垫付费用。

（2）政府行政执法部门抽检。

无论在终端还是在仓库，都需要及时取得抽检通知单，并在30分钟内报给厂家的相关业务人员。同时，需要密切跟踪事情发展进度，一切问题都要在结果出具前解决，抽检样品费用可由经销商承担。

（3）媒体介入。

市场上如果发生媒体介入或者媒体采访事件，不得以任何形式接受采访，更不得作任何承诺；获得了对方的联系方式后，应以最快的速度通知厂家的业务人员。

（4）危机公关处理不当的经销商应该按照合同约定承担违约责任。

厂家和经销商是战略合作伙伴，也是产供销链条上紧密相连、彼此制约的两部分。准确的计划能够指导公司合理储备原辅材料和产成品，从而保障客户产品的供应；反之，则相互制约，导致资源浪费或者产销不和谐。

数据跟踪分析可以使产供销紧密配合，减少衔接上的断层和损失；可以了解重点客户的库存，及时调拨产品以满足供应，降低积压风险；分析产品走势能够辅助推广；对终端销售走势、进货频率等进行及时跟踪，能够发现是否存在市场问题或配送服务问题等。

为提升计划性和做好数据分析工作，从而提升经营水平，经销商需要配置计算机和管理软件，并配置相应的操作人员，进行培训，使其具备计划和数据分析的能力。

（八）拜访经销商前的文件资料准备

1.在与新经销商首次见面前

在正式与新经销商见面前，必须做好相关的铺垫工作。见面前提供给经销商的相关文件资料，亦属于铺垫工作的一部分。铺垫工作的原则是让对方产生兴趣，这才是关键点。试想一下，按照常规思路，先给经销商寄一些企业介绍、产品报价方面的资料，会让经销商有兴趣吗？现在的经销商很缺产品吗？人，毕竟还是更多地对另外某个人或故事感兴趣，所以在前期以邮寄形式提供给经销商的文件资料中，主要应是某媒体对企业老板（或其他高层）的专访、本企业的产品营销故事、品牌故事等，通过突出有意思的人、有意思的事情，让经销商产生兴趣。突出老板和故事，其实是让经销商对其背后的企业产生兴趣，对未来的合作产生一些正面的联想，这样才能真正起到铺垫作用。这里有一点需要注意，在前期提供给经销商的文件资料中，切忌出现对企业和产品高大全式的介绍内容。这样会导致经销商拔高对厂家业务人员的看法，如实际见面时出现落差，就会影响沟通效果。

2.在与新经销商首次见面时

在首次与新经销商见面时，千万别把产品资料、企业介绍等一堆文件都带去，即便带去，经销商老板最多也只是翻翻而已，有时可能会基于这些资料，直接找你要相关的市场投入计划和营销计划等，这会让厂家的业务人员很被动。最安全的做法是只带两样东西：一是自己的名片，首先要把名片上升到文件的高度，要带干净点的新名片，名片上要有公司公众号的二维码或公司网址；二是企业出版的内部图书或期刊。简单的一张名片，目的是保护厂家的业务人员，因为一张名片释放出的信息只是厂家和经销商当前的简单接触，互相认识一下而已，暂时还没有上升到合作的程度，经销商自然也就不会抓着费用投入问题不放了。而企业内部图书或期刊，一方面能够传递企业本身的一些独有文化，另一方面也会让经销商产生试图加入、融入的感觉。若是企业自己出版的内部图书，尤其是销售技术层面的，那最好了，这些书可以作为礼物，请经销商转赠给其下属业务人员。

3.在与新经销商首次见面后

简短的首次接触过后，肯定要想办法跟进，千万别等经销商主动来找自己，也别直接电话跟进，如“张总，您对我们这个合作项目有兴趣吗？”可以采取文件资料跟进的办法，后期的文件资料可分为三种情况：一是初次会面的沟通备忘录；二是项目建议书；三是企业和产品的详细介绍。这三类资料可以一起发送，也可分开发送，关键是看经销商在首次沟通中所表现出来的合作意愿。合作意愿明显的，可合在一起发送；若态度一般，则可先发送沟通备忘录，再发送企业和产品介绍，最后发送项目建议书，刻意拉长时间段，能增加接触机会。

在文件资料本身的包装上，要注意以下几点：

（1）一定要有封面。

封面要注明经销商的公司全称、负责人，还要有客户编号。例如，北京惠达商贸有限公司—曹达旺—101016号。这会让经销商感觉到自己已经是厂家的半个客户了，能进一步拉近距离。

（2）务必使用双层包装。

不要把文件直接装在快递信封袋里，最好使用文件夹装文件，文件夹外面再包一层保护纸，最后放到快递信封袋里。这么做的目的就是让经销商感觉到厂家做事的认真和仔细。

（3）突出定做的元素。

无论是文件封面，还是文件内容，一定要反复出现经销商公司的名称和老板的名字；否则，这就是见人就给的通用资料了。经销商老板很容易扔掉一份厂家四处散发的通用资料，但很少会扔掉一份写有自己公司名称的资料。

导问2-13

首次与新经销商见面时为什么要携带以上物品？

二、渠道推销的工作任务

随着市场的逐渐成熟，竞争的日益激烈，销售代表已经不是把货销售给经销商就可以了，还要帮助经销商出货，也就是要帮助经销商做零售店的工作，这就是所谓的助销。蒙牛就有长驻客户的市场部，有专门的促销员做店面维护和促销工作。同样，华为各地的专卖店（专柜）也要负责管理促销员，提供针对零售店的服务。

（一）收集各种有关信息并及时反馈

1.目标市场信息

目标市场信息包括目标市场所处的地理位置、人口数量、经济水平、消费习惯、市场容量、领导品牌和跟随品牌的市场份额等。其有助于测算目标市场一年能做到什么地步，从而确定总经销、区域经销的销售任务应该达到多少。

2.竞争对手及市场操作方法

随时掌握竞争对手的销售情况及一般客户对他们的评价，了解同行及相关产品的最新变动信息。

- 竞争厂商的内部人事调整。
- 竞争品牌的销售政策调整。
- 竞争品牌的产品价格调整。
- 竞争品牌的新产品推出计划（附样品图片）。
- 竞争品牌的促销活动、竞争品牌新的广告活动。
- 竞争品牌新的POP（附样品）。
- 其他一切竞争品牌的信息。

导问2-14

如何收集竞争品牌的信息？

3.市场信息的反馈

传统的销售代表要么认为信息收集是市场人员的工作，要么应付差事，敷衍了事。事实上，销售代表要时刻把信息收集放在工作范畴内，只有这样，才能保障自己的区域市场有充足的后勤补给，不会一味地抱怨产品不适合市场需要、公司政策太呆板等。优秀的销售代表最懂得用实际数据去打动公司管理层的心。

岗位资讯2-7　终端市场的信息收集

销售代表到了一个新市场后，应了解各大卖场、批发市场、零售商的情况；了解竞品在终端陈列如何；询问竞品通常采用什么样的促销手段；在该地区哪几个卖场销量较好，都采用了哪种方法；流通市场是怎样操作的；哪个产品是主打产品；哪个经销商代理的产品在商超陈列中占据优势。

导问2-15

寻找某类产品经销商的途径有哪些？

（二）开拓市场，寻找新客户，扩大业务量

微课28

经销商的寻找

厂家销售代表在本辖区内建立分销网及提高公司产品覆盖率，首先要从寻找经销商开始，如何寻找经销商、如何判定经销商，都是需要解决的问题。

1.交易会

各种交易会能够招来专业性的经销商，如糖酒交易会、医药交易会、服装行业春秋交易会等。这是寻找“白金经销商”的绝好机会，他们可能以某些大品牌地区（片区级、省级、市级等）总代理的身份出现在展会之中，所以一定要细心寻找那些与自己的产品属于同一行业（或类似行业）产品的展区，并且密切关注同行业的大品牌，发现这些大品牌的展位之后，就要索要名片，看是厂家还是代理商。

2.同行、朋友介绍

这是一种值得信赖、成功率高的方式。同行、朋友与经销商相处时间久，对经销商的了解比较全面，这样可节省许多事先调查、了解的时间。同时，和经销商接近比较容易，沟通起来也会比较快。

操作实例2-11　业内人士介绍经销商成功率高

做医药产品的G先生负责某产品的招商工作，一直找不到合适的经销商。突然有一天，他想起了现在正经营医药的老朋友H经理，忙打电话给他。H经理由于已经代理了一个同类产品，因此无法再成为G先生的经销商。但是H经理推荐了当地几个经营得相当不错的大医药经销商，提供了负责人的联系方式，并且还帮助其引荐。这些经销商之间既是竞争对手也是朋友，由于平时互相都关注对方，因此有一定来往。这下可帮G先生省了许多事，他逐一登门拜访、洽谈，最后找到了合适的经销商。

3.卖场寻找

到卖场询问柜台组长或采购人员，了解同类产品是从哪家公司进的货，并打听

相关情况。这种方式的操作难度较大，但多问几家卖场，总有人会告诉你的。

4.替代品的代理商

替代品的代理商是较好的战略合作伙伴。

5.工具书

工具书包括当地的电话号码簿、企业名录、消费指南、专业杂志等，尤其是电话号码簿。一般情况下，当地比较有经验、有实力的经销商都会在上面刊登自己公司的名称、经营范围，有的甚至做广告推广自己的公司。

6.专业批发市场

许多城市都有各类专业性的批发市场，如小商品市场、日用品批发市场等，在这种地方经常能看到经销商门口或店面里有某某地区总经销、总代理等招牌。

7.媒体广告

到达一个新市场，可先买几份当地报纸，看看当地电视台，听听广播或者到街上走走，或许就能发现同类产品的经销商名称。

8.广告公司咨询

当地的广告公司对当地的媒体、市场情况比较了解，他们会争着做你公司的广告代理，必然会详细告诉你本地经销商的情况。

9.刊登招商广告

这种方式费用大、见效快、操作水平高，可以较全面地了解经销商的情况。

微课29

渠道开发、陌生拜访经验谈

10.网上查询

网上查询也是一种较便捷的寻找经销商的方式。

岗位资讯2-8　第一次和经销商谈什么？

（1）介绍来访目的。开门见山地说你是厂家的业务人员，来到本地市场（来到经销商这里）要做什么事情，这是很必要的。这里有个小讲究，就是厂家的业务人员可以说是来开发这块市场的，但不能说今天来就是想找你合作的，并且要强调，这块市场的开发是在厂家计划中的，以突出厂家的整体规划性和战略部署。因为在经销商看来，厂家之所以要开发这块市场，背后的因素可能有三个：

第一，厂家有整体计划，按步骤在推进，在布局上有呼应。这样的厂家市场思路清晰、计划完整、次序明确，可靠性较高。既然这块市场厂家肯定要开发，那么要么与我合作，大家是伙伴关系；要么厂家找其他经销商合作，大家成为竞争关系。

第二，厂家是遇到我这个经销商才开发这块市场的，说明厂家没有把这块市场纳入其整体计划内，相关的准备工作肯定不到位。那么，在后期的市场启动中，肯定难以获得厂家的支持与配合，布局上也得不到什么呼应。同时，若我不接手，估计厂家也找不到其他经销商，很有可能会放弃当前的开发计划。

第三，厂家的空白市场很多，哪块能开发出来就开发哪块，说明厂家本身对市场的开发缺乏计划性，业务人员只是撒网式作业，碰到愿意接手的经销商就做。这样的厂家随意性太强，可靠性也就高不到哪里去了。

业务人员这次来拜会，目的有三个：

第一，大家属于同行，这块市场即将启动了，大家以后就要在同一个市场里相处了，低头不见抬头见，得先来拜个码头。

第二，行业里都知道这个经销商是资深前辈，所以前来请教些问题，毕竟这个市场我们没来过，很多东西不知道，请多指点指点，也让我们少走些弯路。

第三，大家多做些互相了解，也许以后还有合作的机会。

(2) 谈经销商自己当前所拥有的。一般来说，在经销商的公司里拜访经销商老板，当场拿到老板名片的概率很大。经销商老板的名片上往往有很多当前经销产品的信息，这就是很好的话题素材，也是经销商很容易回答的封闭式问题，如具体和哪些厂家合作？是从哪年开始合作的？合作的区域和形式是怎么样的？在该厂家经销商群体中的地位怎么样（有些经销商会很自豪地告诉你，他是某厂家某年度的十佳经销商）？今年新签了哪些厂？还打算补充哪些产品？

然后，把话题转移到在与厂家合作经营市场的过程中，曾经出现过哪些问题，又是怎么解决的。毕竟，做市场不都是一帆风顺的，总会有这样那样的问题，关键是这些问题如何解决，以及在后期如何预防，这也应对了前面的来访目的——向经销商学习，了解市场。这里需要强调的是，经销商当时是如何解决这些问题的，有什么本事、有什么资源、有什么策略，这也是经销商容易说出来的，毕竟这突出了经销商自己的能力嘛。

(3) 阐述市场特性。既然说到市场，自然就要说说当地的市场特性了。但这个市场特性千万不能从产品经销商的角度切入，而应从当地的基本情况开始，如人口总数、行政区域变化情况、主导经济产业。尤其要问一个细节问题，就是当地的风俗禁忌，之所以问这个问题，主要出于两点考虑：一是以后在与当地人交往时，注意到当地这些特有的风俗禁忌；二是间接向经销商表露，厂家在进行深入的市场了解，在做各方面的准备工作。这时经销商就会想：看样子这市场是一定要启动了，那么我究竟是要成为他们的合作伙伴，还是竞争对手呢？

（三）建立客户资料卡及客户档案

销售代表应建立客户资料卡及客户档案，采取一些科学的方法，对客户的基本情况进行收集、记录、整理和分析，达到充分了解、掌握客户状态的目的。

客户资料卡及客户档案应包括以下项目：

(1) 经销商个人资料。这包括经销商的姓名、地址、手机号、传真、办公电话、邮编、经历、兴趣、性格、家庭情况、社会关系等。这些资料涉及个人隐私，销售代表不得随意公布，这也关乎职业道德。

（2）经销商性质。这主要是指经销商是个人还是挂靠或是公司（民营公司/股份制公司/国有公司）。

（3）经销商主要的销售渠道。这主要是指是批发还是直接做终端。

（4）经销商销售人员人数。这包括销售代表人数、专职促销员人数。

（5）经销商现在经营的主要品种是什么？是如何经营的？经营情况如何？

（6）经销商对厂家的哪类产品感兴趣？想开发多大的区域？

（7）经销商是否经营过同类产品？操作情况如何？该同类产品的价格、代理政策、销量如何？出现过什么问题？为什么不做了？

（8）经销商对经营厂家的产品有何要求？

（9）终端客户的基本信息。这包括所处行业、企业性质、销售地点、销售方式、销售场所的硬件设施、企业人数、客户存货水平及可能的进货数量。

（10）终端客户的经营状况。这包括每年销售额、每月销售额、产品销售额占总销售额的比重、销售排名、竞品的数量和类型、入场费、货款结算方式等。

建立客户档案，便于对客户进行分级管理。根据二八定律，销售代表应对重点客户进行重点维护，同时提供培训、销售支持等。

（四）签订销售合同，按时收回货款

销售人员在自己的区域内签订销售合同的同时，必须按期收回货款。销售工作的起点是寻找客户，终点是收回货款。同时，收回货款也是销售代表的工作职责，只有把这个工作做好，才算把销售工作做完。

岗位资讯2-9　收回货款的七字诀

预　未雨绸缪。回款开始于销售之前。与其在应收账款的追讨上耗费精力，不如在客户选择上早下功夫，选择信用高的客户，并给予适当的优惠。

快　债务发生后，要立即要账。根据英国销售专家波特·爱德华的研究，赊销期在60天之内，要回账款的可能性为100%；在100天之内，要回账款的可能性为80%；在180天之内，要回账款的可能性为50%；超过12个月，要回账款的可能性为10%。另据国外专门负责收款的机构的研究，账款逾期时间与平均收款成功率成反比。账款逾期6个月以内是最佳收款时机。如果欠款拖至1年以上，收款成功率仅为26.6%；超过2年，收款成功率则只有13.6%。

勤　经常要账。对于那些不爽快付款的客户，如果业务员要账时太容易被打发，客户就不会将还款放在心上，他会觉得这笔款对业务员来说不重要，能拖就多拖几天吧。业务员经常要账会使客户很难再找到拖欠的理由，就不得不还款了。

缠　对于某些总想方设法不还钱的客户，业务员一定要有不达目的不罢休的精神；客户走到哪里就跟到哪里，缠住他不放，以使他感觉不自在而尽快还款。

硬　对于那些恶性欠款的客户，完全可以采取一些招数逼他就范。

通　对于不同的客户，可以变通使用不同的招数。如真诚地替客户着想，帮客户解决其下游客户的问题或者帮客户进行促销，加速其资金周转；对于不守信用的客户，可事先签订协议书，下次要钱的时候使客户没法抵赖；为防止货款收不回来，可请专业的收款公司或者利用其他人去收款。

观　要随时了解欠款客户的情况，以便及时采取措施，减少损失。例如，客户什么时候有钱、公司的经营状况如何、结算需要的流程和发票等。

（五）为经销商提供服务

微课30

为经销商提供服务

1.售后服务

根据售后服务流程，为经销商解决产品质量问题和处理投诉。

2.货物供应服务

销售代表应提升订单处理的速度和质量、服务态度，加快到货周期，精确销售计划，以提升供货水平。同时，积极协助经销商协调到货时间，进而保证客户的货源供应。

3.市场信息服务

销售代表应系统、及时地收集区域内的各种市场信息，经过筛选后及时向经销商提供有助于其业务操作的资讯，帮助经销商分析产品的某些（销售）表现，找出销售不佳的原因。同时，分析目前所销售的产品（品种、口味、包装等）能否满足其销售区域的需要。

4.培训

经销商一般会代理或者经销很多厂家的产品，你的产品在他眼里，也许就是一块鸡肋，但你又确实感到经销商能够在这个时期帮你。你要引起他的重视，让他对你的产品、你背后的公司以及你个人产生浓厚的兴趣，你完全可以通过培训来达到目的，尤其是快速消费品行业，很多经销商都是由初期的夫妻店发展而来的，他们需要现代的管理知识、现代的营销理念，需要不断了解行业的新情况，这些都是你能够做到的，都是你向经销商展示自己以及公司的机会。为此，可根据客户的需要，提供销售方面的培训，使用集中培训、业务人员培训等多种形式，提升经销商的经销水平。

5.产品知识服务

为客户介绍产品的基本知识，提供必要的产品介绍材料，以便于经销商推广产品。

6.财务服务

销售代表应致力于缩短财务处理流程，加快经销商费用的兑现速度，定期与经销商核对账务，帮助其提高资金使用效率。

7.数据分析服务

销售代表应协助经销商分析数据，并通过数据分析得出指导销售工作的依据。该项工作是销售代表的基本工作。

8.库存管理服务

销售代表应协助经销商做好库存管理，提出对经销商有利的库存管理方案，减少对经销商的强制压货，减轻其资金压力。

9.销售计划

销售代表应协助经销商制订销售计划，共同提高销售计划的准确率，以便于公司更好地为经销商服务。

10.为所辖区域内零售市场提供专业性的支持服务

销售代表应与零售系统人员配合做好现场展示与促销工作，同时为所管辖的零售店提供产品宣传、入店培训、货品陈列、公关促销等服务。

（六）注意客情维护，与客户建立良好关系

客情维护就是指在公司明文规定的销售政策之外，充分调动所能争取的资源，及运用个人的努力与魅力给予客户情感上的关怀和满足，为正常的销售工作创造良好的人际关系环境。

1.周期性客情维护

这是指有规律的、周期性发生的客情维护，主要包括下述几项内容：

（1）周期性情感电话拜访。

拥有社会属性的人都是有情感需求的，情感需求包括两个方面：一是对友情、亲情的需求；二是对归属感的需求，即人们都希望自己能够归属于某个组织。销售代表在正常工作电话拜访之外的情感电话，可以充分满足经销商情感需求的第二个方面。情感电话拜访有两个注意事项：一是电话时间相对于非常规律性的周期性工作电话拜访而言，相对不规律一些，以弱化经销商心中的“工作”氛围，强化“感情”印象。二是电话内容以“嘘寒问暖”为主要内容，但切忌肉麻。

（2）周期性实地拜访。

笔者在实际工作中曾遇到过这样一件事：当笔者每隔一个月连续拜访了一个代理商三次后，该代理商这样对我说：“你能经常来看我，我真的很高兴，这说明公司对我这块市场很重视。你看做A产品（该市场主要竞品）的某人签订了代理合同后，厂家半年也没来过人，我觉得很不是滋味。”

进行这种纯客情维护性的实地拜访，要注意如下几个方面：一是可以给代理商带一些价值不高但很实用的小礼品；二是可以给代理商带去其认识的公司高层的问候；三是最好能安排一些小规模的培训活动，如商务礼仪培训、导购技巧培训等，

让代理商感觉有所收获。

2.重大营销事件发生过程中的实际客情维护

这里的重大营销事件特指代理商区域的重大营销事件，如新店开业、代理商自行组织的促销活动以及召开的下级经销商会议等。应该说，这对代理商而言，都是一些非常重要的事件，而大多数代理商因本人能力、精力等方面的原因，常会有忙不过来、力不从心的感觉，迫切地需要有人帮助。此时，销售代表除了要给予热情洋溢的精神鼓励外，只要可能，一定要到现场一起运作。在这期间，销售代表一定要不辞辛劳地工作，这样可以大大拉近与代理商的心理距离。

实际上，很多代理商在生意之外有时会犯一些“低级”错误，这时销售代表可以给他们一些善意的帮助。当然，还要注意方式方法，这样代理商才会觉得你拿他当朋友看，与你的关系自然也会不同。

操作实例2-12　“多管闲事”客情维护

销售代表小张在和一位南京地区的代理商聊天的过程中，了解到该代理商准备把快初中毕业的儿子送到国外去读高中。这本来只是闲聊，可在聊的过程中，小张越来越觉得那个所谓的留学机构令人怀疑。在不动声色地结束谈话后，小张迅速委托当地教委的一个朋友了解情况，结果证实这根本就是一个骗局。小张迅速将相关信息通知了这位代理商。一个月后，当小张再次拜访这位代理商并要求其按公司要求装修店面时，代理商二话不说马上照办。

三、渠道推销的操作步骤

渠道推销的操作步骤如图2-2所示。

图2-2　渠道推销的操作步骤

（一）客户拜访前的准备工作

1.明确拜访目的

销售代表在见客户之前，首先应明确拜访目的，这次拜访是去收货款、理货、终端POP的维护、向老板宣传销售政策，还是加强感情。不同的拜访目的会直接影响拜访的成败。销售代表拜访涉及的常规工作有分销补货、终端梳理、新品推广、店招争夺、活动组织、网点开发、售后服务、促销员培训、应收催付、关系拓展、异议处理、合同谈判、市场了解等。销售代表在进行拜访前，必须明确拜访目的，以便做好相应资料、物料等的准备。

2.规划拜访路线

销售代表应根据当地经销商（包括零售店）的分布和交通线路设计拜访路线，要明确先拜访哪家店、每家店停留的时间是多少。有些公司规定，要把每次拜访的线路写下来，作为工作记录。即便公司不这样规定，销售代表头脑中也要有图，心中要有数。拜访必须覆盖区域内的所有客户，并根据不同的客户制定不同的拜访频率和路线，每天按行程计划逐店拜访，这样每天的销售任务才可能完成。

岗位资讯 2-10　　合理安排拜访客户的时间

销售代表做事前要了解店老板的工作规律，店老板的空闲时间可能是在上午9：00—9：30这个区间，或者是下午1：00—1：30这个区间，其他时间可能会被进货、内部管理、销售等事情占满。如果销售代表有重要事情和店老板谈，就要选择合适的时间和场合。如果是一般性质的拜访，销售代表要在第一时间出现在店老板面前，成为老板遇到的第一个销售代表。有的店销量比较大，店老板比较忙，在拜访前要电话预约，贸然拜访会显得不专业，从而影响拜访效果。

3.提前预约

对于需要拜访的经销商，应提前两天进行电话预约，并在电话中明确到达时间。推广人员、终端人员进行分销终端检查时，不需要提前预约。

4.查看客户资料卡

客户资料卡是经销商（零售店）的档案和户口。它能够让销售代表了解到客户的所有细节，是销售代表有计划地工作的重要武器。假如销售代表忘记了店主的姓名，它也可以提醒你，避免你产生不必要的尴尬。客户资料卡上面记录的订单和库存可以帮助销售代表分析客户的销售状况，提前确定工作目标。

销售代表应提前一天查看拜访记录，了解上一次的拜访情况。对于上一次拜访及近期承诺解决的事宜，必须在拜访时予以回复。如检查上一次订货是否已送到，退货、换货同主管沟通后是否可以解决等。

5.掌握政策

有的行业，价格和市场信息变化得比较迅速，如IT行业和通信行业。所以销售代表在出发拜访客户前，要和公司的销售经理沟通，掌握现在的销售政策和市场动态；同时，还要和覆盖这个零售店的经销商的业务经理打招呼，掌握经销商的销售政策和市场动态。综合上述两个方面，基本上可以准确判断市场的变化——价格是上涨还是下跌，别的代理商在做什么事情，别的厂家在做什么事情，从而确定和客户沟通的基调。

同时，销售代表还要了解公司的促销政策：新的促销活动使用什么方式，什么时候开始；现在的促销活动进行到了什么阶段；礼品什么时候到，到多少；分配的原则是什么。这样才能在和客户沟通的时候吸引客户的注意。

此外，销售代表还要了解公司财务方面的政策：促销的额度是不是要审批了；以前的额度什么时候收回。不了解自己客户的额度情况、回款情况，不了解公司的信用政策，是销售代表的大忌，是公司坏账产生的根源，也是公司最大的风险。

6.销售代表的状态及装备准备

（1）专业状态准备。

① 精神面貌：精神抖擞，斗志昂扬，掌握自信之度。

② 仪态仪表：头发整齐，胡须刮净，保持清洁程度。

③ 着装要求：干净整洁，穿着得体，色彩搭配有度。

④ 言谈举止：尊重别人，举止大方，拥有翩翩风度。

（2）业务装备准备。

① 基础工具：名片、业务包、签字笔、笔记本、计算器、便签、相机、卷尺、礼品、经销商拜访登记表或终端走访手册、可向经销商公开的公司相关文件等。

② 销售工具：代理商批发体系价目表、促销活动方案、代理商库存表、分公司库存表、分销商进销存登记表、订单等。

③ 推广工具：产品目录、价格表、订货单、产品效果图、产品手册、企业宣传资料、公司政策文件等。

④ 客户资料：经销商（零售店）的资料表、当地市场容量的分布表、当地竞争对手的情况表、市场动态记录表等。需要注意的是，在拜访客户的时候，要及时更新上面的资料，以便及时分析市场情况，增加公司对市场的了解。

⑤ 终端工具：促销物料、广告宣传单、立牌、海报、终端展示规范、分销样品登记表等。

⑥ 售后工具：服务宣传卡片、售后服务咨询手册等。

⑦ 常用表格：客户资料卡/行程表、每日工作报告、产品铺市跟踪表等。

销售代表在进行客户拜访前，一定要自我检查准备工作是否充分，以保障拜访效果。充分准备是成功拜访的第一步。

（二）观察店面，进店打招呼

微课31

观察店面

导问2-16

销售代表为什么要观察店面？观察些什么？

1.检查户外海报

检查户外海报看似简单，但要做好也不是那么简单的，这需要销售代表认真对待，检查海报的有效性、期限性、整洁度、完整度。

海报是树立品牌形象的一个重要因素。通常，品牌建设主要包括以下几个方面：产品、形象、顾客、商誉、渠道、视觉。海报是产品形象的宣传媒介，是增强消费者视觉印象的主要载体，所以检查户外海报非常重要。

2.向经销商打招呼

问候店面工作人员，与经销商寒暄。

3.了解销售情况

查看顾客登记表，了解并记录近期的销售情况（包括销售数量、结构等）。

4.检查店内海报、价签、货品陈列、商品质量，并发现机会和问题

（1）店内海报。

销售代表进店后的工作是非常重要的，不能忽视任何一个细节，店内海报的检查和户外海报的检查内容是一样的。

微课32

检查货架、贴牌及整理陈列

（2）价签。

有些产品由于补货或调整货架等原因，有时会与价签错位，造成顾客的误解，从而丢失销售机会。销售代表要注意除特价商品外，所有促销商品均不能降低价格销售，否则会误导消费者，影响未来的销售。

价格是销售代表不能改变的，再大的公司如雀巢、可口可乐，如果终端动了价格，就形同于自杀。价格的频繁变动对一个品牌的杀伤力是不容忽视的！

（3）货品陈列。

货品陈列和品项的数量要求不能低于竞争品牌，陈列位置应优于最强的竞品；同时，要合理分配货架，给所有品项机会。

（4）商品质量。

商品质量是关键，销售代表要随时关注货架上的产品，并按照公司的要求摆放，注意清洁和日期控制。

（5）发现机会和问题。

销售代表要注意发现货架和落地堆头的陈列机会，及时发现各类商品是否充足，以及时补货，防止缺货。

导问2-17

缺货的后果是什么？

岗位资讯2-11

第一品牌陈列二十一字诀

一找动线：人流主要流动的方向，消费者走得到、看得到的位置。

二陈列：将产品陈列于好的位置，以便引起消费者的注意。

三增排面：争取最大的陈列面，展现产品的气势，增强视觉冲击力。

四标价：写明产品的规格与价格。

五重分配：重新在主货架上分配陈列面，注意产品的包装、颜色及口味合理搭配，以引起消费者的注意。

六清洁：随时保持产品的清洁、干净。

5.听取、观察与记录竞争对手的信息

知己知彼才能百战百胜。了解对手是多方面的，要借鉴他们好的方面，吸取他们的教训。高手过招，决定胜负的关键是看谁可以先做到“出手无招”，否则就会陷入“只有招架之功，没有还手之力”的被动局面。

销售代表应通过观察竞争对手的媒介、广告宣传、促销活动等了解其市场情况(如竞争对手正在策划的商业活动)。

(三) 执行常规工作

1.检查整理库存

导问2-18

微课33

库存检查整理

为什么要检查整理客户的库存?

销售代表进入客户的仓库，可以了解很多有用的信息，从而有助于制订工作计划和决策，为合理进货做准备。检查整理库存的主要内容包括以下几个方面：

（1）公司所有产品在该店的库存。

（2）看商品的保质期，是否先进先出。

（3）竞品的库存可以帮你决定进攻的方向。

（4）是否有恒温设施，是否存在安全、火灾等隐患。

（5）产品堆放是否正确，不然会造成破损。

2.及时补货

了解了经销商的销售结构、库存信息后，可以针对库存数量相对较少的品种予以补货（和经销商沟通补货事宜）。

3.新品推广

对公司发布的新品着重介绍，从产品外观、功能到价格政策、出样政策、推广方案，与经销商一一进行沟通。

4.店招争夺

对经销商店内、店外可发布广告信息的位置主动进行测量，并与经销商沟通，确保终端气势及主推印象。

5.活动组织

向经销商介绍公司开展的一系列促销活动、推广活动；在重大节假日前主动与核心网点沟通，并策划相应的促销活动。同时，实施已经策划好的现场促销活动。

6.网点开发

针对未进驻网点，与经销商进行沟通，并达成合作意向或建立关系。

7.政策宣传

对公司的发展策略、市场策略、推广策略、服务举措等进行宣传，并与经销商沟通。

8.售后服务

（1）处理已发生的问题。对经销商之前反映的售后问题进行处理，包括与经销商协调确定沟通处理方式、处理结果。

（2）处理现在出现的问题。对经销商存在的售后问题进行了解、记录，并在3日内回复处理方案，及时跟进直至处理完毕。

9.分销培训

经销商对销售代表的产品和销售代表公司政策的了解不可能和销售代表一样多。因为经销商每天面对太多的市场代表、太多的公司，接收了太多的信息。那么经销商会主推谁的产品呢？除了销量大、利润丰厚的产品以外，就是自己最了解的产品。因此，销量的大小就是销售代表在经销商头脑中所占地方的大小。这个道理对店员来说更是如此，店员更倾向于销售自己最熟悉的产品，卖自己最喜欢的销售代表的产品。所以培训经销商和店员就成为销售代表的一项核心任务。

主要培训的内容有产品知识、厂家的历史和未来、厂家的经营理念、促销活动的操作办法、其他店的销售技巧等。如果销售代表能做好培训工作，设想一下，哪有学生不买老师的账？谁会不主推老师的产品？

10.应收催付

货款不收回，业务就不能继续进行，所以销售代表应对经销商已到期欠款进行催付，对未到期欠款进行适当提示。要完成收款就必须了解以下几点：

（1）经销商（零售店）经营规则：主要是指它的贸易条款。

（2）结款规律：是指经销商（零售店）的对票和结账时间等规定。

（3）财务规定：是指一些促销费用的给付要求以及支付货款的方式和方法。

11.关系拓展

销售代表要经常与经销商进行情感交流，建立联系，记录经销商的家庭情况、生日信息、个人爱好等，以便于关系维护。

12.解决问题

销售代表要经常了解经销商（零售店）的意见和建议，并进行记录。对于客户提出的异议，要在1个工作日内做出响应，3个工作日内回复处理方案。

零售店是销售代表信息来源的主要渠道，只有更好地掌控零售店，才能更好地掌控经销商。所以，销售代表要不断地解决零售店的问题，为零售店提供服务。这些问题包括：零售店在促销活动中遇到的问题，促销的礼品是否能及时到位；经销商的服务情况；售后服务情况；销售的压力在什么地方；需要什么方面的培训和支持。调查了解了这些问题以后，销售代表要和经销商的业务人员共同解决。

通过解决零售店的问题，销售代表能够知道经销商对零售店的服务怎么样，从而对经销商进行监督，这也能为今后换经销商打下基础和找到理由。

13. 合同谈判

与新开发的经销商、合同到期的经销商进行合同谈判。

14. 市场了解

销售代表除了要对经销商（零售店）产品的销售情况进行了解外，还需要了解其他品牌产品的销售情况（包括价格、出样、活动、政策等）、其他经销商的销售情况，并及时对收集的信息进行记录、分析、应用。

（四）道别并告知下次拜访日期

不论拜访效果如何，离开时都要对店主表示感谢，这是一个人素质的体现。做业务先做人，只有一点一滴地积累，才能取得最大的收获。尊重别人，才能得到别人的尊重！

销售代表应告知客户下次拜访的日期，而不是预约时间。这样可以树立销售代表有计划工作的专业形象，从而能够按计划拜访客户。

如果销售代表所有的拜访都是预约，那么销售代表只能被客户牵着鼻子走。因为每个销售代表要面对上百个客户，如果都预约，就根本不可能做到有计划地拜访，工作的效率就会下降。

（五）拜访后的工作

拜访结束的当天要填写相关表格，做好拜访记录，对拜访工作进行总结。一般来说，销售代表一天要拜访15～40家店，不可能把每一次谈话和观察到的东西、商业信息等都记在自己的头脑中，因此书面记忆是有必要的。但是对于简单的问题，要尽量现场解决，现场解决的问题越多，销售代表在零售店老板心目中的威信就越高。销售代表在记录问题的时候，要贯彻5W1H原则，要记什么事情、什么时候、和谁有关、在哪里发生、为什么这样和零售店老板建议怎样解决。

1. 信息整理

（1）销售信息。

这包括经销商进销存信息、订单或意向订单信息。

（2）推广信息。

这包括店招资源信息、终端照片、终端规范情况反馈、当地节假日信息（含赶集、庙会、乡镇特色节日、零售卖场纪念日/活动日信息）、零售卖场附近的户外大喷发布信息、竞争对手或其他品类特色促销信息等。

（3）人员信息。

这主要指经销商老板个人或关系拓展信息。

（4）市场信息。

这主要指竞品及其他分销商信息。

（5）客户意见及建议。

这包括客户对产品质量、分销政策、售后服务、合同规范、品牌宣传等方面的意见和建议。

2.信息分析及应用

把整理好的信息分别进行分析，并采取以下措施：

（1）完善客户资料。

将拜访时获得的客户基础类信息完善到客户信息登记表中，包括经销商的经营信息、人员信息、店招资源信息等。

（2）快速实现分销。

根据经销商进销存信息进行汇总分析，对于当次已完成的分销订单，在3日内跟进发货；对于当次未完成的分销订单，则根据拜访信息（分销库存、终端消化）并结合市场情况及公司政策，制定相应的短期分销策略。

（3）组织促销活动。

根据当地节假日的分布规律（把握销售节奏）、消费特点、竞争对手态势，结合分公司及代理平台的资源情况，主动出击，为年销售额超过20万元的经销商策划活动。

（4）落实店招发布。

对于与经销商已经沟通好的店招资源，在1个工作日内向推广人员汇报情况并跟进物料制作、发布。对于其他品牌发布的未到期店招，根据发布期限，提前沟通发布。

（5）及时处理异议。

对于经销商提出的意见，不能给予现场回复的，要根据意见内容，向分公司职能人员或分公司经理汇报，并确保在1个工作日内回复经销商，3个工作日内回复处理方案。特别是对售后信息的处理，拜访人员必须跟进，直到解决为止。

（6）为下次拜访做准备。

下次拜访时要注意，客户当次提出的问题、自己现场发现的问题是否已经解决。如未解决，如何沟通及处理；如已解决，如何强化效果。

如果销售代表对经销商（零售店）的拜访能采取以上几个步骤，且企业在各个环节都用零售店资料、经销商进销存资料、销售计划、销售代表计划等表格进行管理，那么销售代表的拜访将取得较好的成效，整个企业的销售管理就会有坚实的基础，企业也必将长期受益。

四、渠道推销的技巧

微课34

顺序就是销量

（一）销售代表的销售热身运动

1.皮格马利翁效应与心理暗示

皮格马利翁是希腊神话中塞浦路斯的国王，他非常爱慕一尊少女的雕像，他的热烈期望竟然使雕像成了活人，两人终于幸福地生活在一起。

皮格马利翁效应又称为"标签效应"，含义是"你给自己贴上什么样的标签，你就能成为什么样的人"。

2.精神电影放映法

销售代表可以用精神电影放映法做积极的心理暗示。

（1）进行三次深呼吸，每次都要憋气几秒钟。呼气的时候心里默念"放松"，这样可以帮助自己安静下来，以便更容易地将积极的思想和情感输入大脑。

（2）想象自己置身于一个豪华而热烈的庆功宴中，拥有了自己梦寐以求的一切，正迎接着众人的鲜花和掌声；让自己完全沉浸在积极兴奋的理想之中，充分享受其中的快乐；让自己所有的感觉——视觉、听觉、嗅觉、味觉、触觉，甚至连第六感都全部投入进来；让自己充分体验这一满意结果所带来的积极情绪，体验其中的自信、满足、充实和爱，以及这一满意结果带来的一切美好的东西。

（3）慢慢从这一满意的结果中走出来，放——松、完——成、输——入。这样销售代表就能将希望的种子在自己的头脑中播种完成。这与我们有时给自己输入消极情绪后，就会使我们沮丧、懊悔、不安和痛苦是同一个道理。

每天早晨，销售代表出访时都要做一遍"精神电影放映训练"。通过这一热身运动，让自己充满自豪、喜悦和必胜的心情；同时，也可结合"呐喊术"来再次激励自己。例如，大喊"今天我一定能够做到！今天我一定能够成功！我是最好的！我是最优秀的！"等，每天早晨放一些激动人心的音乐给自己听，如"男儿当自强"或"我的未来不是梦"等。

威廉·詹姆士作为一位伟大的心理学家，已经向人们证实了"情绪不能立即降服于理智，但情绪总是能立即降服于行动"。所以千万不要小看这个热身运动，销售代表要明白一个人不是一台机器，成功或失败都与自己的心理能否受到激励有关。正如拿破仑·希尔所说："只要头脑可想象的，只要自己相信的，就一定能实现。”

（二）销售代表倾听的技巧

人都有发表自己见解的欲望，而倾听成了销售代表对客户的最高恭维和尊重。始终挑剔的人，甚至最激烈的批评者，常被一个有耐心、有同情心的倾听者所降服。善于倾听客户讲话的另一个好处，就是可以更多地了解客户的信息及其真实想法和潜意识。要想推销成功，听要占整个销售过程的70%，而说只占30%。

人们通常只听自己喜欢听的，或依照自己理解的方式去解释听到的事情，但这种解释未必是对方真正的意思，因而人在“听”的时候通常只能获得25%的真意。这就需要不带主观色彩的“积极的倾听”。

销售代表倾听客户谈话时，最常出现的毛病是只摆出倾听客户谈话的样子，内心却迫不及待地等待机会，想要讲他自己的话，完全将“倾听”这个重要武器舍弃不用。销售代表听不出客户的意图、听不出客户的期望，其推销将失去方向。

1.培养积极的倾听态度

站在客户的立场，专注倾听客户的需求、目标，适时地向客户确认你了解的是不是就是他想表达的。这种诚挚专注的态度能激发客户讲出内心更多的想法。

2.让客户把话说完，并记下重点

“记住”是用来满足客户需求和客户利益的。在让客户充分表达其状况后，销售代表才能正确地满足客户的需求，就如医生需要听病人述说自己的病情后，才开始诊断一样。

3.秉持客观、开阔的胸怀

不要心存偏见，只听自己想听的或是以自己的价值观判断客户的想法。

4.对客户所说的话，不要表现出防卫的态度

当客户所说的事情可能对销售代表的推销造成不利时，不要立刻驳斥，可先请客户针对这件事情进行更详细的解释。例如，客户说“您公司的理赔经常不及时”，销售代表可请客户更详细地说明是什么事情让他有这种想法。客户若只是听说，无法解释得很清楚，那么这种看法也许就不是很正确；若客户说得证据确凿，可先向客户致歉，并解释此事的原委。记住，在没有完全捕捉到客户的想法前，不要和客户讨论或争辩一些细节的问题。

5.掌握客户真正的想法

客户有客户的立场，其也许不会把真正的想法告诉销售代表，也许会找借口或不实的理由搪塞，或为了达到其他目的而声东击西，或另有隐情而不便言明。因此，销售代表必须尽可能地听出客户真正的想法。

掌握客户内心真正的想法，不是一件容易的事情。销售代表最好在听客户谈话时，自问下列问题：

• 客户说的是什么？代表什么意思？

• 客户说的是一个事实，还是一个意见？

• 客户为什么要这样说？

• 客户说的我能相信吗？

• 从谈话中，能知道客户的需求是什么吗？

• 从谈话中，能知道客户希望的购买条件吗？

若能随时注意上述几点，相信你必定能成为一位擅长倾听的销售代表。

（三）销售代表回答经销商问题的技巧

销售代表初次拜访经销商时，经销商总会提出各种要求和问题。面对这种情况，销售代表应注意倾听，做到不下结论、不反对、不承诺，把经销商提出的问题一一记下来，等第二次拜访时再针对经销商提出的问题逐一回答。经销商提出的问题主要包括以下几个方面：

（1）价格太高。“你们公司的产品价格太高，不好卖，你们还是找别人吧。”

（2）需要时给你打电话。“你把产品介绍和价目表放下吧，需要时给你打电话。”

（3）独家代理权。“我要做你们公司产品的独家代理商。”

（4）市场不景气。“现在市场不景气，生意不好做，你们还是过一段时间再来谈吧。”

（5）要铺底。“我的资金很难周转过来，你们应该支持我一下，铺点儿底给我。”

（6）要保证金。“我与你们公司没打过交道，不了解你们公司，你们应该给我点保证金。”

（7）缺乏资金。“我现在资金实力有限，不想再考虑其他公司了。”

（8）公司关系。“我与现有公司有10多年的交情，不好意思再引进其他公司。”

（9）运输。“这里离你们公司太远，运输不方便且运输费用高。”

（10）小公司。“你们是小公司，我们只经营大公司的产品。”

（11）决策权。“经理不在家，我不好做主，等经理回来后再说吧。”

（12）历史问题。“某某经营你们公司的产品，反映不是很好呀。”

导问2-19

面对经销商提出的以上问题，你准备如何回答？

厚德精技 2-2　3·15晚会：100多家经销商泄露个人隐私

由于正通汽车为经销商集团，旗下有不少豪华品牌的汽车4S店，其店内客户的高端针对性很强，所以其用户信息的价值也就不言而喻了。

由于他们的设备都是无感抓拍，在捕捉顾客人脸信息时，无须告知顾客，更无须经过顾客同意。

中国正通汽车服务控股有限公司作为国内领先的豪华汽车经销集团，现有一百余家汽车4S店和授权网点，广泛分布于全国15个省市，均衡覆盖富裕的一线和沿海城市以及高增长的西部地区和二三线城市。

在36个城市拥有112家经销店，包括宝马、奥迪、捷豹路虎、沃尔沃、保时捷、MINI、英菲尼迪、奔驰、讴歌、凯迪拉克、进口大众、北京现代、通用别克、东风日产、通用雪佛兰、本田、丰田、一汽马自达、一汽大众等品牌。

法律依据：自2021年1月1日起正式实施的《民法典》的第一千零三十五条明确规定，处理个人信息，应征得该自然人或者其监护人同意。

总结：现实就是这样，我们一边享受着出卖隐私给生活带来的便利，一边为信息泄露带来的伤害而担忧。

资料来源：佚名. 3·15晚会：含宝马在内，正通汽车100多家经销商泄露个人隐私［EB/OL］.［2021-03-15］. https://baijiahao.baidu.com/s?id=1694303338621533823&wfr=spider&for=pc.有删减.

问题讨论：中国正通汽车服务控股有限公司应该如何改正？谈谈销售工作中保护顾客个人隐私的重要性。

工作评价

1.提醒学生推销过程的规范性。

2.提示学生填写工作日报表、客户档案等作业文件的规范性。

3.组织各组发言人演示工作成果。

4.设计工作成果评价要点。

5.组织各组交叉评价各组的工作成果。

6.点评各组工作。

7.邀请企业兼职教师点评工作。

8.给出各组工作的过程性评价和结果评价。

目的：从多个方面对工作过程和结果进行评价，如技术、经济、社会、道德、思维等方面。

效度：学生小组工作得到客观评价。

情境小结

1.渠道推销主要是指厂家销售代表面对营销渠道的各个环节进行的推销。

2.渠道推销相对于面对普通消费者的推销要复杂得多，在推销重点、推销时间、岗位职责方面都有很大的不同。

3.随着市场的逐渐成熟，竞争的日益激烈，销售代表已经不是把货销售给经销商就可以了，还要帮助经销商出货，也就是要帮助经销商做零售店的工作，这就是所谓的助销。

4.渠道推销一方面要不断开发新客户；另一方面要维护好现有客户，提高终端的忠诚度，从而扩大销量。

工作岗位讨论

1.向经销商推销应强调什么？

2.开发卖场应掌握哪些原则？

3.列举渠道推销的错误行为。

4.列举生产性企业的销售渠道模式。

工作岗位作业

1.请设计销售人员工作日报表。

2.经销商的抱怨包括哪些？应如何处理？

3.请分析某两种竞品的优缺点。

工作岗位实例分析

【背景资料1】　小米和海尔如何发展消费商

大力发展消费商，小米和海尔走在了前列，我们来看看小米小店和海尔旗下的顺逛店是如何发展个体消费商的。

小米小店是小米旗下的官方销售渠道，采用“区域电商平台”模式，面向海量的区、县、镇村用户，坚持官方同价、货到付款、送装一体、服务到家。消费者凭一部手机就能开小米小店，无须任何加盟费或保证金。共享小米的产品、仓储、物流、售后等体系，实现个人开店梦想。

2017年，小米小店的销售额已经突破21亿元。

品牌发展个人成为消费商有两个前提。

首先，要借助新技术将线上线下渠道网络融合。

其次，利用云计算协调“人、货、物流”的无缝对接。

以海尔为例，实体店的渠道已下沉覆盖到乡镇一级。电商渠道除了天猫、京东、苏宁外，海尔还自建了“顺逛”“日日顺”等微商平台，让每个员工和消费者都可以成为其分销渠道，可以精准推广家电、日用品和农资产品。毕竟消费者最了解亲朋好友谁需要哪种产品，顺便推广即可，消费者的手机成为不需要库存的微店，一旦成交，将由周边的实体店来完成送货。这在以前是不可以想象的事。

海尔集团利用海尔云将这些个人微代理商与星罗棋布的实体店渠道打通，用以协调“人、货、物流”的无缝对接。

资料来源：佳和．小米和海尔都在抢的消费商到底是什么？了解一下！[J]．销售与市场，2018（12）．

【问题讨论】

1.什么是消费商？消费商如何做好销售？

2.消费商这种渠道运营模式是否可行，如何推广？

【背景资料2】　　　　　　探询式递进谈判：挖尽客户的潜力

康德公司是一家专业生产和销售饮料的公司，相当有实力。目前，主要市场是安徽，华东其他区域也有零散的销售。该公司2年前就进入了江苏市场，对所有客户采取的是“一口”买断的经营方式，年销售额只有200万元左右。

去年，康德公司决定重新整合江苏市场并建立完整的分销网络，总部给江苏市场下达了2 000万元的业绩目标。从200万元一下跳到2 000万元，其难度可想而知。这个目标使原本觊觎江苏市场的众多销售经理纷纷知难而退，只有区域经理刘虹自告奋勇，走马奔赴江苏，承担起了该区域经理的重任。

在拟订了新的市场推广计划并确定了全面的费用预算后，如何在各县找到合适的代理商并签订有把握的目标量，就成了完成江苏市场整体目标的关键。善于运用探询式递进谈判的技巧引导代理商签订高额合同，是刘虹敢于接手江苏市场的真正原因。以下是刘虹在操作江苏市场时发生的一个很典型的同代理商谈判合作的案例。

刘虹按照预先的约定拜访了兴化市（县级市）的客户之一王老板。王老板是康德的老客户，以前用现款从康德买断货后再加点利润批发给终端或直接零售，去年共销售康德饮料20万元（其他品牌饮料150万元）。

双方寒暄后，立刻进入了主题。刘虹首先对王老板几年来对康德的支持表示感谢，并详细介绍了公司新的发展规划，表达了自己做好江苏市场的坚定信心。王老板听后眼睛一亮，表示希望能成为康德公司兴化市的独家代理商。于是接下来的话题就围绕着目标量和厂家的条件展开了（以下是精选的部分谈话内容）。

刘虹：“王老板，你以前仅仅是我们公司在兴化的客户之一，合同也没签，每年就可以销售康德饮料20万元。假如我们正式授权你为公司的代理商，享受代理商供货价，你可以完成多少销售额呢？”

王老板：“40万元应该没问题，只是担心窜货。”

刘虹：“我们有统一的市场价格和管控体系，不会发生价格混乱。窜不窜货关键看同一地区代理商之间的默契，不能搞恶性竞争。”

王老板："我希望成为你们在兴化的独家代理商，这样市场不容易乱。"

刘虹："我知道你的终端客户很多，但我们公司对独家代理商有很高的要求，像兴化这样的市场，40万元的销售任务肯定是不行的，而且做我们的独家代理商必须主推我们的产品。"

王老板："那就60万元吧。我做兴化的总代理。"

刘虹："你去年所有饮料共销了170多万元，你认为代理康德产品有哪些因素影响你的销量提升呢?"

王老板："你们公司要求现款提货，所以不敢多进货，怕卖不完压仓库；但有时又容易因缺货丧失一些销售机会。"

刘虹："假如你不用担心库存风险，能增加多少销售额呢?"

王老板："七八万元应该没问题。"

刘虹："行，你最后一批进货所产生库存的70%由我们公司承担。但你必须承担退货的运费。你的销售目标就按70万元算，还有其他阻碍因素吗?"

王老板："饮料销售的季节性太强，厂家经常调价，如果厂家降价而不补差价，我们就要遭受损失。如果厂家能补差价，我们就无后顾之忧了。"

刘虹："我可以承诺100%补差价，但你必须增加5万元的销量。其他还有什么能帮你增加销量的办法吗?"

王老板："我个人能力有限，特别是终端推广方面，如果你们能经常过来指导或帮助我进行终端客户的谈判和管理就好了。"

刘虹："我们今年专门派了1名业务经理负责泰州地区，以帮助代理商开拓和管理终端客户并做好市场推广工作。你这里是重点市场，也可以给你派1名，但这样你要再增加5万元的销量!"

王老板："还有什么优惠条件，都给我算上。最好供货价能再优惠一点。"

刘虹："我们专门针对像你这样有潜力的客户制定了'大户奖励政策'，如果你能销售90万元，年终可以给你返利5 000元，达到100万元返利1万元，再往上每增加10万元，增加返利2 000元，上不封顶。"

最终双方以100万元的目标量签订了代理合同，且合同条款规定：如果王老板不能完成100万元的销售额，则只能享受80%的代理费（另外20%的代理差价作为年底完成目标额的返利）。显然，对完成100万元的目标，王老板已很有把握。而且，虽然公司答应承担最后一批进货所产生库存的70%，但由于王老板也要承担30%，且还需承担运费，因此王老板的压力也不小，他不会轻易放松库存管理。只要康德公司的业务经理做好常规的客户拜访并随时根据客户的库存与市场需求情况及时调节，发生退货的可能性就会很小，即使发生也是微乎其微。

就这样，刘虹充分运用探询式递进谈判的方法，通过一系列的谈判，使整个江苏区域的代理商签订的合同目标额达到了2 300万元，再加上直营的几家商场，只要在执行中不出现大的失误或异常，完成2 000万元的年度目标是没什么问题了。

资料来源：佚名．探询式递进谈判：挖尽客户的潜力［EB/OL］．［2015-04-01］．http：//www.cmmo.cn/b/97717/41251.html.

【问题讨论】

1.客户开发前应做哪些准备工作？

2.刘虹这次推销谈判有哪些特点？

岗位实训操作

实训项目：渠道推销

【实训目的】

1.体会渠道推销前应进行的准备工作。

2.掌握渠道推销的工作内容。

3.掌握渠道推销的具体步骤。

4.训练渠道推销技巧。

【实训要求】

1.每位学生选择一种商品进行渠道推销的模拟。

2.自选或指定一个或几个学生作为销售对象。

3.收集所售商品的岗位资讯。

4.做好渠道推销前的各项准备工作。

【实训步骤】

1.资讯准备。

• 熟悉所售商品的市场地位、品种、特征及该品种商品的市场状态；

• 了解该类商品的消费者情况；

• 了解该类商品本地经销商的情况。

2.工作任务实施。

• 撰写所售商品在某地的渠道销售计划书；

• 每位同学都进行某种商品的渠道模拟销售。

3.工作检查与评价（见表2-7）。

• 学生互评；

• 教师对每位学生的推销礼仪、行为举止、衣着予以评价；

• 教师对每位学生的模拟推销进行评价；

• 教师对每位学生进行综合成绩评定。

表 2-7 **渠道推销模拟考核表**

学习领域：商品推销　　　　班级：________

学习情境：渠道推销　　　　考核时间：________

考核对象：________

<table>
<tr><th>评分项目</th><th colspan="2">细化标准</th><th>优秀</th><th>良好</th><th>合格</th><th>不合格</th><th>得分</th></tr>
<tr><td>销售准备
（20分）</td><td colspan="2">准备充分，有样品或产品资料，形象设计合理，有详细的销售计划</td><td>18～20分</td><td>15～17分</td><td>11～14分</td><td>10分以下</td><td></td></tr>
<tr><td>基本素质
（20分）</td><td colspan="2">仪表得体，态度诚恳，普通话标准，表达清晰流畅，谈吐自然，动作协调，应变能力强</td><td>18～20分</td><td>15～17分</td><td>11～14分</td><td>10分以下</td><td></td></tr>
<tr><td rowspan="4">销售设计
（40分）</td><td rowspan="4">销售过程中思路清晰，并能在各阶段合理体现销售技巧和方法</td><td>接近客户</td><td>9～10分</td><td>7～8分</td><td>5～6分</td><td>4分以下</td><td></td></tr>
<tr><td>介绍商品</td><td>9～10分</td><td>7～8分</td><td>5～6分</td><td>4分以下</td><td></td></tr>
<tr><td>异议处理</td><td>9～10分</td><td>7～8分</td><td>5～6分</td><td>4分以下</td><td></td></tr>
<tr><td>建议成交</td><td>9～10分</td><td>7～8分</td><td>5～6分</td><td>4分以下</td><td></td></tr>
<tr><td>演示效果
（20分）</td><td colspan="2">在规定的5～10分钟内完成产品的销售，过程连贯，并使客户感到满意</td><td>18～20分</td><td>15～17分</td><td>11～14分</td><td>10分以下</td><td></td></tr>
<tr><td>评价</td><td colspan="4"></td><td>得分
小计</td><td colspan="2"></td></tr>
</table>

学习情境三

组织市场推销

岗位任务

销售人员面对组织市场（生产者市场、非营利组织市场、政府市场）进行推销。

能力目标

1. 熟悉组织市场的购买行为特征。
2. 掌握面对组织市场进行推销的岗位工作任务。
3. 掌握面对组织市场进行推销的技巧和方法。
4. 掌握面对组织市场进行商品推销的步骤。

思政目标

围绕组织市场推销岗位操作，养成为客户服务的工作态度，树立根据客户需要提供合理产品的销售理念。

结合“操作实例”中“细节赢得订单”“SPIN 模式推销案例”等案例，以及“厚德精技”专栏中“加拿大鹅事件”案例进行研讨，树立真诚服务客户、诚实守信的职业操守。

情境设计

以某一厂家销售代表面对某一组织购买者（企业、非营利组织、行政事业单位）进行推销为学习情境，销售代表在该工作岗位完成相关销售工作。

导入资料

用顾客听得懂的语言介绍产品

推介产品的时候，不要使用过多的专业性术语和简称。要做到“一听就懂”和

“有效体验”。

在推介产品的时候要使用平实的语言，而且一定要说明，这样的技术或者这样的功能可以给顾客带来什么好处。除此之外，还要引导顾客体验，让顾客真切感受到你所说的内容是真的，常用的引导顾客的话术如下：

- 您看是不是……样的？
- 您觉得是不是不错？
- 您看……可以吧？

学会让顾客不断说：“是、嗯、不错、还行……”。

导问 2-20

你认为消费者市场与组织市场有何不同之处？

一、组织市场推销的资讯准备

由于组织市场的特殊性，推销员的推销工作与上一个学习情境有明显的不同，而且在组织市场，对推销员的要求也比较高，不仅需要推销员懂得销售技巧，进行技术交流、商务考察、客户关系维护等，还要求推销员在客户面前能够建立足够的信任感。

导问 2-21

推销员在组织市场进行推销前，应做好哪些资讯准备工作？

推销员在组织市场进行推销工作前，必须对该市场有一个全面的了解，即对组织市场的特征、购买类型、购买过程参与者、影响因素、购买决策程序等有一个清楚的认识。做好组织市场推销的资讯准备，是保证有效推销的第一步。

（一）组织市场的范畴

组织市场是各种组织机构形成的对企业产品和劳务需求的总和，是以组织为单位的购买者所构成的市场。相对消费者市场而言，其主要包括生产者市场、中间商市场（学习情境二已讲述，本情境不再赘述）、非营利性组织市场和政府采购市场。

生产者市场，又叫产业市场或企业市场，是指一切购买产品和服务并将之用于生产其他产品或劳务，以供销售、出租或供应给他人的个人和组织构成的市场。生产者市场通常由以下产业所组成：农业、林业、水产业；制造业；建筑业；通信业；银行业、金融业和保险业；服务业等。

中间商市场，又称转卖者市场，由所有以营利为目的而从事转卖或租赁业务的个体和组织构成，包括批发和零售两大部分。在许多场合，批发和零售往往作为营销渠道的组成部分被提出来，而不是作为组织市场的部分被讲述。

非营利性组织市场，又称机构市场，主要是指由学校、医院、疗养院、监狱和其他为公众提供商品和服务的部门所组成的市场。非营利性组织市场往往以低预算和受到一定的控制为特征，而且都是非营利性的。

政府采购市场。在大多数国家，政府也是产品和劳务的主要购买者。由于政府的采购决策要受到公众的监督，因此政府经常会要求供应商准备大量的书面材料。此外，政府采购市场还具有以竞价投标为主、喜欢从国内供应商采购等特点。

岗位资讯 2-12　组织市场上的组织名称

表 2–8 列举了部分组织市场上的组织名称。

表 2–8　部分组织市场上的组织名称

组织名称	举例
原料加工商	矿山开发、发电、石油精炼、供水企业
农产品及海洋产品生产者	林业、农业、养殖业、渔业、水产加工业
产品及零部件制造商	汽车、家具、油漆、装配机、电子产品、服装生产企业
商业和专业服务机构	银行、会计师事务所、建筑商、咨询机构、清洁公司、培训公司、园艺公司
专销商和分销商	零售商、批发商、运输商、进出口代理商
租赁机构	商业性工厂和机器出租、财务租赁、汽车出租、人才中心
政府部门、代理机构和权力机构	海关、社会保险机构、外交事务机构、立法机构、仲裁机构、税务征收机构
武装力量和辅助军事组织	海陆空三军、警察、监狱、执行代理机构、保安
非营利组织	学校、医院、慈善机构、专业团体

（二）组织市场的特征

微课 35

组织市场的特征（上）

微课 36

组织市场的特征（下）

1. 购买者少，购买规模大

组织市场上的购买者比消费者市场上的购买者要少得多。例如，美国固特异轮胎公司在组织市场的订单主要来自通用、福特、克莱斯勒三大汽车制造商；但当固特异公司向消费者出售轮胎时，它就要面对全美 1.71 亿个汽车用户组成的巨大市场。组织市场不仅买主人数少，而且购买次数少。一家生产企业的主要设备要若干年才购买一次，原材料与零配件也大多只签订长期合同，就连文具、纸张等日用品也常常是隔几个月集中购买1次。购买次数少，决定了每次采购量比较大，这在生产比较集中的行业更为明显，通常少数几家大企业的采购量就占该产品总销售量的大部分。

2.购买者在地域上相对集中

由于资源和区位条件等原因，各种产业在地理位置的分布上都有着相对的集聚性，因此组织市场的购买者往往在地域上也是相对集中的。例如，我国的重工业大多集中在东北地区，石油化工企业云集在东北、华北以及西北的一些油田附近，金融保险业在上海相对集中，而广东、江苏、浙江等沿海地区集聚着大量轻纺和电子产品的加工业。这种地理区域的集中有助于降低产品的销售成本，也使得组织市场在地域上相对集中。

3.着重人员销售

由于仅存在少数大批量购买的客户，因此企业营销部门往往倾向通过人员销售宣传其优惠政策，而不是通过广告。一个好的销售代理可以演示并说明不同产品的特性、用途以吸引买方的注意，并根据得到的反馈，及时调整原有的政策，而这种快速反馈是不可能通过广告获得的。

4.进行直接销售

消费品的销售通常都经过中间商，但组织市场的购买者大多直接向生产者购买。这首先是因为购买者数量有限，而且大多属于大规模购买，直接购买的成本显然低得多；其次，组织市场的购买活动在售前、售后都需要由生产者提供技术服务。所以，直接销售是组织市场常见的销售方式。

5.实行专业购买

组织机构通常能够比个人消费者更加系统地购买所需要的商品，其采购过程往往是由具有专门知识的专业人员负责，如采购代理商。这些代理商的专业方法和对技术信息的评估能力让其购买是建立在对商品价格质量比、售后服务及交货期的逻辑分析的基础之上的。这意味着组织市场营销者必须具有完备的技术知识，并能提供大量的有关自身及竞争者的数据。

操作实例2-13　太多技术语言

在营销活动中，切忌使用太多技术语言，这会导致无效营销或低效营销。

使用太多技术语言多半是因为营销人员对产品了解得太深，跳不出来了，导致缺乏“用户视角”，我把这种行为定义成“不讲人话”。

不要觉得你的客户很专业，其实他可能什么都不懂。所以我们需要把技术语言转换成用户语言，跟客户说“人话”。

举个例子，某品牌在它的画册封面上写了这么两段话：第一段是“数字化供应链可视化管理专家"，这显然是品牌定位；第二段是"信息化、智能化、无纸化、快速反应、高效可溯源管理"，这可能是产品的卖点。然后就是公司名称和网址，公司名称中没有体现任何行业属性。

你能看明白这家公司在卖什么产品吗，你觉得它的产品有什么价值？

我估计90%的人都看不懂，我也看不懂，后来打开画册研究了好久才知道，这是一家做物流仓储管理软件的公司。这就是典型的"讲错故事"。

这家公司在这里犯了两个错误，一是完全没讲清楚它是做什么的，二是在用"技术语言"与用户沟通，用户根本看不懂，更看不到利益。所以，我们常讲，营销就是把"技术语言"转换成"用户语言"，用用户听得懂的语言来跟用户沟通。

我们来试着改一下这两段话，你看看效果会不会好一点。

第一句"数字化供应链可视化管理专家"改为"一款可降本增效的物流仓储管理软件"，是不是更直接明了？

第二句"信息化、智能化、无纸化、快速反应、高效可溯源管理"改为"5 000个真实案例证明，我们能节约30%的物流仓储成本"。是不是更能打动用户？至少用户知道你有什么价值了吧？

资料来源：佚名. 工业品营销咨询：你的卖点，可能不是用户的买点［EB/OL］.［2022-07-20］. https://baijiahao.baidu.com/s? id=1738870800550274134&wfr=spider&for=pc.

6.衍生需求，需求波动大

组织市场上的购买需求最终来源于对消费品的需求，企业之所以需要购买生产资料，归根到底是为了用其生产出消费品。例如，由于消费者购买皮包、皮鞋，才导致生产企业需要购买皮革、钉子、切割刀具、缝纫机等生产资料。因此，消费者市场需求的变化将直接影响组织市场的需求。有时消费品需求上升10%，就可导致生产这些消费品的企业对有关生产资料的需求增长200%；如果消费品需求下降10%，也可能导致对有关生产资料的需求大幅下降。这种现象在经济学上被称为"加速原理"，这促使许多企业的产品线多样化，以便在商业波动中实现某种平衡。

7.需求缺乏弹性

组织市场的需求受价格变化的影响不大。皮鞋制造商在皮革价格下降时，不会因此而采购大量皮革；同样，皮革价格上升时，皮鞋制造商也不会因此而大量减少对皮革的采购，除非其发现了某种稳定的皮革替代品。需求在短期内特别无弹性，因为厂商不能对其生产方式做许多变动。对于占项目总成本比例很小的业务用品来说，其需求也是无弹性的。例如，皮鞋上的金属鞋孔价格上涨，几乎不会影响其需求水平。

8.互惠购买原则

另外一种在消费营销过程中不会发生但在组织营销过程中常见的现象是互惠现象，也就是"你买我的产品，那么我也买你的产品"。更通俗地讲，叫互相帮忙。由于生产资料的购买者本身也是某种产品的出售者，因此企业在采购时，就会考虑为其自身产品的销售创造条件。但这种互惠购买的适用范围是比较狭窄的，一旦出现甲企业需要乙企业的产品，而乙企业并不需要购买甲企业的产品时，就无法实现互惠购买了。这样，互惠购买会演进为三角互惠，甚至是多角互惠。例如，甲企业向乙企业提出，如果乙企业购买丙企业的产品，则甲企业就购买乙企业的产品，因为丙企业以甲企业推销其产品作为购买甲企业产品的条件，这就是三角互惠。虽然这类现象极为常见，但大多数经营者和代理商却反对互惠购买，并视其为不良习俗。

9.租售现象

一些组织购买者乐于租借大型设备，并不愿意全盘购买。租借对于承租方和出租方都有较多好处。对出租方而言当客户不能支付购买其产品的费用时，出租方的优惠出租制度便为其产品找到了用武之地。对承租方而言，租借为其省下了大量资金，又获得了最新型号的设备，租期满后还可以购买折价的设备。这种方式在工业发达国家有日益扩大的趋势，特别适用于电子计算机、包装设备、重型工程机械、运货卡车、机械工具等价格昂贵、磨损迅速或并不经常使用的设备。在美国，租赁方式已扩大到小型次要设备，甚至连办公室家具、设备都可以租赁。

10.谈判和投标

组织机构在购买或出售商品时，往往会在价格和技术性能指标上斤斤计较，如果营销人员能够预先获知客户正在研究的新产品的有关信息，就可以在谈判开始之前修改某些技术参数；如果得知客户愿意接受耐用性较差和服务一般的商品，就可以提出一个较低的价格。当双方在价格上都有较大的回旋余地，且交易对双方都至关重要时，谈判就成为双方交涉中最重要的部分。谈判的风格或对抗或合作，但绝大多数客户倾向后者。

有远见的客户通常在诸多投标方之间精挑细选。美国联邦政府将其所有买卖的40%建立在投标的基础上。在公开投标的情况下，投标方可以参阅其他投标商的标书。然而在保密投标的情况下，标书的条款是不公开的，所以投标方会尽量提供好的设备和较低的价格。政府购买设备往往用保密投标的方式。

在研究组织市场购买行为一般特征的基础上，在具体的推销活动中还应当注意对特定时点上特定购买者行为特点的研究和分析，如图2-3所示。

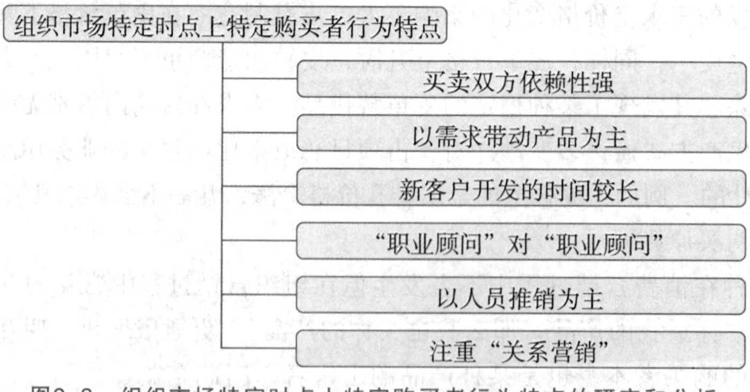

图2-3 组织市场特定时点上特定购买者行为特点的研究和分析

（三）组织市场购买行为的类型

组织购买者行为的复杂程度以及采购决策项目的多少，取决于采购业务的类型。我们可以把采购分为三种类型：直接再采购、修正再购买和新购。

1. 直接再采购

直接再采购是指采购方按既定方案不做任何修订直接进行的采购业务。这是一种重复性的采购活动，按一定程序办理即可，基本不用做新的决策。在这种情况下，采购人员的工作只是从以前有过购销关系的供应商中，选取那些供货能满足本企业需要和能使本企业满意的供应商，向其继续订货。入选的供应商应该尽最大的努力保持产品和服务的质量，以巩固和老客户的关系；落选的供应商则应努力做一些新的工作，消除买方的不满，设法争取新的订单。

2. 修正再购买

修正再购买是指组织购买者对以前已采购过的产品，修订其规格、价格、交货条件或其他事项之后的购买。这类购买比直接再购买要复杂，购销双方需要重新谈判，因而双方会有更多的人参与决策。在"名单"中的供应商的压力会很大，为了保持交易，它们必须加倍努力；而对"名单"之外的供应商来说，这是一次机会，它们将会提供更好的条件，以争取新的业务。

3. 新购

新购是指组织购买者第一次购买货物的购买行为。新购的成本费用越高，风险越大，参加决策的人数就越多，所需要的信息量也越多，制定决策的时间也越长。新购一般要经过以下几个阶段：知晓、兴趣、评价、试用和采用。新购没有可利用的老供应商，因此所有供应商都具有同等的机会。供应商应设法接触主要的采购影响者，并向其提供有用的信息和帮助。许多公司设立专门的机构，负责对新客户的营销，并称其为"访问使用推销队伍"，并由最好的推销人员组成。

在直接再采购的情况下，组织购买者所做的决策数量最少。而在新购的情况下，组织购买者所做的决策数量最多，购买者必须决定产品规格、价格限度、交货条件以及时间、服务条件、支付条件、购买数量、可接受的供应商和可供选择的供应商等。

导问 2-22

1. 水泥市场的主要客户有哪些？
2. 客户购买产品的目的是什么？
3. 水泥企业的市场特征有哪些？

（四）组织市场采购者的结构

在直接再采购的情况下，采购代理人起的作用较大；而在新购的情况下，其他组织人员所起的作用较大。我们把采购组织的决策单位称为“采购中心”，并定义为：所有参与购买决策的个人和集体。一个有经验的推销员在面对一个推销项目的时候，需要搞清楚采购中心的结构，分清决策人、技术人员、使用者，以及他们的利益诉求。

1.决策人

决策人就是最后的决定人，也是最终掏钱的人。通常一个采购项目中只有一位决策人，但也可能以一组人员的形式出现，如工作组、委员会等方式。决策人不一定是老板，但一定是说了算的人。决策人通常有以下特征：

（1）最后拍板，做出最终的采购决定。虽然很多时候是总裁或者董事长最后签字，但是真正做出决策的可能是一位副总裁。这时候，副总裁才是决策人，而不是总裁或董事长。

（2）控制开销。决策人制定预算，同时也能突破预算，别人没这本事。这提醒我们，作为供应商，如果你想让客户出更多的钱，只有找决策人，其他人没有这个权力。

（3）拨款授权。凡是钱的事，都是决策人说了算。

（4）能调配企业的资源。调配的意思是协调、命令和授权。决策人能调动很多人，能推动很多事。也就是说，决策人能够帮助推销员解决非常多的困难，这点千万别忽略。当你的项目很难推动的时候，十有八九是决策人在背后捣鬼。

（5）有否决权。这点非常重要，决策人能在任何时候让整个项目停下来，哪怕马上就要签约了。这提醒我们，如果推销员在项目中自始至终没有接触过决策人，那么他就有随时被替换掉的风险。我们的经验是，无论推销员对其他人员的工作做得多么扎实，如果没接触决策人，赢单的概率都不会超过50%。

岗位资讯2-13　决策人关心什么

作为推销员，需要知道决策人关心什么，这样才能有针对性地进行推销。决策人关心什么，两点最重要，即钱和风险。归纳起来，在一个具体的购买中，决策人通常会关心以下问题：

（1）较低的成本，少花钱、多办事的原则。

（2）预算不是不可以突破，而是要有足够的回报才可突破。

（3）投资利润率，这是推销员要给决策人算清楚的，否则凭什么花钱。

（4）财务支付能力。什么时候付款、分几期付款都要考虑。

（5）效率的提升。这是产品或方案带来的价值体现。

（6）平稳的资金流。这是企业的命脉，来不得半点马虎。

（7）对变化的掌控能力。这是决策人的基本工作手段。

（8）对资金、人员、市场等风险的关注。

2.技术人员

微课37

销售误区

在复杂购买中，总会有人作为技术把关人，以专家身份站出来对推销员推销的产品在各个技术层面上说三道四，这就是技术人员。这个角色在项目中的作用和另一个岗位很相似，即看大门的保安，他们的责任都是审核。不过，技术人员对供应商的审核要复杂得多，包括技术、标准、资质等，而且很可能贯彻项目售前的始终。

在采购中，技术人员的工作特点可以用一副对联概括：上联是“他说你行，你未必行”；下联是“他说你不行，你一定不行”；横批是“行也不行”。

我们不妨设想一下这样一种场景：一位技术中心的主任（技术人员）信心满满地走进老板（决策人）的办公室，对老板说：“张总，您交给我们的关于设备选型的事情，我们已经进行得差不多了，想和您汇报一下，我们建议选择A厂商，他们报价最低，只有200万元，技术最好，公司最有实力。您看没问题吧？”

老板会怎么想？第一反应多半是：我说了算，还是你说了算。老板会怎么回答，十有八九会说：“我明白了，我再想想，这事还需要研究。”

这就是技术人员“他说你行，你未必行”，因为老板用技术人员的目的是技术把关，而不是替自己做决策。

我们再设想另外一个场景，老板把技术中心主任请到办公室，问他：“这个设备选型项目已经进行得差不多了，我看A厂商的价格还不错，你的意见如何？”

“站在价格的角度，A厂商还可以，但是A厂商的设备从技术层面看，稳定性将是一个大问题，将来很可能会引起大麻烦，搞不好会带来工伤事故。”技术中心主任实话实说。

这时候老板会怎么想？当然不排除有亡命徒式的老板非A厂商不选，但是大多数老板会想：没必要承担这些风险，再换一家就是了。这就是“他说你不行，你一定不行”。

技术人员的主要特点表现如下：

（1）通常一个项目有多位技术人员。

（2）主要职责是把关，是公司技术层面的守门人。

（3）对有标准、可以衡量和计算的方面进行评判。

（4）往往具体评估每个解决方案。

（5）不能拍板做采购的决定。

（6）从技术角度出发可以否定方案。

（7）往往对技术有极大的偏爱，这种偏爱甚至超过对实际应用的影响。

（8）为了能够学习更多的东西，有时会崇尚较为冒险的新技术，甚至为此不惜付出更高的价格。

（9）特别重视他们从前的技术积累，他们会毫无道理地反对自己不喜欢的技术。

(10)对技术参数情有独钟，这一点很容易被你或者对手引导，从而在标书上设置陷阱。

(11)总会有意无意地把自己当成决策人。

最后这一点很有意思，技术人员往往有技术至上的想法，而且他们确有否定权。更可怕的是，很多老板很喜欢假装授权给他们，以调动他们的积极性。所以，技术人员最喜欢做的事就是假装决策人，或者他们认为自己就能做决定。这一点需要特别注意，哪怕他们非常支持你，这事也差得很远，因为他们毕竟不是决策人。

另一点要注意的是，在个别情况下，技术人员可能并不在公司内部，可能是某个高校的教授，或者社会知名人士，或者干脆就是老板的一个朋友。这一点，一定要明察秋毫。

3.使用者

“群众”的力量不可小觑。产品买来就是为了用的，使用的人自然要在购买时发言。

使用者是销售中最容易被忽略的一群人，也是最难被搞定的一群人。之所以容易被忽略，是因为他们往往不在项目组里；之所以难搞定，是因为他们人太多了，几十个都是很正常的，拜访一遍就需要近1个月。

在采购中，使用者最关心的问题是：这东西能帮我吗？是帮我提高效率还是给我添乱？如果是后者，就举双手双脚反对。

但很多推销员往往不明白为什么使用者会反对，我这么好的东西你还不用，太奇怪了。

岗位资讯2-14　　使用者为什么反对？

(1)因为价格便宜而反对：很奇怪吧，其实很正常。便宜往往意味着东西不好，东西不好往往意味着不好用。反正是花老板的钱，使用者为什么要难为自己？

(2)因为忽略而反对：使用者在日常工作中必然有很多的想法，现在你卖东西给使用者，却从来没询问过使用者的意见（哪怕假装一下都没有），使用者一肚子的好建议却没法让老板知道。不让老板看到使用者的英明神武，使用者当然要反对你。

(3)因为惧怕而反对：任何新的购买其实都意味着改变，而人类对改变往往具有先天的恐惧。比如，使用者会想，你卖给我的东西，我如果不会用，是不是会砸了我的饭碗？既然如此，不变也许是最好的办法，那就玩命扯后腿吧。

从上面几点上看，使用者也许比决策人更令人头疼，他们往往代表着群众的力量，笔者就遇到过使用者“绑架”决策人的案例。几个使用者告诉采购部的副总裁（决策人），你可以不按我们说的买，但是，如果以后我们在使用中出了问题，影响了厂里的生产进度，你负全责！这位决策人很生气，却丝毫没有办法，只能按照使用者的要求采购。

使用者的主要特点表现如下：

（1）他们往往是项目小组中最不被销售人员重视的一群人，甚至不直接出现在项目小组中，但是他们在内部的话语权却很重。

（2）他们是需求的主要来源，对他们需求的满足是整个项目的核心推动力。

（3）他们往往不关心技术，也不关心价格，甚至讨厌低价格的产品。

（4）对于涉及全局的产品，每个角色只关心自己那一部分，往往没有全局的概念，所以他们的选择带有很大的个人倾向。

（5）由于人数众多，简单的关系营销很难奏效。

（6）他们往往关注当前问题，尤其是自己急需解决的问题，对长远的问题关注较少。

了解组织市场采购者中各种角色的特点，就不难对症下药了。大部分销售人员在大部分项目中往往摸不着头脑，也经常干些蠢事。原因就在于大项目是由多个因素决定的，不仅仅取决于单纯的价格、关系、老板的倾向或者过硬的产品。如果非要找出一种决定项目成败的因素，那就是结构。

所谓结构，就是这些角色在某时刻的博弈结果。对于一个具体的项目来说，这种博弈包括角色、对手、需求和客户的利益等各种复杂因素。所以，你仅仅说服老板是不够的，因为还有其他人在掣肘；你仅仅在产品上让客户满意是不够的，因为每个人都可能有产品以外的想法；你仅仅在技术上很牛是不够的，因为很多人根本不关心技术。

所以，销售制胜的关键是不要在一棵歪脖树上吊死，一定要找到所有歪脖树，并尽最大努力理解和满足这些歪脖树的利益诉求。

操作实例2-14　李宾的销售经历

李宾从电力大学毕业后进入一家发电设备公司做销售工作，他工作非常努力，不辞劳苦地四处奔波，但是收效并不理想。您能从他的推销过程中找出原因吗？

（1）李宾得悉某发电厂需要仪表，就找到该厂采购部的经理和相关人员详细介绍产品，经常和他们共同进餐和娱乐，双方关系相当融洽，采购部经理和相关人员也答应购买，却总是一拖再拖，不见付诸行动，李宾很灰心，却不知原因何在。

（2）李宾去一家小型发电厂推销一种受到较多用户欢迎的优质仪表，可是说破了嘴皮，对方依然不为所动。

（3）某发电厂同时购买了李宾公司的仪表和另一品牌的仪表，技术人员、采购人员和使用人员在使用2年以后对2种品牌进行了绩效评价，列举事实说明李宾公司的仪表耐用性不如那个竞争品牌。李宾听后认为事实如此，无话可说，听凭该电厂终止了同本公司的生意关系而转向竞争者购买。

(五) 影响采购决策的主要因素

组织采购人员在做出购买决策时受到许多因素影响。有些营销人员认为，经济因素是最重要的，而另一些营销人员又认为，采购者对偏好、注意力、避免风险等个人因素反应敏感。实际上，在组织市场的购买决策中，经济因素同个人因素对采购人员的影响是同样重要的。一般来说，如果所采购的商品效用和价格差异较大，经济因素就会成为采购人员所考虑的主要因素；如果效用和价格差异很小，个人因素的影响就可能增大。一些采购人员还会根据个人所得利益的大小以及个人的偏好来选择供应商。

我们可以把影响组织购买者的因素归为四类：环境因素、组织因素、人际因素和个人因素。

1.环境因素

市场营销环境和经济前景对企业的发展影响甚大，也必然影响其采购计划。例如，在经济衰退时期，组织购买者会减少对厂房设备的投资，并设法减少存货。组织营销人员在这种环境下刺激采购收效甚微，他们只能在增加或维护其需求份额上做出艰苦的努力。

原材料的供给状况是否紧张，也是影响组织用户采购的一个重要环境因素。一般企业都愿意购买并储存较多的紧缺物资，因为保证供应不中断是采购部门的主要职责。同样，采购者也受到技术因素、政治因素以及经济环境中各种发展要素的影响。他们必须密切注视所有这些环境作用力，测定这些力量将如何影响采购的有效性和经济性，并设法将问题转化为机会。

2.组织因素

每个采购组织都有其具体目标、政策、程序、组织结构及系统。营销人员必须尽量了解这些情况。例如，有的地方规定只许采购本地区的原材料；有的国家规定只许买本国货，不许买进口货；有的组织购买金额超过一定限度就需要上级主管部门审批等。

组织内部采购制度的变化会给采购决策带来很大影响。例如，对于大型百货商厦来说，是采用集中采购的进货方式还是将进货权下放给各商品部或柜组，采购行为会有很大差别。一些组织会采用长期合同的方式来确定供应渠道，另一些组织则会采用临时招标的方式选择供应商。又如，西方发达国家近年来兴起的“适时生产系统”，即适量及时进货、零库存、供量100%合格的生产系统，它的兴起大大影响了组织的采购政策。

3.人际因素

采购中心通常包括一些具有不同地位、职权、兴趣和说服诱导力的参与者，这些参与者会对一些决策行为做出不同的反应。意见是否能够取得一致，参与者之间的关系是否融洽，是否会在某些决策中形成对抗……这些人际因素都会对组织市场的营销活动产生很大影响。营销人员若能掌握这些情况，并有的放矢地施加影响，将有助于消除各种不利因素，获得订单。

4.个人因素

在做出购买决策时，每个参与者都带有个人动机、直觉和偏好，这些因素会受到参与者的年龄、收入、受教育程度、专业、个性以及对风险的态度等个人因素的影响，因此供应商应了解采购决策人的个人特点，并处理好参与者之间的关系，这将有利于营销业务的开展。

组织营销人员必须了解自己的客户，使自己的营销策略适合特定的组织购买行为的环境、组织、人际以及个人因素的情况。

组织市场购买行为的重要特点往往表现为组织与组织之间的交易关系，这似乎比消费者的购买行为更理性，而且不涉及个人情感。但实际并非如此，因为组织采购的每一个环节都是由具体的人员去完成的，执行组织采购任务的具体人员的个性与情感对于其做出相应的采购决策同样发挥着重要作用。所以，研究组织购买行为中的个人因素，并有的放矢地开展相关的营销活动是十分重要的。由于组织之间的交易关系一旦建立，就会比较稳定（因为组织购买的信息收集和采购洽谈成本比较高，所以采购组织一般不愿轻易改变供应商），因此维护同购买者之间的稳定关系就变得十分重要。这也是“关系营销”首先是由北欧的“产业市场营销学派”提出的原因。

岗位资讯2-15　　**政府采购方式**

《中华人民共和国政府采购法》由中华人民共和国第九届全国人民代表大会常务委员会第二十八次会议于2002年6月20日通过，从2003年1月1日起施行。依据《中华人民共和国政府采购法》第三章第二十六条的规定，政府采购采用以下方式：

（1）公开招标；

（2）邀请招标；

（3）竞争性谈判；

（4）单一来源采购；

（5）询价；

（6）国务院政府采购监督管理部门认定的其他采购方式。

《中华人民共和国政府采购法》同时规定，将公开招标作为政府采购的主要采购方式。

（六）采购决策过程

组织购买者做出采购决策的过程与消费者做出采购决策有相似之处，但又有其特殊性。一般认为，组织购买者的采购决策过程可分为八个阶段：

1.提出需要

当公司中有人提出需要某一产品或服务时，便开始了采购过程。提出需要由两种刺激引起：一是内部刺激。例如，企业决定推出一种新产品，于是需要购置新设备或原材料来生产这种新产品；企业原有的设备发生故障，需要更新或购买新的零部件；已采购的原材料不能令人满意，企业正在物色新的供应商。二是外部刺激。这主要是指采购人员在某个商品展销会上产生了新的采购意向，或者接受了广告宣传中的推荐，或者接受了某地推销员提出的可以供应质量更好、价格更低的产品的建议。可见，组织市场的供应商应主动推销，经常开展广告宣传，派人访问用户，以发掘潜在需求。

2.确定总体需要

提出了某种需要之后，采购者应着手确定项目的总特征和需要的数量。如果是简单的采购任务，这不是大问题，可以由采购人员直接决定。而对于复杂的任务，要会同其他部门人员，如工程师、使用者等，共同制定采购表，决定所需项目的总特征，并按照产品的可靠性、耐用性、价格及其他属性的重要程度进行排列。在此阶段，组织营销者可通过向购买者描述产品特征的方式向其提供某种帮助，协助其确定自身的需求。

3.详述产品规格

按照确定的产品的技术规格，采购组织可能要专门组建一个产品价值分析技术组。价值分析的目的在于降低成本，即通过仔细研究一个零部件，看是否需要最新设计，是否可以实行标准化，是否存在更廉价的生产方法等。此小组将重点检查既定产品中成本较高的零部件——这通常是指数量占20%而成本占80%的零部件。该小组还要检查出零部件寿命比产品寿命还长的超标准设计的零部件。最后，该小组要确定最佳产品的特征，并把它写进产品说明书中。这就成为采购人员拒绝那些不合标准的产品的依据。同样，供应商尽早地参与产品价值分析，可以影响采购者所确定的产品规格，以提高中选的机会。

4.寻找供应商

采购者现在要寻找最佳供应商。为此，他们会从多方面着手：可以咨询商业指导机构；上网查询信息；打电话给其他公司，要求推荐好的供应商；观看商业广告，参加展览会。供应商此时应大做广告，并到各种商业指导或指南宣传机构中登记自己公司的名称，争取在市场上树立起良好的信誉。组织购买者通常会拒绝那些生产能力不足、声誉不好的供应商；而对合格的供应商，组织购买者则会登门拜访，查看其生产设备，了解其人员配置。最后，采购者会归纳出一份合格供应商的名单。

5. 征求供应信息

此时，采购者会邀请合格的供应商提交申请书。有些供应商只寄送一份价目表或只派一名销售代表。但是，当所需产品复杂且昂贵时，采购者就会要求待选供应商提交内容详尽的申请书。采购者会再进行一轮筛选比较，选择其中的最佳者，并要求其提交正式的协议书。

因此，组织营销人员必须善于调查，精于申请书的写作。申请书不仅仅是技术文件，也是营销文件。在口头表达意见时，要能取信于人，他们必须始终强调公司的生产能力和资源优势，以便在竞争中立于不败之地。

6. 选择供应商

采购中心在做出最后选择之前，还可能与选中的供应商就价格及其他条款进行谈判。营销人员可以从不同方面来抵制采购者的压价。如果营销人员提供的服务优于竞争对手，营销人员就可以坚持目前的价格。

此外，采购中心还必须确定供应商的数目。许多采购者喜欢多种渠道进货，这样一方面可以避免自己过分地依赖一个供应商；另一方面可以对各供应商的价格和业绩进行比较。当然，在一般情况下，采购者会把大部分订单集中在一家供应商身上，而把少量订单安排给其他供应商。这样，主供应商会全力以赴保证自己的地位，而次要供应商会通过多种途径先争得立足之地，再图自身的发展。

7. 发出正式订单

采购者选定供应商之后，就会发出正式订货单，写明所需产品的规格、数量、预期交货时间、退货政策、保修条件等项目。在通常情况下，如果双方都有良好的信誉，那么一份长期有效的合同将建立一种长期的合作关系，能避免重复签约的麻烦。在这种合同关系下，供应商答应在某一特定的时间之内根据需要按协议的价格条件继续供应产品给买方，存货由卖方保存。因此，这种合同也被称为“无存货采购计划”。这种长期有效的合同会导致买方更多地向一家供应商采购，并从该供应商处购买更多的产品或服务。这就使得供应商和采购者的关系十分紧密，其他供应商很难插足其间。

8. 绩效评估

在此阶段，采购者对各供应商的绩效进行评估。评估可以通过三种途径进行：一是直接接触最终用户，征求他们意见；二是运用不同的标准加权计算来评价供应商；三是把绩效不理想的经销商去除，以修正包括价格在内的采购成本。通过绩效评价，采购者将决定延续、修正或停止从该供应商采购。供应商则应该密切关注采购者使用的相关变量，以便确信其满足了采购者的预期需求。

购买阶段是指一个组织在购买前所进行的、从组织产生需要到对即将购买的商品进行评估的一系列过程，但并非每次采购都要经过这八个阶段，这取决于采购业务的类型。表2-9是不同采购业务类型采购决策过程的比较。

表 2-9　　不同采购业务类型采购决策过程的比较

购买类型 购买阶段	新购	修正再购买	直接再采购
1.提出需求	是	可能	可能
2.确定总体需求	是	是	可能
3.详述产品规格	是	是	是
4.寻找供应商	是	可能	可能
5.征求供应信息	是	可能	可能
6.选择供应商	是	可能	可能
7.发出正式订单	是	可能	可能
8.绩效评估	是	是	是

从表 2-9 中可以看出，新购最为复杂，需要经过所有阶段；直接再采购最简单，最少只需经过两个阶段；而在修正再购买的情况下，有些阶段可能被简化、浓缩或省略。这要求组织营销者对每一种情况分别建立模型，而每一种情况都包含一个具体的工作流程。这样的购买流程能够为营销人员提供很多线索。

总之，组织市场是一个富有挑战性的市场，其中最关键的问题是要了解采购者的需要、购买参与者、购买标准以及购买步骤等。了解以上信息，组织营销人员就能够因势而动，为不同的顾客设计不同的营销计划。

二、销售团队的推销方法

微课 38

销售团队的推销方法

在组织市场营销中，人员推销被认为是一种最重要的促销方式，也是一种最基本的促销方式。由于组织市场购买的复杂性，因此人员推销往往由一个销售团队共同完成。单靠一个推销员的力量往往难以完成，需要靠推销员、服务人员、技术人员、企业高层等共同完成推销工作。

导问 2-23

在组织市场，为什么单靠推销员的力量难以完成推销工作？

（一）服务人员推销

在组织市场中，特别是复杂的仪器设备的销售中，客户对企业的依赖性特别高，如供应商往往需要对客户进行一定的培训，客户才能使用供应商销售的仪器。服务人员最容易接触产品的使用者，当购买交易完成后，对仪器的评价主要来自使用者，而使用者的评价对客户能否直接再采购起关键作用。所以服务人员要在送货、安装、顾客培训、咨询服务、维修等方面突出企业相比竞争对手的优势，增强客户对企业的美好印象，与客户建立良好的关系，以便促成购买，尤其是再购买。

（二）技术人员推销

供应商的技术人员也是客户购买决策的重要影响者。例如，在某些大型复杂仪器的购买过程中，技术人员在推销的时候，赢得客户企业技术人员的支持是获得订单的关键，技术人员和技术人员最有共同语言。但要特别注意的是，供应商的技术人员不能为了技术而技术，我们不是来和客户开辩论会的，而是来服务客户的。

（三）企业高层推销

国外一些知名企业的总裁会定期访问大用户，甚至破格接待一些小用户，这些企业想对外界传达的是：我们是一个真正重视客户、真正以客户为中心的企业。

企业的负责人与客户的领导者常常会更容易交流，通过高层的接触，有利于加强双方的信任，有利于合同的成交与用户忠诚度的提高。

在组织市场，通常有两种销售模式能接触到高层：一种是标准模式，也叫常规模式，由下往上，从基层开始，首先面对的是采购经理，其次是项目评估小组，逐级通过之后才能接触到采购方的高层；另一种是直接接触采购方高层，许多项目都是因为运用的是这一模式而在投标过程中失利的。同时，在一个项目的招标过程中，最有发言权的就是决策人。所以，向采购方高层直接推销非常重要，这样可以缩短项目的周期、节省项目的开支、降低风险。

1.借用资源，借力打力

有时，想和客户的高层见面很难，而高层之间的接触要相对容易一些，这样会大大提高推销的成功率。国外的销售专家做过类似的调查，研究大部分的公司高层面对各种不同的商务约见会做什么回复（见表2-10）。

表2-10　约见客户高层分析表

分类	完全接受约见（%）	答应约见但延期（%）	对约见不感兴趣（%）	完全拒绝约见（%）
通过公司内部人员介绍	16	68	10	6
通过公司外部人员介绍	8	36	44	12
先写信，再打电话	4	20	40	36
不写信，直接打电话	0	20	36	44

通过调查发现：

如果推销员能通过对方公司内部的人去约见高层，那么被拒绝的概率是6%。

就是说，高层几乎都会给介绍人面子见推销员一次，这样见面成功的机会比较大。

如果通过对方公司外部人员介绍，那么可能100个高层中只有12个人完全拒绝约见，8个人完全接受约见。

如果这个推销员采用先写信，再打电话给高层的方式约见，那么被拒绝的可能性就很大，100个高层中有36个人会拒绝见面。

如果连信都没有，推销员直接打电话过去，那么被拒绝的可能性就更大了。

所以，如果有内部人员帮忙，那么与高层见面的概率非常大。第一，高层会对推销员放松警惕；第二，高层也要照顾同事的面子。如果推销员没有内部人员的介绍，为了成功起见，推销员也要寻找一个这样的人。这个人可以是对方公司内部的中层干部，也可以是外部关系人士、亲戚、朋友等。因此，推销员可以借用中间人资源（通常对方公司内部的中层干部是中间人），获得与高层互动的机会。

操作实例2-15　某水泵供应商的推销

张经理作为某水泵供应商的销售经理，与Z公司采购部王经理在电话里沟通了十几次了，可是对方仍让他耐心等待，说过一段时间结果就会出来，不要着急。此时，对方处于技术评估阶段，而竞争对手有3家，一直等待评估结果的张经理遇到毫不松口的王经理，心里很着急。经打探，Z公司主管此项目的副总是太原人，张经理突然想到他们公司的营销顾问也是太原人，能不能考虑让这个顾问来帮忙公关一下呢？

于是，张经理经总部同意，和王经理联系，表示就一些技术上的问题，公司的营销顾问想和对方的副总沟通一下。王经理开始有点想推辞，但在张经理的说服下，王经理安排了这次沟通。

双方会见时，一方是Z公司副总，太原人；一方是来自太原的营销顾问。会谈开始时，双方都有些生硬，但是毕竟有相同的背景，慢慢地，两人的谈话开始热烈起来，双方的脸上也开始露出笑容，销售项目有了转机。

2.细节决定成败

组织市场销售中，微不足道的细节往往能起到四两拨千斤的作用，从细微处让对方感动，从而对推销员以及产品产生好感。

面对高层决策者，最好的办法是注重细节，以细节打动对方。但是要分析对方的特点，同样是高层决策者，“暴发户”类型的人就不吃这一招。以下三种类型的决策者更注重细节：一是事业成功而又低调的高层；二是世界500强公司的CEO；三是技术专攻型的高层。

操作实例2-16　细节赢得订单

江淮汽车是安徽地区非常重要的一个大型企业，非常有影响力。江淮汽车有一个ERP软件工程的项目，宏基高新软件公司非常重视，专门组织了一个由十几个人组成的小组，天天跟客户在一起，还帮客户做标书，做可行性分析，关系处得非常好，大家都认为拿下这个订单是十拿九稳的，但是项目开标时，却输得干干净净。

中标方是当地一家小公司，该公司只去了4次就拿下50万元的订单，肯定有特别好的关系吧。但销售经理刘小姐说，在做这个项目之前，她一个客户都不认识。她利用当地的关系，找到了项目决策人的太太，了解了决策人的行程安排。

刘小姐掏出了一个小本子，说："不是幸运，我把客户所有的行程都记在上面。"打开一看，本子上密密麻麻地记满了名字、时间和航班，还包括该项目决策人的爱好是什么，家乡是哪里，这一周在哪里，下一周去哪儿出差。

有一次，刘小姐通过决策人的太太，知道决策人准备到上海出差。她就又问决策人在哪一个宾馆下榻，然后马上给那个下榻宾馆打了个电话："我有一个非常重要的客户住在你们宾馆，能不能帮我订一个果篮，再订一个花盆，写上我的名字，送到房间里去；同时请酒店的服务生帮忙做一个大大的接机牌，提前半个小时到达机场，在最显眼的位置，举着比别人大几倍的牌子等待客户。"

决策人下了飞机，一眼就瞧见了接机的牌子，直奔服务生。接到决策人后，服务生迅速将其带到酒店的客房，同时刘小姐马上给他打了一个电话。

"我听您太太说您要来上海，让我好好接待您，所以就帮您订了房间。"决策人来到房间看了一下，很大的客厅，干净的卫生间，听完刘小姐的解释后，就住了下来。

刘小姐又打了一个电话给她的老总："这个决策人非常重要，已经去上海出差了，无论如何要在上海把他的工作做通。"她马上订了机票，中断拜访行程，赶了最早的一班飞机飞回上海，下了飞机直接就去这个宾馆找决策人。等她到宾馆的时候，发现她的老总已经在和决策人喝咖啡了。在聊天中得知，决策人会有2天的休息时间，老总就请决策人到公司参观，决策人对公司的印象非常好。参观完之后，大家一起吃晚饭，吃完晚饭，她请决策人看话剧，当时上海在演《茶馆》。为什么请决策人看《茶馆》呢？因为她在安徽时问过他太太，得知决策人很喜欢看话剧。决策人当然很高兴，第二天她又找一辆车把决策人送到飞机场，然后对决策人说："我们谈得非常愉快。一周之后，我们能不能到您那儿做技术交流？"决策人很痛快地答应了这个要求。一周之后，刘小姐的公司老总带队到安徽做了技术交流，刘小姐因为有事没去。

老总回来后对刘小姐说，决策人很给面子，亲自将所有相关部门的有关人员都请来，一起参加了技术交流。在交流的过程中，大家都感到了决策人的倾向性，所以这个订单很顺利地拿了下来。刘小姐后来又去了三次，第四次就签下来了。

3.通过风格矩阵图了解关键决策者的决策风格

在销售过程中，对关键客户的拜访与分析相当重要。关键决策者的决策风格可以分为四种：领导型、施加影响型、检查型和跟随型。

领导型决策者比较重视目标，做事直接，能迅速决策。这类人不看重关系而关心产品价值，所以销售人员要用简单、直接的方式让他明白产品的重要性及价值。

施加影响型决策者偏向有更多的人参与决策。有情况发生时，他喜欢把几个部门的负责人召集起来一同商讨，更关心谁在使用产品或服务。对此类决策者，销售人员应该在与其建立良好沟通关系的同时，拓展与相关部门负责人的关系。

检查型决策者更注重任务，更需要精准性与逻辑性，最关心所购买的产品是否符合实用性要求。

跟随型决策者较注重安全，希望与其他高层保持意见一致。

通过对关键决策者的决策风格进行分析，能够有效满足决策者的需求，从而更加有利于进一步与高层沟通。

操作实例2-17 与领导型决策者的沟通

销售水泵的张经理要拜访某客户公司的A经理，A经理是一个领导型决策者。

张经理刚一进门，A经理就拿出一个闹钟，拧上发条对张经理说："我见过很多销售人员，他们并不能讲出什么有价值的东西，我时间比较紧张，只能给你5分钟的时间。"

张经理："很多客户都希望用最低的价格买到最好的产品和服务，您说是吗？"

A经理："这个当然是了。"

张经理："您希望以什么样的价格买这批产品呢？"

A经理："当然价格越低越好了，不过也要保证产品质量和服务。"

张经理："贵公司对产品质量的要求是什么呢？"

A经理："我们的产品要达到××××的标准才行。"

张经理："那您觉得××型号的水泵怎么样呢？这种水泵价格适中，具有技术上×××的优势，您想要什么样的服务呢？"

A经理的服务要求还没说完，5分钟的时间就到了，由于谈得比较投机，并且还没有谈好，A经理不动声色地把闹钟拿开了。

高层决策者的时间都很宝贵，因此要想打动高层，尤其是领导型决策者，有三大对策：一是塑造利益，用利益打动对方；二是由于时间少，要主题明确，最好直奔主题；三是要有耐心。

总之，对于不同类型的决策者，销售人员要分析其沟通特点，对症下药。对待领导型决策者要开门见山，并要用利益吸引对方；对待施加影响型决策者，应以专家对专家的形式推动其决策；对待检查型决策者，要多赞美对方；对待跟随型决策者，要利用别人的影响力推动其决策。

4.高层互动

随着大品牌、大企业、大市场的逐渐形成，企业的各种资源得到了有效的整合和利用，特别是客户资源。在市场中，拜访客户次数最多的是一线服务人员。客户对企业的支持很大，合作了很久，可是连公司高层都没有见过，更不用谈公司高层向客户表示感谢了，客户难免有意见。所以，公司高层要弯下腰来，做公司的“首席客户经理”，亲自拜访客户，这具有重要的作用和意义。

（1）倾听客户的真实声音。

大多数客户不愿意自找麻烦，但是对那些愿意提供信息反馈的客户要特别重视。不管客户提出的是正面的还是负面的评价，甚至是尖锐的抱怨，都要重视。客户能这样做，说明客户有继续维持关系的倾向。客户向公司高层提出建议和想法，就是客户真实的需求，通过高层拜访，了解了真实情况后，应立刻进行调整，同时运用一些服务策略，提高服务品质，这样客户的满意度和未来合作的概率就会提高，合作空间就会扩大。

（2）年度服务回访。

这是一种提高服务质量的定期回访，通常每年一次，由公司高层亲自同大型客户进行会谈，询问他们在过去一年中对公司服务的满意度，以及公司表现出色和尚待改善的方面。比如可以问：现在您的主要问题有哪些？我们能帮助您做些什么？现在您的满意度如何？哪一项服务对于您来说是最重要的？这样能进一步了解客户的需求，以便公司在下一年度能更好地为客户服务。公司高层和客户进行面对面的会谈，更能表明公司是真诚关心客户的。尽管不可能同所有的客户进行交谈，但与那些对公司的未来发展至关重要的客户进行交谈是非常必要的。

（3）焦点群体的深度访谈。

企业的成功，在于焦点群体的持续支持，要想赢得焦点群体的长期支持，公司高层就要不断跟客户合作，让客户不断感受到与公司合作的价值，一直有各种利益在驱动客户向公司靠近。怎样才能做到这一点呢？那就是深入、具体、详尽的深度会谈。戴尔电脑创始人曾说，成功的秘诀就是“永远要做到客户需要的前方”。要想做到客户需要的前方，就必须进行深度的访谈，不仅要倾听客户现在的声音，还要倾听客户对未来的心声。

（4）对老客户进行调研。

所有的新客户随着时间的推移，都自然而然地会变成老客户，其生活与事业都会经历各种变化。通过对这些老客户的调研，不仅能够表现出对其关心与服务，更能学到如何对待现在的新客户，老客户往往是新客户的前身。古人说：“前车之鉴，后事之师。”公司高层应该问老客户一些问题，比如现在的我们与过去有什么不同？你认为我们与过去相比，做得好的地方有哪些，做得不好的地方有哪些？你对我们的认同感是增加了还是降低了，为什么？这样做，不仅会使老客户更加忠诚，而且会使新客户的保持率大大提高。

5.参观考察

在客户的内部酝酿阶段，邀请决策层参观考察是一个非常有效的销售方式。参观考察不仅可以安排客户参观自己的公司，也可以安排客户参观成功客户的公司。

当然，参观考察不仅花费时间，而且费用很高，但与其他销售办法相比，请客户来参观考察更容易说服客户。

在参观考察的过程中，既可以有效介绍公司的产品，展示公司的专业形象；又能了解客户多方面的需求，尤其是高层的个人需求。这样，在销售过程中就可以有的放矢，从而成功拿到订单。

操作实例2-18　邀请客户来企业参观

我所在公司专门有一个高层客户展示中心，位于公司总部大堂最显眼的位置。这是一个套间，外间展示公司的各种产品，内间是会议室，配有很好的视听设施。

我做销售的时候，总是要求销售人员邀请重要客户的重要决策者来总部参观，而且由公司负担住宿和往返机票。当然，这些客户每年都有数百万美元的采购预算。尤其是在客户大型采购的内部酝酿阶段，这时客户还没有立项，决策者也希望了解是否应该进行投资，我都要求销售人员尽量邀请决策层来参观。

行程通常是3天：第一天根据客户的爱好做适当的安排；第二天去公司参观；第三天游览。我也经常陪同重要客户参观，鼓浪屿是必然前往的一站，那几年我至少去了20次鼓浪屿。

记得有一次，我邀请一位重要的客户参观，当我带着客户进入公司大堂时，刚刚上任的新经理竟然在欢迎牌旁等待，她的出现让我们眼前一亮。她将客户请入决策层的专用会议室，邀请公司的副总裁与客户见面，并介绍了当天的时间安排，然后提醒客户可以随时用一些点心。在会议室后面的桌子上，摆放着一些精致的点心、咖啡和水果。

由于受过专业训练，她能清晰准确地介绍公司的商业模式以及这种模式对客户的价值。在所有的内容介绍完之后，她又带客户参观工厂，客户看到了按订单生产产品的流程、解决售后服务的技术部门以及正在通过电话销售的销售代表。客户对管理流程非常感兴趣，她就干脆请来其他管理人员，就客户感兴趣的问题进行解答。

客户回去后，就开始不断地向我公司下订单。我有些不解，因为客户在下订单前并没有与我联系。后来，我向一个客户代表询问此事，他告诉我："领导喜欢你们公司，每次开会都谈你们公司的管理，采购时选择你们的产品一定没有问题。"

这时我才恍然大悟，原来客户参观后，觉得我公司的一些管理模式很好，在开会时就不断地引用我公司的例子，下面的采购部门认为领导倾向我公司，于是也将所有的采购转向我公司。

根据统计，有95%的客户在参观结束后都会变成我公司的客户。

6.商务活动

一些商务活动能促进双方的沟通，进而说服高层。目前，公司与客户间的商务活动有很多种，常见的有赠送礼品、开展联谊活动、VIP客户俱乐部以及客户见面会等。

商务活动是搞好客户关系的一种很好的方式，成功运用商务活动有助于巩固客户关系，而稳固的客户关系是利润的源泉。

操作实例2-19　广西移动某分公司的商务活动

广西移动某分公司大客户中心VIP俱乐部的大客户经理们与15位移动的VIP大客户举行了联谊活动。先是一起共进晚餐，大家在一起气氛融融，拉近了距离。晚餐后，举行了保龄球联谊活动。由大客户中心选出8名客户经理，正好与参赛的8名客户搭档，共同组成8支小组，进行对抗赛。在联谊赛中，选手们热情高涨，发挥各自的优势。当有选手击出全倒时，全场高呼，击掌祝贺，时时体现友谊第一、比赛第二的良好风尚，以及客户与客户经理之间的凝聚力和向心力。

这次客户联谊活动给广西移动大客户中心的客户经理们创造了与VIP客户相互了解、相互交流、增进友谊的机会。在活动中，客户们也对中国移动和客户服务等方面提出了许多宝贵的建议。有客户表示："平时忙于工作，很久都没这样放松过了，你们举行这样有意思的活动真是太好了，希望类似的活动以后能再开展，我们将一如既往地支持移动事业。"

（四）SPIN推销方法

导问2-24

推销员在与客户沟通时，应如何提问以诱发客户的购买需求？

微课39

SPIN推销方法

SPIN推销方法是针对组织购买者开发的一种推销方法。目前，该方法已被IBM、3M等企业广泛采用，在全球500强企业中的超半数企业内得到广泛应用。

SPIN由Situation Questions（背景型问题）、Problems Questions（难点型问题）、Implication Questions（内涵型问题）、Need-payoff Questions（需求回报型问题）四个英文词组的首位字母合成。SPIN推销方法是指在销售过程中，运用背景情况探究、难点问题诊断、启发引导和需求认同四大类提问技巧来发掘、明朗和引导客户需求与期望，从而不断推进销售进程，为销售成功创造基础的方法。

1.背景型问题

在组织市场的销售过程中，销售代表初次拜访客户时，会在与客户交流的过程中，试图了解一些对销售有用的信息，以便销售代表了解客户的现状。同时，销售代表还需要通过收集资料，进行正确的需求分析。

[例] A."你们现在使用的是哪一家的设备？"

B."现有的设备使用多长时间了？"

C."你们公司有多少人？"

为了避免客户产生厌烦与反感，背景型问题必须适可而止。一般来说，缺乏经验的新业务员问的背景型问题明显多于经验丰富的业务员。因此，业务员要善于把握信息，通过简短的问题掌握需要的信息。这就要求业务员在拜访客户前，善于通过各种渠道掌握客户行业及企业的信息，这样才会与客户有共同语言，不至于被用户看成“菜鸟”，从而影响客户对业务员的信任。

2.难点型问题

业务员可以通过难点型问题来探索客户隐藏的需求，使客户透露所面临的问题、困难与不满，进而发现客户明确的需求。

[例] A.“你目前使用的设备每月电费是不是很贵?”

B.“你目前使用的检漏工艺是不是很精确?”

C.“你目前使用的设备每小时产能是多少?”

有效的难点型问题会给用户这样的感觉：这是一个内行。并且专业到位的难点型问题有助于引起客户进一步沟通的兴趣。

3.内涵型问题

业务员还会进一步问一些隐喻性问题，使客户感受到隐藏性需求的重要性与紧迫性，业务员通过列出各种线索，以维持准客户的兴趣，并刺激其购买欲望。

[例] A.“如果检漏工艺不精确，会不会影响产品质量?”

B.“耗电量这么大，产品成本会增加很多吧?”

C.“3个月设备就得维护一次，对生产影响很大吧?”

4.需求回报型问题

一旦客户认同需求的严重性与紧迫性，而且必须立即采取行动，成功的业务员便会提出关于回报的问题，让客户产生明确的需求，以鼓励客户将重点放在解决方案上，并说明解决问题的好处与购买利益。

[例] A.“如果我们能做到精准检漏，会对企业产生什么样的作用?”

B.“如果耗电量下降20%，会对贵公司产生什么样的影响?”

C.“如果设备不需要每3个月维护一次，而是1年维护一次，会对生产产生什么样的影响?”

操作实例2-20 SPIN模式销售案例

卖方：“王主任，您好，听说咱们公司的产品在市场上销售得特别好，主要都是销售到国内吗?”

买方：“不完全是国内，也有20%左右是出口的。”

卖方：“公司产品走向了国际，销量又这么好，那咱们一年的销售额大概是多少呢?”

买方：“5亿元左右吧，每年都以30%的速度增长。”

卖方：“是销售额吗?”

买方：“是的。”

卖方：“咱们公司的支出主要有几个方面？”

买方：“主要是原材料、人员工资、办公费用、水电费等。”

卖方：“这几项支出都蛮大的，你们工厂的电费一年大约是多少？”

买方：“800万元左右。”

卖方：“哇，这么高，你们工厂没有安装节电设备吗？”

买方：“没有。”

卖方：“电费的开支在你们的运行成本中占多大比例啊？”

买方：“除去原材料和人员工资以外，就是电费，居第三位。”

卖方：“除了电费惊人，你是否注意到7—9月电压也不稳？”

买方：“的确是这样，工人们反映那几个月电压有时偏高，也有时偏低，不过这种情况并不多。”

卖方：“民用高峰期电压不足，电压偏高对你们意味着什么？”

买方：“那肯定会增加我们实际的使用量，使我们不得不支付额外的电费。”

卖方：“除了支付额外的电费，电压偏高或不稳对你们的电机有什么影响吗？”

买方：“电压高或不稳都会缩短电机使用寿命，增加维护和修理的工作量和费用。严重的可能直接损坏设备，使生产不能正常进行，甚至全线停产。”

卖方：“有没有因电压不稳损坏设备的情况发生，最大的损失有多少？”

买方：“有，去年发生了两起，其中一起烧毁了一台大型烘干机，直接损失就达50万元。”

卖方：“如此说来，节约电费对你们工厂控制成本非常重要了？”

买方：“是呀，节流就是增产。”

卖方：“是啊，这么多问题也够你烦的了，我这里有一份既能节约电费又能稳定电压的方案，提供给你，不知你感不感兴趣？”

买方：“可以呀！”

卖方：“您看这个项目要走什么流程？我还需要同哪些领导沟通啊？”

买方：“我要向陈总汇报一下，他主管采购。”

卖方：“对啊，这肯定要同陈总沟通了。陈总会对此事有什么看法？”

买方：“陈总很着急，特别想尽快解决这件事情，生产部的申总催得也很紧。”

卖方：“那陈总主要关心哪些问题呢？”

买方：“陈总咨询了一些专家，也了解了很多方案，就是想要一个既可以节约电费又可以稳定电压的方案。”

卖方：“陈总对哪家公司的产品比较满意呢？”

买方：“除了价格以外，陈总比较满意南方节能公司的产品，其他几家公司的产品价格相差不大，但性能方面没有太多保证。”

卖方：“南方节能公司和你们公司是不是接触较多？”

买方："南方节能公司的领导好像同申总挺熟的，听说他们是校友。"

卖方："是主抓生产的申总吧，他们是校友？"

买方："是的，他们接触比较多，南方节能公司也是申总介绍过来的。"

卖方："除了申总外，技术方面有哪些人要参与这个解决方案？"

买方："技术方面主要是厂里的高工程师。"

卖方："高工程师倾向于哪家公司？"

买方："高工程师倾向于石家庄电器设备厂的产品，看重其产品耐用、安全性能好、操作简便。"

卖方："除了你们几个人，还会有其他人参与决策吗？"

买方："财务的石总也会参与，比较大的采购项目我们都是集体讨论的。"

卖方："王主任，谢谢您，我们的合作是非常符合公司发展要求的，您觉得是这样吗？"

买方："是的，你们的方案很不错。"

三、组织市场推销的操作步骤

组织市场推销的操作步骤如图 2-4 所示。

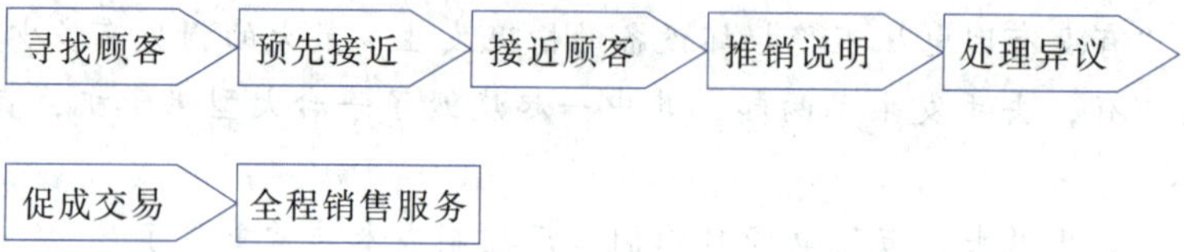

图2-4　组织市场推销的操作步骤

微课 40

猎犬计划

（一）寻找顾客

寻找顾客是组织市场推销的开始。寻找顾客的工作既包括获知潜在购买者是谁，也包括对潜在购买者是否会购买进行判断，从而对潜在购买者进行筛选。首先，推销员要根据推销产品的特征，提出可能成为潜在顾客的条件；然后根据这些条件，收集资料，分析各种可能的线索，拟出一份准顾客的名单；再按照这份名单进行准顾客评估和资格审查，根据审查筛选结果，确定要进行推销的准顾客；最后对这些准顾客进行分析、分类，建立档案并据此编制拜访计划，进行拜访洽谈。整个过程，可以归纳成图 2-5 所示的程序。

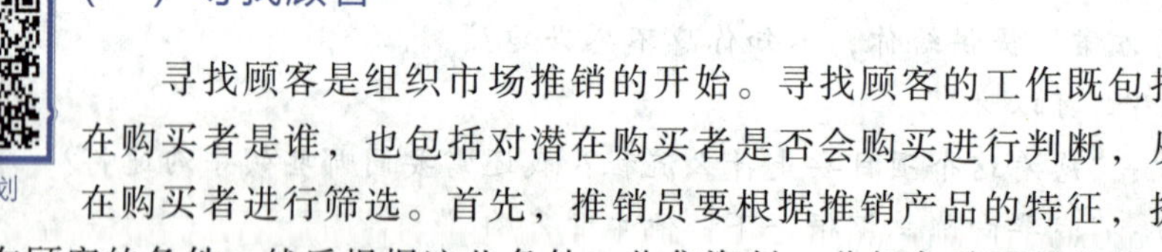

图2-5　寻找顾客的程序

寻找顾客的程序从获得准顾客的个人姓名或公司名称开始，即从获知有可能购买的准顾客开始。获知有可能购买的准顾客有许多渠道，如可以通过个人的社交接触、他人举荐、资料查找、广告及其他推广手段来获得，渠道越多，准顾客就越多，可筛选的余地也就越大。推销员一般要采取多种途径寻找准顾客，以便使寻找准顾客的有效性达到最大。

推销员也要对候选的准顾客进行资格审查，经过甄别，剔除那些不可能购买的准顾客，逐步缩小候选准顾客名单，并补充新发现的候选准顾客。如此反复循环，直至发现真正的准顾客。

岗位资讯2-16

寻找准顾客的方法

1.地毯式访问法

地毯式访问法是指像卷地毯一样毫无遗漏地进行访问的方法，也叫“挨门挨户访问法”。这种方法是在推销员不熟悉推销对象的情况下，直接走访某一特定区域或某一特定职业的所有个人和组织，以寻找准顾客的方法。它建立在“平均法则”的理论基础上，假定在所有人中，一定会有推销员所要寻找的潜在顾客，这些潜在顾客的数量与访问人数成正比例关系。

2.委托助手法

委托助手法是指推销员在企业外部选聘一批与推销品有密切关系的助理人员协助自己收集资料，提供准顾客线索，对准顾客进行初步了解或帮助推销员进行推销活动的方法。当然，这些助理人员寻找到的准顾客与推销员达成交易后，这些助理人员将会得到一份佣金报酬。

3.连锁介绍法

连锁介绍法是指推销员请求现有顾客帮助介绍潜在顾客的方法。它是由一个顾客介绍另外的顾客，由顾客A到顾客B，再到顾客C和顾客D……一个又一个地介绍下去，如同化学的连锁反应。

4.权威介绍法

权威介绍法是指先说服在一定范围内有较大影响力的中心人物或组织购买，通过它们来影响其他人或组织成为准顾客，这实际上是连锁介绍法的特殊形式。这些中心人物或组织往往是流通领域的消费者领袖，一般都具有很大的影响力，如知名人士、高层领导、医生、教授、星级酒店、名牌大学、知名企业等。推销员让这些中心人物或组织了解自己的工作，信任自己推销的产品的质量，为其提供满意的服务，这样就能取得它们的信任与合作，进而通过它们寻找更多的准顾客，借助它们的社会地位不断扩大产品和企业的声誉。

5.个人观察法

个人观察法是指推销员根据自身对周围环境的直接观察、判断、研究和分析，寻找准顾客的一种传统方法。运用这种方法的关键在于推销员的自身素质、职业敏感和洞察力，要善于处处留意、察言观色，从细微之处捕捉机会；要善于从报纸杂志、广播电视、人们的言谈举止中发现潜在顾客。

6.广告法

广告法是指推销员利用各种广告媒体来寻找准顾客的一种方法。根据传播方式的不同，广告可分为开放式广告和封闭式广告两类。开放式广告又称被动式广告，如电视广告、电台广告、报纸杂志广告、招贴广告、路牌广告、网络广告等，当潜在对象接触或注意其传播媒体时，它能被看见或听到。封闭式广告又称主动式广告，它直接传至特定的目标对象，与开放式广告相比，具有一定的主动性，如邮寄广告、电话广告等。

7.资料查询法

资料查询法是指通过收集整理现有文献资料、查阅各种信息，来寻找潜在顾客的方法。这实际上是一种市场调查的方法，它着重于现有资料的收集、整理和分析，以确定潜在顾客。就我国现阶段的情况看，推销员可以利用的资料有国际互联网、工商企业名录、电话簿、统计资料、工商管理公告（如商标注册公告、企业登记注册公告）、产品目录、协会名册、信息书报杂志、企业广告和公告。利用资料查询法寻找顾客，能够减少推销工作的盲目性，节省寻找顾客的时间和费用；同时，还可以通过资料对准顾客进行了解，做好接近准备。

8.会议寻找法

会议寻找法是指推销员利用参加各种会议的机会来寻找准顾客的方法。例如，各种产品博览会、展评会、订货会、供货会、物资交流会、技术交流会等，也包括各界人士联谊会、校友会、亲朋好友的生日舞会、新婚宴会等。推销员应尽可能地参加这些社交性会议，在这些会议上开阔眼界，广交各界人士，建立广泛的社会关系网，从而得到无穷无尽的顾客来源。

（二）预先接近

在正式推销之前，需要预先做好充分的准备，这是推销员取得成功的秘诀之一。推销员在确定要向某个准顾客推销产品后，与之接触前必须尽最大努力对准顾客的有关情况进行详细的了解；否则，就会影响推销工作的顺利开展。预先接近做得越周到，推销成功的可能性就越大。

1.预先接近的内容

预先接近的本质就是要在推销访问之前，尽可能获知与顾客有关的更多情报，以便进行推销预测。当然，准顾客的购买需求因人而异，对不同准顾客预先接近的要求和了解的内容也有所不同。但一般而言，组织购买者预先接近的主要内容如下：

（1）组织购买者的性质、规模、组织结构、经营情况、购买习惯、信用等级等基本情况。

（2）组织购买者的需求种类和需求量，以及现供应者的情况。

（3）组织购买者的采购程序，采购者的结构及其利益诉求。

（4）组织购买者中采购相关人员的姓名、职务或职称、年龄、学历、民族、籍贯或出生地、业余爱好以及作息时间和生活习惯等。

推销员应把预先接近了解到的情况填写在顾客资料卡上，建立档案，以使工作做起来更加便利。

2.预先接近的方法

确定预先接近的内容之后，就要采取适当的方法来收集有关资料。如何取得准顾客的资料呢？实践证明，以下途径是可行的：

（1）通过推销员伙伴交换情报。

（2）通过现有顾客提供其他准顾客的情报。

（3）通过推销助手收集资料。

（4）利用网站、报纸、杂志及其他印刷物收集资料。

（5）通过对环境的观察收集资料。

（6）对准顾客身边的人及准顾客本人进行预先接近。

3.制订推销访问方案

在尽可能了解准顾客有关情况的基础上，推销员应为选定的准顾客制订一个周详而具体的推销访问方案。制订推销访问方案时，推销员必须利用所得到的有关准顾客的情报资料，进行周密策划，以期收到良好的推销效果。

（1）选择见面时间、地点和场合，考虑恰当的接近方式，特别是要设计好将留给准顾客的第一印象。同时，要考虑准顾客是否会拒绝见面，可以采取哪些必要的应急措施使对方改变态度。

（2）核实准顾客资料。对尚未弄清楚的一些有关准顾客的问题，以及仍存有怀疑的一些资料，应计划好如何进行核实，包括列出需要询问和核实的问题的顺序，以及询问方法。

（3）确定推销说明的内容。准备的推销说明要使你的产品和服务的特性与准顾客的需求、愿望或特定的问题有关系，能以令人信服的资料和解释使准顾客对你所推销的产品产生信任感，并且要把说明的产品及其服务特性按准顾客的兴趣程度进行排列，以便在说明时把准顾客认为最重要的特性先向对方进行讲解，若时间不足则省略那些次要的特性。

（4）计划好整个推销说明过程。你的推销说明要与其他推销员有明显的不同，应能激起准顾客的注意、兴趣、欲望和行动，以便更圆满地解决对方的需求。准备好在什么时机、以什么方式，向准顾客谈及十分敏感的价格问题、付款方式和售后服务办法。

（5）事先分析准顾客可能提出的异议。尽可能罗列对方将会提出来的问题，估计有可能出现的尴尬场面，并计划好应付和处置的最佳措施。推销员对准顾客的异议，要事先确定好答复，或是坚持己见，或是求大同存小异，或是可向对方做出让步。

（6）反复探讨推销访问方案。对推销访问方案事先进行演练，请可靠的人对你的计划方案多提意见，这会使你的推销工作更有成效。而且，推销员还要做好未能与对方达成交易的心理准备，要给下一次接近和洽谈留有余地，并且应有多套推销方案，以备不时之需。

4.准备充分而必要的推销材料

推销员在进行任何推销活动之前，都必须准备充分而必要的推销材料，以帮助完成对准顾客的说服工作。这些材料主要包括：

（1）市场资料。这包括所推销产品与竞争产品的性能比较数据、其他用户的反馈、环境数据资料、供需状况及趋势分析等信息。

（2）产品资料。这包括产品样品、产品目录、产品说明书、产品价格表和产品获奖证明材料等。

（3）演示材料。产品本身就是最好的演示材料。除此之外，推销员还可用事先准备好的电脑演示资料进行演示。

（4）辅助材料。这包括小册子、标语、贴挂或饰物等广告和宣传用品。这些物品有些可作为送给顾客的小礼物，以拉近推销员与准顾客的距离。

（5）其他物品。

5.选择合适的推销方式和策略

推销方式的选择取决于推销对象的要求和推销环境的条件，以及推销员的个性和特点。推销员在推销过程中经常使用的策略有：

（1）试探性策略。推销员在尚未掌握准顾客所有情况的时候，以事先准备好的问题对对方进行试探，通过准顾客的回答或反应对未知情况进行了解和判断。

（2）针对性策略。推销员在基本上了解了准顾客的需求和购买的各方面问题后，就可以进行有针对性的推销，通过介绍对方有兴趣的产品及其用途，有目的地进行推销。

（3）诱导性策略。推销员从购买者的动机出发，顺其心理反应过程进行现身说法，循循善诱，使准顾客感到你确实是其真诚朋友和购买参谋，促使对方产生购买欲望，做出购买决策。

6.设计推销形象，做好接近的心理准备

推销员在推销产品的同时也在推销自己。推销员要想取得准顾客的好感，使洽谈迈向成交，必须给准顾客留下一个良好的印象。

7.约见准顾客

事先约见是尊重顾客的礼貌表现，可使对方做好见面时间和地点的安排。这既有利于推销员接近，又可引起准顾客重视，造就双方融洽合作的前提。但在约见时必须注意方式方法。

（1）明确约见对象，尊重接待人员。

一般来说，推销员在预先接近时就早已选定了洽谈对象。理想的约见是直接约见洽谈对象，但实际上洽谈对象往往委托秘书、下属或其他接待人员负责预约，使推销员无法直接与洽谈对象相约。遇此情况时，推销员必须尊重有关接待人员，把他们看成与约见对象具有同等重要的地位，以取得他们的合作和支持。否则，整个推销工作可能由于接待人员的阻碍、刁难而功亏一篑，至少会增加约见的难度。

（2）开诚布公地说明约见内容。

约见时，推销员必须向对方说明来意，做到师出有名，开诚布公地说明约见内容，绝对不能编造借口，欺骗约见者；否则，即使勉强求得一见，一旦骗局被识破，就会一事无成。推销员的任务很多，约见的事由包括推销洽谈、提供服务、签订合同、收取货款、走访用户、市场调查等。有时，为了不失时机会见准顾客，推销员也可利用某些正当的其他理由，但绝不能以根本不存在的理由来欺骗准顾客，死缠准顾客强行推销；否则，就会给准顾客留下“上当受骗”的印象，效果适得其反。

（3）适当选择约见时间。

约见时间应根据预先收集到的准顾客的情报，按约见对象的特点进行适当选择。尽可能避开对方工作忙碌和休息的时间，如周末以及午休时间都不宜拜访，星期一也不宜拜访准顾客，因为人们经过周末休假，星期一上班时总堆积着许多工作要做。

（4）选择适当的约见地点。

约见地点与约见对象、约见事由和约见时间一样，要视具体情况而定。

岗位资讯 2-17

约见客户的方法

1. 当面约见

推销员与推销对象偶尔相遇时，双方中有一方因受当地时间、地点或其他条件的限制而无法详细对购销的有关问题进行洽谈和磋商。一次推销访问结束时，尚未解决购销的所有问题，而双方均有意愿再次见面深入洽谈。

2. 电话约见

推销员与准顾客在电话中，谈话要简短，语气要平稳，出言要从容，口齿要伶俐，理由要充分。切忌心绪浮躁，语气逼人，尤其在准顾客借故推托、有拖延约见之时，更需要平心静气，好言相应。与准顾客约定会面的时间和地点时，推销员应尽量采取积极、主动的行动，不可含糊其辞，以免错过约见的机会。

3. 微信约见

同电话约见一样，推销员必须介绍一下自己和公司，要抓住准顾客的兴趣点，要求安排约见时间，并且上述一切都要简明扼要。

4. 委托约见

委托约见是推销员委托第三者向准顾客转达约见请求。委托约见包括四种重要形式：①留约。推销员将约见内容以书面形式交给受托者，由被约见人来受托者处取留约。②传约。推销员将约见内容以口头形式让受托者向被约见人传达。③转约。推销员将约见内容以书面形式交由受托者送给被约见人。④再转约。推销员将约见内容以书面形式交给受托者，受托者再托其他人送给被约见人。

5. 广告约见

广告约见简称广约，是指推销员利用网络、报纸、杂志、广播、电视等广告媒介方式约见准顾客。

在约见对象不明或太多的情况下，广约是一种有效的约见方法。广约可确定适当的约见时间、约见地点、约见方式和联系人、联系电话，使推销员处于积极主动的地位，把上门推销变成准顾客登门求购。一般来说，登门求购者基本上是真正有需要和购买能力的人，因此，广约实际上可产生对准顾客进行筛选的效果。而且，在约见对象很多的情况下，广约可大大节省约见时间，提高推销效率。此外，广约还可以扩大推销员、推销产品和企业的影响力，起到广告推销的作用。

微课41

方法不对，需求白费

（三）接近顾客

约见之后，推销员就可依约接近准顾客。接近是推销说明的前奏，是推销员给准顾客留下第一印象的关键时机，是引起准顾客注意进而对推销品产生兴趣的重要阶段。因此，接近是关系到推销工作成败的举足轻重的一步。第一次与准顾客见面的最初1分钟，决定了推销员是否有机会进行推销说明，以及是在有利还是不利的情况下进行推销说明。

操作实例2-21　做生意就是玩！一个销售高手的聊天记录

今天一个做门窗设计的设计师来店里玩。在喝茶之余就谈起他怎么争取客户的，我觉得值得借鉴，所以把这个交流的过程记录了下来。

Z设计师（以下称Z哥）、店里的一个大姐（以下称Y姐）和我坐着一起喝茶，Z哥就从车里拿出他从云南各地淘来的好东西给我们看，分享一些鉴别它们的办法。对话开始：

Z哥："Y姐，我前几天又淘到一些好杯子（柴烧杯），拿来给你看看。改天你有空我带你去景德镇那家淘几个，帮你淘一个非常漂亮、非常好的杯子。"

Y姐："真的吗？我早就想淘一个好一点的了！"

Z哥："这家的工艺特别好，比云南一些地方的柴烧杯要好！"

……

之后Z哥和Y姐就开始聊多少钱买的，在哪里买的。聊着聊着话题慢慢就开始转变了，转到说去年生意不好做，款难收。聊到这个话题后，Z哥就开始说了：

“去年收款我还是比较好收的，去年年前我收回了94%的款。我收款率高因为我做生意都是玩，就是跑到客户那喝喝茶、聊聊天，他们只要知道我是做什么的就行了。”

接下来他就举了个例子。

Z哥：“有个老板非常喜欢某种珠子，找了很久没找到喜欢的，然后我就淘了一串好的送给他！他喜欢得不得了，你也知道我玩的都是比较好的东西，他也知道我送他的不会差，他连续下了几单，这些钱后来不都回来了嘛，款年前也收回来了。我玩这个玩得比较精，他们想淘好东西肯定先想到我，说白了做生意就是玩嘛，你看我的生意都是这样玩出来的。”

其实Z哥他来店里已经很多次了，每次都带来一些好东西，如玉石、紫砂壶、柴烧杯、彩宝石！都是有钱人喜欢收藏的东西。Z哥一开口，就能掌握话题的主动权，将话题紧紧握在自己手上，从自己淘到的收藏品入手，吸引对方的注意力，聊自己淘的过程，然后开始讲故事，把景德镇工艺和本地工艺说一遍，虽然是说，但是对方还是入神了，不知不觉地就被他吸引了。

看完这一小段对话，也说说我的看法吧。Z哥之所以能把生意玩出来，他做得最好的两点，一是抓住对方的兴趣爱好，知道Y姐喜欢这个，所以一开口就用Y姐喜欢的话题吸引Y姐的注意力。二是模糊销售主张，Z哥是做设计的，如果一开口就推销他的门窗设计，估计很多人都会拒绝，但他并不谈自己的工作，大家知道他是做什么的，而他则拿别人喜欢的话题聊，拉近了与客户的关系又不让客户反感，所以一旦有需要自然会想到他，而且这样的客户转介绍率还很高。所以看起来Z哥天天在玩，但业绩并不差，也就是这个原因。

资料来源：佚名．做生意就是玩！一个销售高手的聊天记录［EB/OL］．［2016-05-08］．https：//www.jianshu.com/p/79ce803a4ca4

接近最重要的是第一印象原则。推销过程是围绕成交这一最终目的进行的，而接近作为推销过程的特定阶段，其特定的目的有两个：一是充分引起准顾客对推销员和所推销产品的注意；二是努力提高准顾客对推销员和所推销产品的兴趣，从而给准顾客留下好的第一印象，这也是达到最终目的的必备前提。

第一印象可以产生晕轮效应。所谓晕轮效应，是指对某个人的具体特征的认识影响到对此人整体印象的认识和评价的一种心理现象。初次见面，准顾客一般会先留意推销员本人，在对推销员本人有好感之后，才会去关注推销员所代表的公司和所推销的产品。

1.塑造令人难忘的第一印象

（1）忠于自己，切勿随便模仿别人的动作和形态。

（2）养成遵守时间的习惯。

（3）进入办公室前，要检查整理自己的仪态。

（4）保持一种令人舒适的真挚的微笑。

(5) 友善、热情、诚恳且不卑不亢。

(6) 进入办公室后，宾主之间的座位应尽量避免形成一种双方面对面的对话阵势。

(7) 进入推销的正题前可先寒暄，寒暄时间一般不超过15分钟，便应主动转入正题。

(8) 进入正题之后，一定要认真、大胆地摆出事实和例子。说话要直接、有力，略带专家口吻。推销员就是专家，准顾客之所以花时间与你共叙，是因为在他心目中，已认定你是一位专家。谈话中，把对方的意见细心地记录下来，显示出你的认真态度。主题谈完，应立刻告辞，并另约下次见面时间。

2.给“把关者”的第一印象

为了顺利地接近准顾客，第一印象原则也适用于准顾客的“把关者”。对助理、秘书和接待人员，推销员也必须留给对方一个好印象。

(1) 要让接待者首先对你有一个好印象，使他觉得放你进去，不会受到上司的责骂。为此，你必须在衣着服饰上消除缺陷，如磨破了袖口、裤脚的衣服绝对不能穿，鞋子边缘有污渍要事先清除，态度、动作必须有礼貌。给接待者一个良好的印象，目的是使他向上司传达时，不要在上司面前对你先入为主地做不良的评价。

(2) 见到接待人员时，一进去立刻脱掉大衣和帽子，表现出一个肯定会受约见对象欢迎的人的自信心。

(3) 态度要庄重，表现出对接待者与对其上司同样敬重的态度，绝不能让对方觉得你把他当下人看待。

(4) 切忌欺骗接待者。老实地告诉他，你要见其上司的理由，说明你来访的重要性，否则你将丧失见面机会；即使他这一次让你骗过去了，下次你别想再来。

(5) 约见对象未能依照约定时间会见，接待者让你稍候时，切勿滞留过久。等待过久，不但自己的信心受摧残，而且接待者会轻视你，觉得你此来并非为他们公司服务，而是为自己着想，有求于公司。因此，你不妨借故告辞，表示珍惜和他交上了朋友，委托他转告上司并另约时间会面。

3.接近方法

推销以引起准顾客的注意为开始，以满足准顾客的愿望为结束。接近是推销行为的开始，也是推销员与准顾客正式沟通的开始。沟通是否顺利，除了受到约见时间和约见环境的影响外，还受准顾客个性的影响。不同的人在待人接物方面的心态会有所不同，这就会使沟通出现各种障碍。为了能消除各种沟通障碍，推销员就要根据不同的人、不同的场合使用不同的接近方法。常用的接近方法有以下几种：

(1) 利益接近法。

利益接近法是指推销员利用产品能带给对方实惠，以引起准顾客注意和兴趣的方法。告诉准顾客在购买推销品后将会得到什么好处和利益。针对准顾客最感兴趣的利益开展推销，以引起准顾客对产品的关注，这样才能达到接近的目的。

准顾客最关心的利益除了前述的效用（使用价值）外，还有产品的安全、性能、外观、舒适、经济和使用寿命等。

安全，包括这个产品能否使消费者身体免于危难，财产免遭损失，精神免受伤害，情绪免受困扰等。组织市场的准顾客对安全的要求更广，如购买原料，必须考虑是否能长期供应，不影响生产、信誉和收益等。推销员采用利益接近法时，可针对推销品能保障购买者各方面的安全情况，直接向准顾客陈述。

性能，是指推销品能达到购买者要求的程度，是满足购买者欲望的重要因素。例如，机器的加工精度、汽车的时速等，推销员可向准顾客陈述推销品的优点，以引起准顾客的兴趣。

外观，是指购买者对产品形象的客观印象。例如，家具引起购买者注意的是外观；艺术品引起购买者注意的却可能不仅是其外观，也可能是作者的名望。

舒适，包括身体舒适，如沙发坐着舒适；心理舒适，如买了这个产品，就不必为某些事情担忧了；使用舒适，如这种油漆涂起来十分方便等。

经济，不仅是指产品的价格，而且包括选用这种产品后能为购买者节省多少费用，增加多少收益。如果推销品被准顾客选用后能为其赚钱、省钱，即使价格稍贵，准顾客也会乐于购买。

使用寿命，是指这种推销品能够为准顾客提供的有效使用期限，即产品提供给准顾客的利益能持续多长时间。如轮胎的耐磨程度高，则使用寿命就长。

明确说明推销品能够为准顾客带来什么利益，并善于把推销品的内在供销外在化，以迎合准顾客求利的心理动机，就能很快引起准顾客的注意，使准顾客产生兴趣，迅速转入正式洽谈，促成交易。

（2）产品接近法。

产品接近法是指利用准顾客有亲身体验、认识产品的欲望和要求，让产品接近准顾客，利用产品去做无声的介绍的方法。这种方法符合消费者认识和购买产品的心理过程，更容易引起准顾客的注意和兴趣。等到准顾客笑口一开就立即转入推销说明，能迅速成交。使用产品接近法的推销品必须是经得起准顾客反复接触的有形实物，必须是精美轻巧且具有一定吸引力的产品。

操作实例2-22　新型铝制轻便婴儿车推销

美国有一位儿童用品推销员在推销一种新型铝制轻便婴儿车时，就非常有效地采用了产品接近法。他从一本工商名录中查到纽约市梅西斯商场的名字，便带着婴儿车走进商场的营业部。在那里，他发现各类童车一应俱全，经营规模很可观，然后他向一位女店员打听采购经理的办公地点并核实经理姓名。他跨进办公室向经理打过招呼后，就不动声色地把带来的轻便婴儿车推出来，经理一看便问："什么价钱？"

他立即递给经理一份内容详细的价目表，经理端详一番后果断地说："送6打来，全要蓝色的。”

“你不想听听产品介绍？”他问。

“不用了！”经理回答道，“产品和价目表已经告诉我所要了解的全部情况了。”

于是，购销合同很快就签订了。推销员自始至终只说过一句话。经理在他临走时说：“我喜欢你这种推销方式，和你做生意真痛快！欢迎随时再来。”

（3）提问接近法。

提问接近法是指推销员直接向准顾客提问其感兴趣的问题，以引起对方对产品以及推销本身的注意的方法。

人一般都喜欢别人征询他的意见，只要他感到你提出的问题没有恶意，你越向他发问，就越会引起他的注意。

提问接近法就是利用人的这种心理，以提问的方式接近准顾客，帮助准顾客找出问题，共同研究这些问题，然后提供答案，解决准顾客的问题，使其购买你所推销的产品。

推销员在接近准顾客时通常可使用两种不同的提问类型：一是启发性提问；二是导向性提问。两种提问方式各有妙处，如果运用得当，都能成功。

启发性提问可使准顾客充分说出其需要。例如，推销员问：“你刚才说过，你碰到一些麻烦，可否请你告诉我是什么？”准顾客：“这个月我们有10%以上的退货，并接到大量客户的抱怨，而且我们的成本也越来越高，这可真是个难题。”

导向性提问限制对方的回答只能是对推销员预期答案的选择，即让对方只能回答“是”或“不是”，或让对方只能说“是”而不能说“不是”，或只能说“不是”而不能说“是”，从而令对方顺着自己的思维进入洽谈的角色。例如，推销员问：“听说你们最近碰到不少客户退货，是吗？”准顾客回答：“是的。”推销员：“这岂不是会给你们的经营带来一些麻烦？”准顾客：“可不是吗？太麻烦了！”

推销员采用导向性提问时，一旦准顾客承认了自己的预先判断，再向他提出解决方案，对方自然乐于接受。从中不难看出，当推销员还摸不透准顾客有什么需要时，宜用启发性提问，让对方告诉你他的需求是什么；当推销员已经掌握了顾客的需要时，可采用导向性提问，实际上是由你告诉对方他的需求是什么。

一般说来，推销员最好以启发性提问开始接近。当准顾客向你诉说他的需求时，你即可成为有力的解题者，并以你的产品的优点来替他解决问题。对于爱讲话的准顾客，采用启发性提问会取得很好的效果；但对于沉默寡言的准顾客，启发性提问往往起不到效果，这时可改用导向性提问。是否采用导向性提问，必须根据事先调查、临场观察或交谈中的线索进行判断。

操作实例2-23　推销推土机

某推销员在向一位建筑商推销推土机时，交谈中的启发性提问只得到了简单而暧昧的回答，准顾客始终不说明他的需求。推销员只好到修理店了解情况，结果发现修理店有许多与准顾客所使用的牌子相同的推土机，毛病都出在液压系统上。于是，他对这位建筑商进行了第二次拜访。在这次拜访中，推销员先采用启发性提问，继而又采用了导向性提问。推销员："你的推土机经常要修理吗？"建筑商十分机械地回答："当然要修理！"推销员接着问："是哪一部分要经常修理呢？"建筑商答道："一般都要修理。"推销员紧接着问："是液压系统经常出故障需要修理吗？"建筑商似乎恍然大悟："液压系统？是的，那部分经常要修理。"推销员费了一番唇舌，终于从建筑商嘴里证实，对方现在使用的推土机确实经常在液压系统上出毛病。此时，推销员就可详述自己推销的推土机在液压系统上的优越性和可靠性，劝说对方在更新推土机时选购自己的产品，可以解其困扰。

（4）好奇接近法。

好奇接近法是利用准顾客的好奇心，引起其注意和兴趣，然后顺势介绍推销的产品并迅速转入洽谈的方法。

西方推销界有一种夸张的说法："好奇心是一种推销炸药，无坚不摧。"现代心理学的研究成果也表明，好奇与探究是人类行为的基本动机之一，好奇驱动力是一种原始性动机——当人遇到新奇的事物或处于新的环境时，往往表现出注视和要求操作等行为。好奇接近法正是利用人类的好奇驱动力，引起准顾客对推销员或推销品的注意和兴趣，从而实现接近。一种合乎情理、奇妙而不荒诞的新奇事物（包括语言、动作或其他方式）往往能在短时间内唤起对方的好奇心，起到出奇制胜的效果。

操作实例2-24　推销隔热设备

有一位推销隔热设备的推销员，一见到准顾客就开口问："你知道世界上最懒的东西是什么吗？"对方果然感到迷惑，好奇心促使其注意倾听下去。推销员继续说："世界上最懒的东西是藏起来不用的钱。如果它稍微勤奋一点，就可以为你获得一套隔热设备，让你的室温下降20%。"推销员的这番话，往往能引起准顾客对购买隔热设备的兴趣。

（5）震惊接近法。

震惊接近法是推销员利用某种令人吃惊或震撼人心的事物来引起准顾客的注意和兴趣的方法。运用此法，必须讲究科学、尊重客观事实，不能夸大或歪曲真相，也不能信口开河、胡说八道。同时，运用此法的目的是揭示现实、启迪思维。因此，推销员不管运用什么手段去震撼准顾客，都应适可而止，使人震惊但不能恐惧，否则会适得其反。

操作实例2-25　推销汽车轮胎

要人震惊就必须有震撼力。让我们比较一下两个轮胎推销员根据同样的一个统计资料，但使用两种不同开场白所取得的不同效果。

甲说："去年在高速公路上发生的汽车肇事，30%是由于爆胎造成的。"这样一句开场白必然会引起车胎早已磨损的驾驶员的震惊和专注："你说什么？再说一遍。"

乙说："经过调查发现，去年在高速公路上发生的汽车肇事，许多是由于爆胎造成的。"这样平铺直叙，就削弱了震撼力。听者犹如听一则平淡无奇的新闻报道，并不会感到震惊。

（6）赞美接近法。

赞美接近法是利用准顾客的求荣心理引起其注意和兴趣，进而转入洽谈的接近方法。每个人都有一些自以为傲的东西，并且希望被人承认、被人提起、被人称赞。当人们取得了荣誉和成就时，理应受到他人的承认和尊重；一个人的穿着打扮漂亮，也应该得到他人的称赞。既然人们都具有被承认和被赞美的需要，而在准顾客身上又确实有美好而值得赞美的东西，那么推销员便可以利用人们的这种心理，承认、赞美和恭维准顾客，以达到接近准顾客并促成交易的目的。

岗位资讯 2-18　　怎么样去赞美别人?

人生在世，都需要精神食粮。你是否记得获得教师或领导一次当众的小小赞美后的感觉，那种美妙的感觉持续了多久?

多说一些称赞别人的话，人们会因此而喜欢你，而你自己也会因此受益无穷。去慷慨地赞美别人吧，但是一定要注意以下几点：

第一，赞美要真诚。倘若赞美不真诚，还不如不赞美。

第二，赞美行为本身，而不要赞美人。赞美行为本身，可以避免尴尬、混淆、偏袒，并鼓励更多的同类行为。

例如，说"王经理，您的建议对公司帮助很大"，要胜过"王经理，你是一个了不起的人"。

第三，赞美要具体、实在，不宜过分夸张。

例如，说"张小姐，你太漂亮了"不如说"这件衣服穿在你身上真漂亮"，或者"你真会买东西，我下次买衣服一定请你去当参谋"。

第四，赞美要及时，不要事隔太久。

及时赞美别人往往能取得最好的效果，尤其是当场及时赞美别人，效果最佳。请你养成每天赞美3个不同的人的习惯。你会感到这么做以后，自己也很开心！这就是快乐方程式。当你看到这么做给别人带来幸福和欢乐时，当你看到自己可信赖的朋友越来越多时，当你看到自己的魅力和影响与日俱增时，你自己也会因此而感到幸福、快乐和充实。

（7）调查接近法。

调查接近法是一种利用调查机会接近准顾客的方法，它特别适用于组织市场推销。通过调查，确定推销品是否能真正满足准顾客的需求，购买者使用推销品后是否能真正受益。在调查过程中，问题的发现和解决，往往意味着交易的达成。某家计算机公司的推销员来到某工厂，推销员对厂长说："贵厂准备应用电子计算机进行管理，这是管理现代化的必然趋势，您可算是领先一步了。我公司经营各类电脑，不知贵厂适用那种型号的？您知道，如果选型不妥，等于花钱买了废物。我们想先做一些实际调查，从而为贵厂提供最合适的服务。您看怎么样？"推销员的这番话，对厂长来说犹如"量体裁衣"，言之有理，厂长自然会答应他的要求。

调查前，推销员应做好调查计划，并要解除准顾客的戒心，设法应付对方可能以"保密"为由拒绝调查的做法。对准顾客自认为"秘密"的部门，或者揭穿真相，证明不是秘密；或者尊重对方，不加接触，以消除准顾客的防备心理。调查接近法常和提问接近法相结合，有时可与现场试验相结合。

（8）其他方法。

除上述方法外，还有以下接近方法：

① 直接接近法。直接接近法是以有感染力、号召力、新意和说服力的语言直接接近准顾客的方法，以传播信息，帮助准顾客认识产品，当好购买参谋。

② 馈赠接近法。馈赠接近法是利用广告物，将有新意、实用性的小赠品馈赠给准顾客的方法。这样既能宣传推销产品，又能引起对方的注意和兴趣。

③ 咨询接近法。咨询接近法是利用向准顾客求教问题的机会来接近准顾客的方法。求教在前，推销在后，虚心诚恳，使准顾客难以拒绝。

④ 问候、聊天接近法。问候、聊天接近法是利用关系和机会，运用微笑，主动向完全不了解的新推销对象问候、搭讪，以消除与陌生准顾客接近的障碍的方法。

⑤ 介绍接近法。介绍接近法是通过第三者当面介绍，或利用信函、电话介绍，或利用证件、名片口头自我介绍，以接近准顾客的方法。

操作实例2-26　方颖文的初次拜访

方颖文是某广播公司的销售代表，正在拜访"浪漫一身"品牌的老板徐佳雯。拜访地点位于无锡市区，是一家以款式新颖、流行而闻名的时装店。方颖文与徐佳雯会面，想向徐佳雯推销某广播时间来为"浪漫一身"品牌做广告。

方颖文："（伸手）早上好，许小姐，今天好吗？"

徐佳雯："很好，顺便提一下，我姓徐，双人徐。"

方颖文："对不起。今天天气很不错，真希望能出去打高尔夫球。你打高尔夫球吗？"

徐佳雯："不，我不打。现在我能为你做点什么？我很忙，经营'浪漫一身'很花时间。"

方颖文:“你肯定很忙。大家都说这里是无锡最好的商店。”

徐佳雯:“(交叉手臂于胸口)很好。听到这话我很高兴。现在说一说你为什么来这儿?”

方颖文:“好。首先,让我做个自我介绍。我是某广播公司的方颖文,希望我今天没有占用你宝贵的时间。我想向你介绍一下购买某广播广告时段的情况。”

徐佳雯:“在过去,我们主要通过渠道商做广告。那样做效果似乎也不错。”

方颖文:“听你这么说,我感到很遗憾。但是你至少应让我们尝试一下,你可能会有惊喜的收获。”

徐佳雯:“也许将来我会尝试一下,但眼下我不想在广播广告上浪费资金。现在我要走了,我们刚到了一些新货。”

问题讨论:1.方颖文的初次见面策略合适吗?

2.你会怎样接近徐女士这样的客户?

(四)推销说明

推销说明的目的是将你的产品或服务介绍给准顾客,为促成交易铺路。推销说明越有技巧,越能吸引准顾客,越容易促成交易。然而,推销说明绝不是故弄玄虚的骗术、言过其实的吹嘘,而是一种信息沟通的技术和方法,是一种促使准顾客采取购买行动的经验。

1.推销说明的原则

(1)事先对推销说明做好计划。

推销员进行的每一次推销说明都必须有目的、有计划。无论是向新的准顾客推销新产品,还是追踪访问以前没有促成交易的准顾客,或是访问经常购买的老顾客,都必须事先设定目标,然后据以策划推销说明的方式和内容。推销说明的关键并不在于你说了多少,而是准顾客听进去并相信了多少。要使推销说明有效,推销员必须对以下几个方面事先做好安排:

① 说明方式。说明方式包括推销说明内容的编排架构必须按部就班,紧紧抓住顾客的心理,一步一步把对方的心意和情绪引导到购买上。

② 推销说明的内容。推销说明的内容是推销员所要展示的信息内涵,必须多用演示、少用语言,多用旁证、少说空话,并且必须有丰富而有趣的内容。

③ 提示与演示。提示与演示是推销说明的重要组成部分,是对说明内容的强有力的证明方法。提示是以语言的方式,演示是以非语言的方式向准顾客说明产品的功能,证实自己所推销的产品或所提供的服务的优点。

④ 说明工具。说明工具是推销员用来装饰、充实说明内容的辅助手段,如产品样品、图片、手册、说明书以及音像资料等。说明工具能够使推销说明生动形象,可增加准顾客的兴趣。

（2）推销说明要有针对性。

推销说明要针对准顾客的需求、欲望或特定的问题，使产品和服务的优点与这些问题产生联系，并且要针对不同的准顾客确定不同的说明方式和内容。所以，在进行推销说明之前，要确定所使用的方法是否确实针对目标（如图2-6所示）。

图2-6 针对目标进行推销说明的工作步骤

针对目标进行推销说明，必须确定以下几个主要方面：

① 确定正确的产品和服务。这是推销说明有效的前提条件。不同的购买者即使购买同一产品，也可能有不同的理由。推销员必须谨记，你所推销的是产品的使用价值以及带给购买者的附加利益，而非产品本身。针对目标进行推销说明要选择正确的产品，提供适当的服务，以能满足准顾客需求的产品和服务向准顾客推介。

② 确定适当的价格。在推销员具有价格决定权的情况下，为准顾客确定适当的价格是成功推销的秘诀。即使产品定价不是由推销员决定，推销员也必须对不同价格水平的产品和服务进行选择，以确定满足特定推销对象价格要求的产品和服务。更多的时候，推销员要把自己掌握的价格信息反映给企业的价格决策部门，从而为制定合理的产品价格提供有益的意见。

③ 确定能反映准顾客购买利益的见解。购买者要求的利益是无止境的，但必有其最感兴趣的利益方面。针对准顾客感兴趣的利益进行说明，并以独特的方式把这些对购买者有利的见解表达出来，是强化推销说明内容很有价值的一环。

此外，推销员还需要有针对性地确定与推销说明有密切关系的其他选择问题，如购买数量、交货期和履行合同的信誉等。

（3）推销说明要清楚、完整和全面。

推销说明的目的是要促使准顾客采取购买行动。这一过程其实也是准顾客对推销产品的了解和认识过程。所以，推销员在向准顾客进行推销说明时，所选定的说明内容（信息）要符合准顾客的心理，要能增强准顾客的购买欲望。为此，推销员对产品的讲解要通俗、易懂、详细、亲切、完整，尽可能地把产品的重要特点、性能以及对购买者的好处都包括进去，使准顾客听完说明后对产品有全面的认识和了解，切忌说明时含糊不清、内容不连贯以及啰唆重复，使准顾客不知所云，产生厌烦和疑虑。

推销说明后，推销员可通过提问方式试探着判断准顾客的理解和领会程度。准顾客对提问的答复是推销员判断自己说明成功与否的标尺，也是获悉对方是否理解或希望进一步详细了解有关问题的最好方法。推销员可根据不同的情形，对准顾客做突出重点且使人不觉繁复的介绍，帮助准顾客从功能、质量、价格等方面进一步了解和认识产品。只有在准顾客对产品有一个全面、完整的了解和认识后，才能促使其做出正确的购买决策。

（4）推销说明要取得准顾客的信任。

推销员进行推销说明时，要用一些能使准顾客接受并相信的方法来介绍自己和产品。人们对素昧平生者一般都怀有戒心和不信任感，所以推销员初访准顾客时取得对方的信任就显得十分重要。

推销员的推销说明要取信于对方，首先要对自己的产品能满足准顾客的需要具有信心，如果连自己都不相信推销品的真实作用，那么推销说明就无法取得准顾客的信任。

其次，推销员在说明时要真实、诚恳、耐心，不要显露丝毫急于成交和迫不及待想挣钱的心态，使准顾客由衷地感到你确实是为了满足他的需要，这样才能令其消除怀疑和戒心。

再次，推销员要避免通过打击别人来抬高自己，要靠产品的质量、价格、服务和差异特色取胜。如果推销员知道自己的产品能够满足准顾客的需要，而且事实上又比竞争对手的产品胜出一筹，那就不用担心竞争者，而应突出宣传自身产品的优点和长处，引导准顾客做出正确的比较和选择。打击别人的做法既是对准顾客判断能力的怀疑，也是使准顾客产生对推销员不信任感的根源之一。

最后，推销员在说明时要有乐观的态度，不管说明成功与否，不管生意做成与否，都要保持热情有礼。有时虽然推销员尽了很大努力，但由于种种原因而未获得成功，对此，推销员千万不要泄气，更不可前后判若两人。谁也不能保证每次推销说明都能成功地达成交易。但每次推销说明都是准顾客对推销员人格的认知机会，眼前的失败或许是将来成功的前奏。

2.演示推销说明的方法

在组织市场推销环境中，产品越来越复杂，推销信息越来越多，推销员无法也不能用语言传递所有信息，特别是推销中还存在着某些不可言状的重要和微妙信息。因此，推销员在进行推销说明时，常常需要利用演示说明法。

（1）产品演示法。

微课42

产品演示法

产品演示法是指推销员通过直接展示或操作产品来劝说准顾客购买推销品的说明方法。

从购买者认识事物和接受信息的角度来说，产品本身就是一个很好的“推销员”。它总是在无声地推销着自己，是最可靠、最准确的信息源。产品演示可以生动形象地直接刺激准顾客，制造一种真实可信的推销情景，产生推销情景效应。

一般来说，准顾客总是乐于购买自己曾经用过，或者看到别人用过，或者自己见过、摸过、听过的所知并熟悉的产品。因此，推销员想仅用语言来说服准顾客购买一种完全陌生的产品，即使费尽口舌也未必能成功。通过产品演示使准顾客亲自看一看、摸一摸、闻一闻、尝一尝产品，效果就会完全不一样。

要做出有吸引力的产品演示说明，推销员必须做到：

① 事先检查自己的产品，确保演示过程不出问题，并且要把演示的内容集中在产品的主要优点上，特别是在演示准顾客不熟悉、结构复杂或操作程序不易掌握的产品时，更应如此。如果产品有多种功能，那么推销员在演示时就要突出准顾客主要需求方面的功能。

② 抓住有利时机进行演示。准顾客对产品产生兴趣的时候，就是产品演示的最佳时机。而且，推销员仅仅向准顾客展示产品的外观是不够的，还要进行使用的示范，通过介绍使用方法，使对方了解产品的实际功能和特点。

③ 演示形式和安排要有创意，尽量做到与众不同，不落俗套，使之更具吸引力。为此，推销员必须多动脑筋想办法，准备富有戏剧性和趣味性的演示内容，从而吸引准顾客的注意，刺激准顾客的购买欲望。

④ 先说后演，用演示来加强说话的影响力；或者边演边说，演说结合，控制和营造演示的气氛。尽量展开立体化的说明攻势，推销员的言谈举止与演示的产品将会起到互相烘托的作用，以感染对方。

⑤ 演示是一种行为语言，必须有相应的动作，有动作才能把产品利益戏剧化，从而最大限度地说服准顾客。准顾客从推销员的一举一动中就可看出说明的真实性、可靠性和对自己的适用性。所以，推销员若动作该粗犷时娇柔、该灵敏时笨拙，准顾客就会对推销员的推销说明产生怀疑，就很可能与这笔交易失之交臂。

⑥ 安排准顾客亲身参与演示要比推销员唱独角戏的效果更佳。推销员应将推销对象置于推销情景之中，消除准顾客的怀疑，使准顾客确信产品能满足他的利益，并且边演示边指导，让准顾客学会怎样使用产品并产生浓厚兴趣，这样准顾客购买产品的可能性就会大大增加。

⑦ 帮助准顾客从演示中得出正确的结论，以达到推销的目的。演示就是对推销话语的最有力的证明，推销员要反复强调演示的结果，让准顾客清楚地检验结果，确认演示结果，并抓住良机进一步唤起准顾客的购买欲望，采取购买行动。

（2）文字图片演示法。

文字是传递推销信息的重要媒介，也是比较有利的刺激物。在有些推销品无法演示，或不便演示的情况下，就可借助文字来演示。

文字演示可以准确传递推销信息，既能省却推销员进行推销演示的重复劳动，又能节省洽谈的说明时间，同时也有利于准顾客通过重点阅读和快速阅读，更准确和更全面地掌握推销员所提供的推销信息。产品性能和使用说明书、产品价目表、产品证明文件等文字和图片材料，是十分适宜且有效的演示工具。

图片资料容纳的信息量比文字资料大，也较生动，易于理解。在不便于演示产品内部结构、运转情况时，推销员应借助图片进行演示。譬如，用剖面图展示推销产品内部状况，通过简化实物的方法突出重点，以起到产品演示无法达到的功效。图片演示还可结合文字演示，做到图文并茂，以便准顾客更好地接受有关信息，树立产品形象。

（3）多媒体演示法。

使用多媒体进行演示，有利于大量和迅速地传递推销信息，这样一方面可减轻推销员用口说的工作负担，另一方面可利用音响效果产生震撼性的刺激。推销员通过使用多媒体设备来演示各种影像资料，能够制造真实可信的推销气氛，加深准顾客的印象，引发准顾客的联想。

岗位资讯2-19　客户拒绝分析

1.拒绝是一种条件反射

一个销售代表突然来访，其本身就是一位不速之客，因而遭到拒绝是理所当然的。那么，拒绝有没有真正的原因呢？心理学家做了下面的调查问卷：

A.有很充分的理由而拒绝。

B.虽然没有明显的理由，但仍能随便找个理由而拒绝。

C.以事情很难为理由而拒绝。

D.记不清什么理由，只是出于条件反射加以拒绝。

E.其他。

结果，在收回的387份答卷中，选择A的占18%，选择B、C、D三项的相加可达69%。所以调查表明，事实上人们并不真正知道自己为什么而拒绝，拒绝只是人们的一种条件反射和习惯而已。

2.被拒绝时应保持良好的心态

销售代表训练之父耶鲁马·雷达曼说：“销售是从被拒绝开始的！”日本首席销售代表齐藤竹之助也说：“销售实际上就是初次遭到客户拒绝后的忍耐与坚持。”

那么我们应该以什么样的心态来面对它呢？杰克里布斯曾这样说：“任何理论在被别人认同之前，一定会被拒绝二十次，如果您想成功，就必须努力去寻找第二十一个人。”所以在推销中，销售代表应把拒绝看成路标，一路上数着被拒绝的次数，次数越多心里就越兴奋，告诉自己达到二十次拒绝后就会有一个认同者了。

在推销中，要习惯于在拒绝中找到快乐，习惯于去欣赏拒绝。心里鼓励自己说：“被拒绝的次数越多，越意味着将有更大的成功在等着我。”在拒绝面前，销售代表要有从容不迫的气度和经验，不能因遭到拒绝而灰心丧气，甚至停止推销，应坚信成功就隐藏在拒绝的背后！

3.被拒绝后应做什么？

（1）需要等待时。

在漫长的等待中，与其束手待毙，不如借此机会进一步地了解，以便获取意外的收获。这也许是你了解客户的一个千载难逢的机会。

（2）客户不在时。

当客户不在或不能接待你时，要给客户留下商品目录、资料样品等能引起客户兴趣的东西，并将写有“未能会面，甚感遗憾，希望今后能够给予关照”的名片留下来，而且还要在名片上亲笔写上下一次再来拜访的时间，这样有签字的名片多少会给客户留下一些特别的印象，以方便下一次的拜访。

（3）客户拒绝时。

被客户拒绝后，你更加要保持绅士或淑女风范，要微笑地跟客户说：“不好意思，耽误您时间了，谢谢您的接待。”同时跟客户约定下一次见面的时间。如果不能确定具体日期，就跟客户说：“下一次等您有空，我再来拜访（或再来请教）。”

离开时要和来时一样恭敬有礼。关门时动作要文雅、声音要轻，并注意在退出门外前，要将正面留给客户，以便于向客户再次表示谢意，行礼告辞。

（五）处理异议

异议是反映准顾客兴趣所在的一种标志，是了解购买者对推销说明的反应的一种依据，还可作为推销策略运用的一种指引。了解准顾客的异议，并正确地对待和处理，是推销洽谈中十分重要的一环。

1.准顾客异议的基本类型

异议是准顾客对推销员的推销说明提出不同或相反的意见，是洽谈过程中准顾客产生的一种正常反应。推销中存在成交障碍当然不是一件好事，但是让准顾客把自己的意见提出来，其实就给了推销员一个解决问题的机会。推销员只要正确处理对方的意见，使问题得到解决，就能促进交易，坏事也能变成好事。反过来，如果准顾客有异议但没有提出来，使推销员的说服工作无从下手，这才是真正的坏事。“嫌货才是买货人”就是这个道理。

准顾客异议的种类繁多，不胜枚举，但是主要的异议类型不外乎以下六种：

（1）资格异议。

资格异议包括准顾客从自己的需求、支付能力和购买权三个方面提出不购买的理由。这些异议常被准顾客作为不购买的借口，因此推销员要特别注意弄清虚实后再采取恰当的措施，尤其要做好准顾客的资格审查，从根本上杜绝以此为借口的可能。

（2）产品异议。

产品异议是指准顾客有对推销品的需求，但认为推销品不符合他的具体要求，不够理想，因而认为推销品不是他要购买的东西。譬如，准顾客会说“这产品质量太差”或者“没听说过这种产品，我可不敢要”等。

产生产品异议的原因很多，没有充分了解推销品的利益是准顾客提出产品异议的一个重要根源。如果顾客能了解购买产品后带来的利益，一般来说，顾客就不会有太大的购买障碍。

（3）价格异议。

如果准顾客在听完推销员的产品报价后，认为推销品的价格过高，不能接受，就产生了价格异议。但价格异议常常被认为是成交前的最后障碍，一旦购销双方就价格达成共识，实现交易就是毋庸置疑的事了。

面对准顾客的价格异议，推销员应对自己产品定价的合理性充满自信。一般情况下，推销员对准顾客的价格异议不必急于给予答复，而应将自己的谈话重点放在全面介绍产品的优越性方面。当准顾客对产品有了较详细而真实的了解后，可能会认可原报价的合理性。推销员在处理价格异议时，尤其要注意讲明产品价格和从产品中获得利益的关系，从而证明与效益相比价格“低廉”。

（4）时间异议。

准顾客的时间异议包括两种情况：一是购买时机；二是交货期。对准顾客来说，虽然有值得买的东西，但不一定是当时就准备买的东西；虽然不是非常必要的东西，但希望能尽快得到这些东西。所以，推销员必须对准顾客的时间异议认真加以分析，寻找出隐藏在其背后的真正异议，并有针对性地耐心说服。

产生购买时机异议的原因有很多，但重要的一点是推销信息不足。有时推销员向准顾客提供的推销信息不够充分，对此，推销员只要提出更多的资料或证明，就能够引导准顾客做出正确的决定。当然，提出购买时机异议也可能是因为准顾客的资金周转出现困难或者准顾客生性优柔寡断等。对此，推销员必须要有耐心，有时候不得不等待一段时间，进行多次洽谈才能取得成功。

交货期异议通常表现为提前，即准顾客提出使用产品的迫切性。遇到这种情况时，推销员要对准顾客的异议进行具体的分析，既要考虑对方提出的要求是否真实、合理，也要考虑企业的生产能力，并要考虑客观的环境因素，如原材料供给、运输和仓储是否能得到保证。一般来说，对准顾客的交货期异议要尽量予以满足，并且要言必信、行必果，当不能保证对方要求的交货期时千万不要做出承诺。

（5）推销者异议。

准顾客异议的根源也可能源于推销者，即准顾客拒绝接待某一特定的推销员，并由此拒绝购买这个推销员所推销的产品。

产生推销者异议的主要原因是推销员本身的过失引起了准顾客的反感；产生推销者异议的另一个可能原因是推销员的能力不足，从而导致准顾客不满意。因此，推销员要加强基本功的训练，不断学习推销知识和总结推销经验，提高自己的业务水平。

（6）货源异议。

货源异议是指准顾客认为不应或不能向某个推销员及某个供应厂商购买某种产品。货源异议有可能成为真正的推销障碍，甚至会令推销新手感到无言以对，造成难堪。

准顾客已有固定的供应关系是造成货源异议的最主要原因。如果准顾客使用其他企业所生产的产品，或通过其他渠道购买产品已有相当长的时间，那么推销员要改变对方的消费和购买习惯是一件很困难的事。即使你推销的产品或者提供的服务和各方面的交易条件都比原来的供应者好，准顾客也宁愿维持现状而不愿改变。这类准顾客并非拒绝你的推销品，只是拒绝改变现状。

推销员遇到货源异议时，可以询问对方目前使用或购买的产品品牌和供应者，介绍自己产品的优点，比较不同产品的差异，分析自己产品给顾客带来的额外利益，向顾客提供更多的比较和选择。

货源异议也可能是不真实的，只是顾客想向推销员施加压力，使自己处于洽谈的有利地位。因此，推销员必须判断货源异议的真伪，针对顾客的不同心理采取不同的处理方法。

总之，准顾客产生异议的原因错综复杂，只有找到产生异议的原因，推销员才可能确定相应的对策。

操作实例2-27　推销安全警报系统

一位自动安全警报系统推销员正在向一位商店经理推销产品。

经理：“任何人走进电子感应范围内警铃都会响，当地警察局就会接到报警信号吗？”

推销员：“是的。”

经理：“报警系统怎么开关？如果我们离开时忘了打开岂不失去作用？”

推销员：“系统开关与门锁连在一起。”

经理：“不会吓走窃贼吗？”

推销员：“可能会这样。但我们的目的是预防损失而不是捉贼，对不对？”

经理：“既能防止损失，又能捉到贼，那就最好了。”

推销员：“万事总不能两全其美。”

经理：“那么该系统的价钱和维护费要多少呢？”

推销员：“系统的售价包括安装费共计12万元，维护费每月约800元。”

经理："费用这么高？"

推销员："经理先生，你们有雇用夜间守卫员吗？"

经理："暂时没有。"

推销员："您知道雇用一位夜间守卫员每月要多少钱吗？"

经理："要2 000元左右吧？但我们除了维护费外，还需要付出12万元购置系统的费用，这会增加我们的负担。"

推销员："该系统保证使用10年以上，分摊到每月的费用不算多。我想，贵店每天至少有20万元的存货吧？"

经理："应该不止这个数。"

推销员："您知道安装自动安全警报系统可减少保险费的支出吗？"

经理："真的？"

推销员："您可以咨询保险公司，节省的金额相当可观。"

经理："我们购买后到正式启用这个系统需要多长时间？"

推销员："不到一个星期就可以了。"

2.处理异议的原则

"不要攻击准顾客的异议，而要帮助他克服自己的异议；不要对准顾客的异议进行争论，而要有目标地以教导的方式说服之。"这是现代推销对处理准顾客异议的基本要求。只有成功地处理各类准顾客异议，才能有效促成交易。

无论准顾客异议属于哪一种类型，推销员在对待和处理准顾客异议时，都必须遵循以下原则：

（1）采取说服的态度。

采取说服的态度就是消除洽谈中产生的准顾客的紧张心理，让准顾客确信推销员与他站在同一战线，而不是互相对立的立场。这种态度会使准顾客觉得很舒服。推销员的说服态度主要表现在四个方面，即倾听、彬彬有礼、专业态度和机智的语言。

（2）认识准顾客的异议。

准顾客的异议可能是公开的，也可能是隐藏的。如果准顾客的异议没有明显地表示出来，或者得到的是不真实的异议，那么推销员就要努力找出异议的真实内容。

引导准顾客说出真正的异议的最好办法是倾听，只要你给予机会，准顾客都会自愿地说出其真正的购买异议。询问也是认识异议的重要方法。推销员在发问时，询问范围逐步缩小，就会逐渐接近准顾客的真实异议。

（3）正确对待准顾客异议。

为了有效处理准顾客的异议，推销员必须在准顾客提出异议之前就事先进行预测，如果能预先得知准顾客的异议，推销员洽谈时就占据了主动，就能做到胸有成竹，并选择适当的方法有效处理异议。

推销员需要牢记对待准顾客异议的几个法则：第一，要让对方可以接受，要显得亲切；第二，不要表现出任何的慌乱无措或不耐烦；第三，要表示重视，其中倾听是最好的重视方法，也可在准顾客提出异议时注视对方的眼睛，这样既表示重视，又能观察到异议的真实性；第四，要有自信，回答顾客的问题前用自己的语言重述一次异议或者短暂地沉思，可使你有足够的时间考虑如何答复。相反，操之过急会显得缺乏自信，同时也可能使准顾客产生敌对的感觉。

（4）策略性地处理异议。

推销员接纳准顾客的异议后，如何帮助准顾客克服这些异议，从而让其购买产品或服务呢？经验丰富的推销员会策略性地运用处理异议的技巧，其要点有四个：一是避免争论；二是实事求是；三是感情沟通；四是选择时机。

（六）促成交易

促成交易是优秀推销员的基本职责，但促成交易首先是一个推销员做人的过程，是帮助客户解决问题的过程，也是满足客户需要的过程。能够完成一揽子交易固然可喜，但是在多数情况下，结果可能是局部成交或是为下次推销工作打好基础。所以，促成交易的基本方法包括：

1.分步成交

在促成交易的过程中，有时销售经理无法达成一揽子交易。比如，在电厂锅炉内部快装脚手架的销售中，由于各种原因有时无法完成“满堂架”的销售，此时实现成交额较小的“单柱架”销售，也是一个很好的选择。因为这至少达成了交易，为今后的合作打下了良好的基础。

2.分段成交

与分步成交的逻辑一致，销售经理在寻求长期合作的努力受阻的时候，可以在局部的时间段中实现交易，以求“徐图天下”。

3.重新开始

所谓“见好就收”，用在销售过程中可以解释为，当推销员的努力受到阻力而无法达成交易的时候，优秀的推销员懂得机会成本的概念，他们会从根本反思问题，选择换一个角度或新的推销对象，重新开始。

需要指出的是，销售过程的实质是做人的过程，而对一个人的认识和了解是需要时间的，是需要“共事合作”的。所以，在推销过程中，必须认识到生意没有大小（尽管存在着所谓的机会成本问题），只有在与客户一点一滴的合作中证明自身的素质，才能够得到客户的信任，进一步取得更广泛、更深入的合作。

操作实例2-28　工业品推销：强调顾客收益

当你推销大件工业用品，尤其是针对大公司进行推销时，投资报酬率分析是一个了不起的推销工具。这是因为，许多公司都把大采购看成一项投资，如果推销员能从购买者的角度来看这项产品，并计算其投资报酬率，就会对达成交易大有帮助。

小王是一家机床制造公司的推销员，曾亲身体会到投资报酬率分析在达成交易中所扮演的重要角色。对于一家客户来说，实际上至少有两个推销对象群体：一是只关心机床本身性能、质量的部门主管；二是隐藏于幕后的高级主管。后者负责最终决定，而他们主要注意这项投资的经济效益。

一开始，小王只对第一个群体，即部门主管进行推销。小王花费了很多精力和时间，前后拜访了不少客户，但成绩很不理想。直到有一天，某公司设备部张经理在实际操作现场对小王说："你的主要竞争对手B公司为我们提供了一套投资报酬率分析报告，其高明之处在于，这份报告不但包括了他们公司设备的投资报酬率，而且包括了贵公司设备的投资报酬率……"这时小王才恍然大悟：顾客在做决策的过程中常常要进行投资报酬率分析。

从此以后，小王在推销活动的过程中，不但向客户设备主管部门强调其公司机床的性能和质量，而且还进行投资报酬率分析，强调购买该机床的经济性。自然，小王的销售业绩也呈直线上升。

（七）全程销售服务

深刻理解服务是推销员最重要的职责，是提高客户忠诚度最有效的途径，是企业核心竞争力的重要组成部分。按照工作流程，销售服务的内容包括：售前服务、售中服务和售后服务。

根据市场营销的基本理论，无论是根据消费者的购买预期，还是受其认知水平的影响，客户在实施购买行为以后，必然会产生不满意感，只是程度不同而已。作为职业的推销员，我们深知，客户的不满意感在特定的条件下有可能会产生颠覆性的后果。所以，如何将必然产生的客户不满意感降到最低程度，固然与公司产品的功能和质量有关，同时也与推销员的售前、售中和售后服务的专业水平直接相关。优秀的推销员能通过个人魅力和专业服务，引导并促使客户保持对公司以及公司产品的忠诚。

销售服务的基本内容包括以下几个部分：

（1）售前服务的内容包括：品牌建设、渠道建设、咨询、培训、设计、演示等。

（2）售中服务的主要内容包括：安装、调试、培训等。

（3）售后服务的主要内容包括：维修、保养、提供易损易耗件、保险、培训等。

通过上述内容不难看到，现代企业对推销员的要求，已经远远超出了产品销售的界线，推销员的工作已经成为现代企业市场营销和现代推销活动的重要内容。

四、个人关系在组织市场推销中的作用

导问 2-25

在组织市场进行推销就是处理客户关系，这句话对吗？为什么？

微课 43

个人关系在组织市场推销过程中的作用

在组织市场进行推销，人们普遍认为良好的个人关系起到至关重要的作用，甚至有人认为，在组织市场做销售就是处理客户关系。个人关系好了，订单也就来了，真的是这样吗？实际上，在不同的销售情况下，个人关系会起到不同的作用。

如果要搞清楚客户关系在销售中的作用，就要明确组织市场上的客户在购买时所关心的问题。一般来说，客户会考虑三个因素，即采购风险、采购收益和转换成本（转换成本是指客户更换供应商所要付出的代价），也包括个人风险和收益。个人是指负责采购的人，个人所关心的内容有时与企业并不完全一致。个人关系就是在客户方的个人与企业目标一致与不一致之间起作用的，这也是通常情况下个人关系发生作用的基础。企业在购买时，希望的是采购风险最低、采购收益最大，如果要更换供应商，则希望将转换成本降到最低。当然，这也是企业采购负责人考虑的问题，但是企业采购负责人可能还要考虑个人收益和风险，一切采购都是在企业利益与个人利益均衡之间达成的平衡。

因此，个人关系在组织市场推销中的作用不是绝对的，是与企业的产品特点密切相关的。根据个人关系在不同的销售类型中所起的不同作用，组织市场推销可以分为无差异销售、企业差异销售和品牌差异销售。销售人员正确判断个人关系在不同销售条件下的作用，有助于发现促成交易的关键，从而采取有效方法促进交易的成功。

（一）个人关系在无差异销售中的作用

无差异销售是指在产品几乎完全同质化的情况下，企业采购风险与采购收益差别不大，转换成本几乎为零。正是因为产品和服务几乎是无差异的，价格也在很窄的范围内变动，所以个人关系成为重要的利益差异。采购人考虑更多的是个人采购收益，即由于合作时间长，与供应方销售人员的关系不错，因此合作比较省心，更重要的是双方已经形成了一种默契。由于订单取得的基础是销售人员通过个人关系建立的，因此客户随销售人员跳槽的事情也就经常发生。

在这种无差异销售中，从长远来讲，企业获得发展的根本是降低成本，包括产品成本和交易成本。推销员以一个相对低的价格推销，往往是打破客户原有个人关系的利器。

面对这种情况，一方面，在销售政策上要注意这方面的投入；另一方面，销售

人员应注意与客户个人关系建立的技巧。在具体操作上，可采取如下方法：

（1）企业领导要和自己的大客户领导建立关系，当销售人员跳槽时，要及时和客户领导取得联系，表达希望不要因为销售人员跳槽而影响彼此的合作，并让采购人员知道，这样采购人员操作起来就要顾虑领导的看法。同时，及时派新的销售人员对老客户进行安抚，告诉他，与谁合作他的利益都不会受损。由于领导精力有限，因此可挑选重点客户，建立高层关系。

（2）改变交易方式，提高交易效率，降低交易成本。如通过加强管理，发现客户的购买规律，提高网络管理能力，使客户保持合理的库存，避免资金积压和生产旺季断货的情况发生等，以增强企业的竞争力。

操作实例2-29　无差异销售中推销员跳槽后的销售

小王是某生产化工原料公司C区的销售负责人，3年前，小王分到了这个区域，当时的情形是公司在这里的客户几乎为零。在化工原材料行业，几乎没有什么秘密可言，产品质量都差不多，不需要太多服务，价格也差不多。小王凭着自己的勤奋和公关本领，和客户采购负责人从不认识到成为好朋友，逐渐取得了好的成绩。一天，一个客户拍着小王的肩膀说："兄弟，我只认你，别人谁来也不好使。"小王心一酸，眼泪差点掉下来。为了建立这种关系，只有小王知道自己付出了多少。另一家原料公司看中小王，给小王更好的待遇，小王就跳槽了。果然，这些朋友很讲义气，好多都随着小王把订单转到新公司。但他们几乎不约而同地提出一个条件，就是价格要比原来略低，这样才好向老板交代更换供应商的原因。

（二）个人关系在企业差异销售中的作用

一般来说，在产品、服务的差异很大的情况下，在采购过程中，客户比较重视供货企业本身的形象和实力。通常情况下，采购人员会重视企业利益而非个人收益。其一，这种采购风险较大，采购人员即使关心个人收益，但是上百万元的采购品一旦出了问题，他担当不起。其二，这种采购是多人参与的，个人关系不可能面面俱到。在企业差异销售中，仅靠个人关系是不能获得订单的。

还有一种情况，即当客户认为个人解决问题的能力胜过企业的信誉给客户带来的利益时，个人关系将起到决定性作用。比如某销售人员凭借自身的技术能力或人际关系为客户解决了很多设备问题或企业本身所不能解决的问题，如生产工艺的改进等。当销售人员跳槽后，客户出于对销售人员的信任甚至崇拜，自然会跟着跳槽，企业应避免这种企业竞争力全部依靠某个销售人员个人的情况。

在价高、复杂的差异化产品销售中，获得订单的基础是企业在行业内的名誉和实力。通常情况下，这类产品的生产企业在客户心目中都有一个排行，而且排在第一位的要比排在后面的市场份额要大得多。在这种产品的销售中，个人关系只是"润滑剂"，不是主要的，企业应把精力放在企业的差异化上，通过质量、服务、为用户解决问题的能力等，来提高企业的竞争力。

企业在销售过程中，要发挥团队解决问题的能力，要让客户感觉所有的利益不是由某个人带来的，而是由一个有组织保障的团队带来的。

值得注意的是，在这种销售中，个人关系虽不是带来订单的根本原因，却能为订单的顺利执行带来好处。比如，回款、产品验收会相对容易，在客户内部有人帮销售人员催款和没人帮相比，效果很不一样。所以，个人关系的培养在差异化销售中也是不容忽视的。

操作实例2-30 差异化销售中推销员跳槽后的销售

小李是某生产大型设备企业B区的销售经理，他是业内公认的公关高手，和客户关系相当好。最近，小李跳槽去了竞争对手那里。此时，有一个大客户正在和公司谈一个合同，而这个客户正好是小李负责的，公司领导也知道小李和客户设备处处长老魏是好朋友。但奇怪的是，虽然小李费尽心机地想把这个客户拉过去，但是这个客户还是选择与原企业合作。小李很伤心，认为老魏不够意思。老魏也有难处，这么大的项目，交给别的企业他不放心，况且如果公司知道老魏随小李跳槽，影响会很不好，本来他的职务就是一个人人都眼红的肥缺。老魏说："小李，别的事你找我，我们会有机会的，但这次实在抱歉。"

（三）个人关系在品牌差异销售中的作用

品牌差异是指产品本身差异不大，利益差异集中在产品品牌上，而且这种差异是不可以完全替代的。比如，只卖可口可乐不卖百事可乐，那么就会失去百事品牌效应带来的利润。当客户采购人的利益与客户公司的利益不完全统一时，就会发生由于个人关系而导致的问题，这种关系通常来说与友谊无关，是不牢靠的，是靠不间断的物质刺激来维系的。因此，一旦公司利益与个人利益不一致时，如产品滞销，那么这段友谊也就终止了。因为采购人不可能为销售人员冒险，顶着库存积压的危险进货，而招致老板的不满。

在这种情况下，一是要加强品牌建设。在品牌差异化的产品营销中，利益的核心是品牌。因此要加强品牌建设，只有品牌才是自己的，只有品牌的盈利能力才是大家合作的根本基础。二是经销商赚钱才是硬道理。让所有经销商知道，让经销商赚钱是企业的政策，与销售人员无关，无论谁做，都会让经销商赚钱，这样就可以避免个人关系的负面影响。三是个人关系是"润滑剂"，不是合作的根本。要指导销售人员运用经济实惠的个人关系小技巧，既不用花费太多钱，又能增进个人关系，如经常给经销商的促销人员带些小礼品、经常问候等。不要把个人关系当成核心竞争力，在品牌差异化销售中，根本竞争力在品牌本身以及品牌给经销商带来的盈利能力。

操作实例2-31 小高的客户关系

小高是某品牌快速消费品的销售人员，他已经跳过几次槽了，现在是一家公司的区域主管。他在处理客户关系时，总是不冷不热，他对下属的要求也是这样。因为几次跳槽的经历使他清醒地认识到，经销商之所以要你的东西，是因为它要赚钱，其他都是假的。因此，他对下属的工作经费管理很严格。

厚德精技2-3 加拿大鹅事件

2020年10月27日，上海一位顾客购买了加拿大鹅牌羽绒服，价值1万多元，但是拿到货后这位顾客十分不满意，因为质量和淘宝一二百元买的羽绒服差不多。这件羽绒服内衬严重脱线、图案扭曲、味道刺鼻，所以这位顾客就拿到店里退货。

但是店员不给退，原因竟然是买东西时签署的条约上写着中国大陆门店所售产品不得退货，但是加拿大鹅公司官网却标明允许30天无理由退货。几经投诉未果，这件事情传到网上，闹得沸沸扬扬，登上微博热搜，中国网民义愤填膺。

直到消费者保护委员会介入和央视点名，加拿大鹅公司才不太情愿地低下头允许退货，并解释条约是消费者误读，并不会修改。要知道品牌再厉害，还是需要消费者去“宠”。因为加拿大鹅这种态度，短短几天股价下跌20%，市值蒸发约84亿元，不尊重消费者的品牌终将穷途末路。

此事件持续发酵，2021年12月1日，上海消费者权益保护局约谈加拿大鹅公司代表，在种种压力之下，加拿大鹅公司终于在官网上发表声明，表示会严格遵守中国大陆退换货规则，保障消费者权益。这一事件也对其他外国品牌敲响警钟，在中国做生意就要遵守中国规则。

资料来源：作者根据相关资料编写而成.

问题讨论：就“加拿大鹅事件”谈谈你的看法。

工作评价

1. 强调组织市场推销的特殊性。
2. 提示学生填写工作日报表、客户档案等作业文件的规范性。
3. 组织各组发言人演示工作成果。
4. 设计工作成果评价要点。
5. 组织各组交叉评价各组的工作成果。
6. 点评各组的工作。
7. 邀请企业兼职教师点评工作。
8. 给出各组工作过程评价和结果评价。

目的：从多个方面对工作过程和结果进行评价，如技术、经济、社会、道德、思维等方面。

效度：学生小组工作得到客观评价。

情境小结

1.组织市场推销主要是销售代表面对企业、非营利性组织、行政事业单位进行的推销。

2.组织市场具有显著的特征：购买者少，购买规模大；购买者在地域上相对集中；着重人员销售；进行直接销售；实行专业购买；衍生需求，需求波动大；需求缺乏弹性；互惠购买原则；租售现象；谈判和投标等。

3.组织市场采购者的结构比较复杂，我们把采购组织的决策单位称为“采购中心”，并将其定义为：所有参与购买决策过程的个人和集体。一个有经验的推销员面对一个推销项目的时候，需要搞清楚采购中心的结构，分清使用者、技术人员、决策人，以及他们的利益诉求。

4.组织购买者做出采购决策的过程与消费者有相似之处，但又有其特殊性。一般认为，组织购买者的采购决策过程可分为八个阶段：提出需要、确定总体需要、详述产品规格、寻找供应商、征求供应信息、选择供应商、发出正式订单、绩效评估。推销员要根据组织购买者的购买程序进行推销。

5.由于组织市场购买的复杂性，因此人员推销往往是由一个销售团队共同完成的。单靠一个推销员的力量往往难以完成，需要靠推销员、服务人员、技术人员、企业高层等共同完成推销工作。

6.组织市场推销的操作步骤包括：寻找顾客、预先接近、接近顾客、推销说明、处理异议、促成交易、全程销售服务。

7.在组织市场进行推销，人们普遍认为良好的个人关系起到至关重要的作用，甚至有人认为，在组织市场做销售就是处理客户关系。实际上，在不同的销售情况下，个人关系会起到不同的作用。

工作岗位讨论

1.向组织购买者推销应主要强调什么？

2.如何利用人际资源开发客户？

3.列举组织市场推销的错误行为。

4.如何对推销员进行销售过程管理以提高推销成功率？

工作岗位作业

1.组织市场同消费者市场相比，有哪些主要特征？

2.组织采购中心一般由哪些主要角色构成？他们对于组织购买行为各产生什么作用？

3. 组织市场的购买决策一般会经历哪几个主要阶段？

4. 什么是政府采购？其有何主要特点？

工作岗位实例分析

【背景资料1】 推销如何水到渠成

“不行！”当囚犯向狱警要支烟时，遭到了狱警的拒绝，囚犯不紧不慢地说：“如果你不给，我就用头撞铁门，头破血流，我会控告你殴打囚犯，你将被审讯，还会砸了饭碗。你看值不值？”

不用说，囚犯得到了他想要的烟。为什么？因为他站在了对方的立场考虑问题，利弊如何，一目了然。

这个小故事给我的启示可不小，我还用这招谈成了一笔大业务。

1. 站在采购部的立场，突出质优价廉

站在客户公司的大门口，我深深地吸了一口气。我要面对的是一个外资企业，该企业对产品质量要求很高。该企业对我公司的焊丝需求量很大。不过，我公司最主要的竞争对手抢先了一步，对手的产品质量、规模处于同行业的领先水平。我们两家没少交手，几乎都是平分秋色。

这次，为了虎口夺食，我做好了准备工作后，首先拜访了该企业采购部的汪先生，赠送了产品书籍，介绍了我公司的情况以及我公司国内有名的大客户（证明产品质量一流）。汪先生似乎挺感兴趣，我就顺势推荐其先试用，认可质量后再协商价格，汪先生点头赞同。可到技术部拜访时，我遇到了麻烦。“现在使用的焊丝质量相当不错，改用你们的有风险！”主管该项目的工程师陈先生，一句冷冰冰的话把我打发了。

苗头不好！要把产品推销出去，必须首先得到技术部的认可，采购部才能大批量采购。如果没有技术部的“通行证”，任何产品都不可能被采购，特别是正规企业，这一点毋庸置疑。

推销似乎到了死胡同，无路可走了，怎么办？我转悠到了客户的生产现场，没准儿能有什么收获呢！这一转悠，我高兴得差点跳起来。首先，该企业正在使用的焊丝根本不是我们竞争对手的“亲骨肉”，而是我们竞争对手收购的其他企业生产的，质量比我们的差。其次，对方的产品不仅品质差，还经过经销商加价，价格比我们的产品高。

有了这两点，我就像找到了尚方宝剑，胆子大了，信心足了，再次找到了汪先生。这回，我站在对方的立场考虑，力图把该企业最关心的问题说透。

“你们都说自己的质量是一流的，究竟谁高谁低？”汪先生有点分不清了。于是，我坦诚地说：“不错，对方总厂生产的焊丝品质的确不错，这点不可否认，其和我公司的设备一样，都是从日本引进的先进技术。”我指着说明书上的一张照片说，“但我们的焊材用于三峡大坝永久船闸门焊接，此殊荣仅我们大西洋公司一家独享，我们的产品品质不言自明。三峡主体工程大坝、四川二滩水电站、大亚湾岭澳核电站、全球最大的集装箱制造厂中集集团、林德厦门叉车公司、西气东输工程等都选用我们的产品，这些公司的选择不会错吧?”我又翻出一摞证书说：“我公司的质量管理体系通过ISO 9001认证，主要产品采用国际标准，并经中、英、美、法、德、挪威、日本七国相关机构及加拿大焊接局质量认证。我公司焊材产品的质量绝对可以放心!”

俗话说：“不比不知道。”紧接着，我又拿本公司和对手做了一个比较。“贵公司目前使用的焊丝产品的品质低于我公司产品，而且价格还高。我公司的产品品质高而价格低，原因在于薄利多销。如果采购我公司的产品，你们一年就能降低成本近20万元，这可不是个小数目啊！另外，我公司在当地设了一间300平方米的仓库，现在都流行零库存管理，贵公司只要一个电话，我们保证24小时随叫随到……”质量优异、价格低廉、送货快捷，这些优势都谈完之后，汪先生流露出满意的神色。他同意试验焊丝样品，并向领导汇报。

2.站在对方老总的立场，道明事情原委

焊丝样品送过来了，我请陈先生试用。可他一口回绝，说没有必要。我又找到汪先生，他说焊丝试用报告已出来了，结论是焊渣较多，不符合他们的工艺要求。

不可能！我火了。多少大公司都采用我们的产品，质量绝对没问题。我们不在现场，试用结果怎能保证公正？说我们的产品不适合，哪不适合？说原来的好用些，好用在何处？渣多，有没有详细的对比数据？我要求看试焊工件样品。面对我的咄咄逼问，陈先生也说不出个所以然，眼看着要踏进门槛的脚又被挡住了。我再去找陈先生时，他不是说质量差，就是借故离去，反正不松口。看来这张“通行证”是遥遥无期了。

为了打破僵局，我决定给他们老总写一封信。这封信看似简单，但也是决定成败的关键一步。用得好就阳光灿烂，用不好便是冰天雪地。因为从与陈先生的接触来看，竞争对手已经把陈先生“收买”了。如果站在老总的立场考虑问题，人为的阻力就会消失。谁想做手脚阻止，谁就会面临丢掉饭碗的可能。

于是，我在信中介绍了我公司产品的质量、价格优势，以及降低成本、人为因素等情况。在信的最后我写道：“说实话，如果我们公司能够提供优质的焊丝产品，而且价格合理，却因为个别人为因素而没有被贵公司采用，的确是一种不幸。但有幸的是，我们还能够通过信件沟通、交流，把最优质的焊丝产品提供给贵公司……”同时，我附了一份采用我公司产品的一家知名外企的工艺评定报告复印件，信由特快专递直接寄给老总。

过了几天，采购部汪先生打来电话，通知重新送焊丝样品做工艺评定，公司要重新招标。后来，汪先生又通知送小批量焊丝产品试用。再后来，陈先生逐渐认可了我们产品的质量，把以前的评判失误归咎于工人不习惯。我知道原委，也不反驳。不久，该企业下了一个月20吨的订单。

一封信，看似简单，但它的确是一块敲门砖，敲开了一扇推销的大门。

3.站在技术主管的立场，化解误会，以和为贵

事情看似结束了，但真正的工作才刚刚开始。我们的焊丝产品虽然暂时卖出去了，如果不消除陈先生的误解，客户依然会在鸡蛋里挑骨头，工作也不会顺畅。要解决症结，只有化解误会、理顺关系，才能实现双赢的结局。

所以，我约陈先生吃饭，他犹豫了一下还是答应了。在饭局上，我开诚布公地说了自己的想法："我们老总发了指令，要尽快把产品卖出去，希望陈先生能理解我的难处。以前如有不对之处，还望陈先生原谅！"

陈先生点点头，说："只要你们公司产品的质量好、价格合理，我们合作一定会愉快的。"我拿起酒杯和陈先生一饮而尽。

其实，陈先生已经知道我给老总写信的事了，采购部汪先生也转达了老总的意思，就是要用我们的产品。试想，如果陈先生依然一意孤行，阻止我们产品进入的话，陈先生很可能会丢掉饭碗。当然，我并不挑明这些，大家心知肚明。

一杯杯酒饮尽后，我和陈先生都明白以和为贵的道理，误会化解了，新的合作机会开始了。

站在采购部、老总、技术主管各自的立场上，分明利弊，成功推销自然水到渠成。

资料来源：李朝新. 不断换位推销 没有进不去的门［EB/OL］.（2019-01-15）. https://www.printdiy.cn/xinqingriji/2019/0115/127954.html.

【问题讨论】

1.焊丝采购影响人包括哪些？他们在采购中起什么作用？

2.大西洋公司的推销员在推销前做了哪些准备工作？

3.大西洋公司的优势在哪里？

4.阅读这个案例后你有哪些体会？

【背景资料2】　　看我如何把机会抓牢

前几年，一个朋友从东北打电话通知我，某大型集团准备买微波炉搞福利，负责采购的王主任刚下飞机，正在广州中国大酒店喝早茶，不过该集团已经决定要买格兰仕了！

大家都知道格兰仕，那是全世界最大的微波炉生产商，谁敢跟它竞争啊？尤其是我所服务的厂，微波炉还是新产品，只有4个品种。但我一定要与格兰仕做一番较量，凭什么？就凭小厂的优势：大厂对营销人员管理严格，缺少中小企业营销人员的灵活机动；加上大厂依仗品牌优势，其推销员也不会像我这样对客户殷切主动，反应迅速。

所以，我马上找老板要了车，赶去酒店。见了王主任，我满腔热忱地说：“王主任，您好！我是顺德某某微波炉厂的推销员邵勇夫……我只为您服务，绝不影响您的选择！”尽管我体现出了无与伦比的真诚，王主任还是对我心存戒备，他说：“不用不用，领导已经定了要格兰仕！我已经打过电话，格兰仕会来车接我。”

1.客户坚决去格兰仕，我没有放弃，反而见缝插针推销本厂产品

我没再多说，只是陪王主任在酒店等。1个多小时过去了，格兰仕始终没来车接他，王主任只好提出：“那就麻烦你送我去吧。”我爽快地回答：“行！”

车快开到格兰仕的时候，我暗示司机拐个弯，到了我们厂的大门口。我说：“王主任，看到了吗？这就是我们厂。到厂里坐坐，喝杯茶，顺便看看我们厂的产品！”王主任看我们厂也挺有规模，高耸的大厂门、鲜花盛开的大花坛，便勉强同意了。进了厂门，我请王主任参观了车间，看了微波炉样品。我陪王主任走进样品厅时，我们厂的老总、销售部长早已提前恭候在那里了，他们春风满面、夹道欢迎，整个参观过程很轻松、愉快。

我请王主任再次上车去格兰仕时，我看出他感情上有了明显的偏移，对我倍加防范的脸上露出了笑容。再去看格兰仕的样品时，尽管格兰仕的微波炉比我们厂那仅有的4台样品要强几十倍甚至上百倍，但王主任横看竖看都觉得不如我们厂的样品好。而且对方不明真相，负责接待的推销员在微笑度、热情度上，与我差之千万里。当时，王主任问：“如果我们要得多，可不可以优惠点？”负责接待的推销员不屑地说：“你要多少？不会是一个专列吧？”王主任马上不高兴了，反唇相讥道：“我就是想要一个专列，恐怕还不止，不过我不买你的了！”

最后，王主任选择了我推销的微波炉。合同签了，一共800万元货款，全部款到发货。那要装满满的16个火车皮，是何等壮观啊！这笔买卖成功，我创造了顺德小家电销售史上单笔成交额之最！我激动得热泪盈眶，高呼：“推销员万岁！”

2.合同意外泡汤，我不放弃，反而加强追踪

可当我还沉浸在巨大的喜悦之中时，万万没有想到，一夜之间，800万元的合同泡汤了。第二天一大早，我去酒店请王主任喝茶的时候，他非常礼貌地道歉：“对不起，刚刚接到上级文件，禁止年终突击消费，我们单位财务已封账，货款打不出来。深深地向您表示歉意！再见，我们马上启程回东北……”我呆呆地木然了1分钟，脑子一片空白。

这时候，一般人很容易失望、怨恨，对客户的态度来个180度大转弯。但我不，当我缓过神儿后，坦然地说：“我去找经理要车，送您上飞机！”王主任对我的态度非常意外，慌忙推辞说：“算了算了，我们已经很不好意思了。”“不！”我坚定地说，“您能够有意向选购我推销的微波炉，这本身就是对我个人和我们公司的信任和支持，仅凭这一点，我也要送您！”

送走了王主任，希望破灭了，按照常人的想法，抱怨一句“哎，煮熟的鸭子飞

了”也就算了，但我没有！我想：这样一笔大采购，任何一家单位都不会轻易决策，也不会那么轻易放弃，我要不弃不馁，万一有机会，绝不能让王主任联系格兰仕或者其他品牌。当年元旦刚过，我请朋友陪我专程赶去拜访王主任，他和几位部下对我隆重招待。

这一招卓有成效。第二年9月的一天，我的手机突然响了，是王主任！这次他带来了800万元现金汇票，16 000台产品整整装了16个火车皮。我终于做成了顺德小家电销售史上单笔成交额之最的大买卖！

资料来源：指尖的目光. 知难而上 搞定“有主”客户［J］. 现代交际，2006（12）：24.

【问题讨论】

1. 顺德微波炉推销员的成功之处在哪里？

2. 该集团采购微波炉的用途是什么？哪些因素会影响采购？

3. 你所在的单位，福利采购影响人包括哪些？

岗位实训操作

实训项目：组织市场推销

【实训目的】

1. 体会组织市场推销前应进行的准备工作。

2. 掌握组织市场推销的工作内容。

3. 掌握组织市场推销的具体步骤。

4. 训练组织市场推销的技巧。

【实训要求】

1. 每位学生选择一种商品进行组织市场推销的模拟。

2. 自选或指定一个或几个学生作为销售对象。

3. 收集所售商品的岗位资讯。

4. 做好组织市场推销前的各项准备工作。

【实训步骤】

1. 资讯准备。

- 熟悉所售商品的市场地位、品种、特征；
- 了解采购方的采购程序、采购人员构成等情况；
- 了解采购方需求的相关情况；
- 了解同类商品的相关情况。

2. 工作任务实施。

- 针对采购单位撰写所售商品介绍；
- 每位同学面对组织市场进行商品的模拟销售。

3. 工作检查与评价（见表2-11）。

表 2-11　　**组织市场推销模拟考核表**

学习领域：商品推销　　　　班级：

学习情境：组织市场推销　　　　考核时间：

考核对象：

评分项目	细化标准		优秀	良好	合格	不合格	得分
销售准备（20分）	准备充分，有样品或产品资料，形象设计合理，有详细的销售计划		18～20分	15～17分	11～14分	10分以下	
基本素质（20分）	仪表得体，态度诚恳，普通话标准，表达清晰流畅，谈吐自然，动作协调，应变能力强		18～20分	15～17分	11～14分	10分以下	
销售设计（40分）	销售过程中思路清晰，并能在各阶段合理体现销售技巧和方法	接近客户	9～10分	7～8分	5～6分	4分以下	
		介绍商品	9～10分	7～8分	5～6分	4分以下	
		异议处理	9～10分	7～8分	5～6分	4分以下	
		建议成交	9～10分	7～8分	5～6分	4分以下	
演示效果（20分）	在规定的5～10分钟内完成产品的销售，过程连贯，并使客户感到满意		9～10分	7～8分	5～6分	4分以下	
评价					得分小计		

- 学生互评；
- 教师对每位学生的推销礼仪、行为举止、衣着予以评价；
- 教师对每位学生的模拟推销进行评价；
- 教师对每位学生进行综合成绩评定；
- 教师对学生面对组织购买者的现实推销予以分数奖励。

学习情境四

直播推销

岗位任务

销售人员利用互联网平台，通过直播的形式向潜在客户介绍商品或服务，以达到获取订单、成功销售的目的。

能力目标

1. 能够做好直播推销前的准备工作。
2. 能够掌握直播推销的具体步骤。
3. 能够熟练掌握直播推销的各项技巧。

思政目标

围绕直播推销岗位操作，强调遵守直播推销的有关法律、法规，树立良好的公众形象。

结合“操作实例”中“糖水燕窝事件”案例，以及“厚德精技”专栏中“董宇辉直播到底为什么那么火?”案例进行研讨，树立诚实守信、积极向上的主播形象。

情境设计

以某个企业的销售代表利用直播进行推销为学习情境，销售代表在该工作岗位完成相关销售工作。

导入资料

罗永浩首次直播带货

罗永浩首次直播带货就取得累计观看人数超过4 800万、支付交易总额超1.1亿元的好成绩。这虽然离不开罗永浩本人自带的名人光环，但是选品的精准也是制胜的关键。

作为锤子科技的创始人，罗永浩第一次直播就选择了小米2020年的首款旗舰手机，这款手机本身就已经受到广泛关注，而罗永浩为小米直播带货，则进一步提升了话题性和关注度，未播先热。

选择应季的小龙虾，以低廉的价格吸引用户，直播当天就成交超17万单。小龙虾成为罗永浩直播间销量第一的产品，再一次佐证了“物美价廉、薄利多销”的直播间生存法则。

资料来源：作者根据相关网络资料整理而成.

导问 2-26

谈谈影响直播推销的因素有哪些。

一、直播推销的准备工作

直播推销面向的用户群体更广泛，操作的灵活性更大，但对精准度的要求也更高，因此推销人员在直播前必须做好充分的准备。只有做好充分的准备，才能确保直播推销顺利进行，才能在直播过程中争取更多精准流量，才能取得更好的销售成绩。

微课 44

直播推销的准备工作

（一）确认选品

1. 确认商品种类

确保一场直播中既有爆款也有实用款，既有流量款也有利润款。

2. 确认商品质量

准备好与商品相关的质量检测报告或文件。

3. 确认供应链

确保货源充足、物流及时、售后完善。

（二）客户分析

通过分析商品特性，明确商品的目标消费人群具备的特征，包含但不限于性别、年龄、所在城市/地区、兴趣爱好、收入范围等。

（三）确定促销策略

根据商品特性以及目标消费人群的特征，确定商品的促销策略。

（四）平台账号准备

选定直播平台后，注册直播账号，设置账号昵称、签名、头像、背景。昵称应与直播内容紧密相关，同时要便于传播、记忆和搜索。签名是每个账号的文字广告位，要利用签名简洁明了地讲清楚“我是谁”以及“我能干什么”。头像和背景是账号的图片广告位，应通过图片传达出商品或品牌的形象，或者直播账号能给客户带来的价值。此外，还要明确平台对所上传商品图片的要求，以及是否需要质检报告、销售授权等。

（五）人员准备

1.运营人员

运营人员主要负责直播的整体策划、直播脚本/流程的梳理、商品的选取和管理、直播过程中节奏的把控及付费流量的投放。

2.主播

主播在直播中起主导作用，负责产品的展示、与粉丝的交流互动。

3.助播

助播的工作是协助主播进行直播，如辅助展示和介绍商品、协助回答粉丝问题。

4.摄像人员

摄像人员主要负责直播设备的操作、直播音画的监测。

（六）场地及设备准备

1.选定直播地点

室内或室外均可，环境安静、网络畅通是基本要求。

2.搭建直播场景

直播场景包括直播桌面、直播背景。直播背景不宜太复杂，能够突出直播主题及亮点、帮助随时进入直播间的客户快速了解当日直播核心内容即可。

3.确认直播设备

直播设备包括拍摄设备以及辅助设备，辅助设备包括灯具、麦克风、支架、充电器等。

4.准备直播道具

直播道具包括计时器、小黑板、提词器等。

（七）流程策划

第一，设计直播商品展示顺序、活动内容、互动内容及顺序。

第二，明确阶段目标，即每个阶段预期实现多少销量，方便直播后复盘总结。

（八）脚本设计

时间节点要明确，每个时间点介绍哪些商品、进行哪些活动、准备哪些话术。此外，要明确每个环节的负责人，以免直播时出现遗漏或混乱。脚本的内容包括预热、开场、过款、互动、爆发、收尾六个环节，部分环节可重复进行。

操作实例2-32　直播脚本设计

1.聚人（0～1分）

主播在刚开播时可以不断包装、渲染产品及其产地、工艺、背景等，但不说具体的产品，引发观众的好奇心，吸引观看。

观众心理感受：卖的到底是啥？瞧瞧？

2.留客（1～2分）

通过神秘大礼、秒杀、现场抽奖等方式留住观众。

观众心理感受：再等等，看能不能中个大奖？

3.锁客（2～6分）

通过大量模拟产品的应用场景，激发用户的购买欲望。

观众心理感受：是啊，这些场景我都经历过，我也存在这样的困扰。

4.举证（6～10分）

通过专家证言、权威认证、产品试验，证明产品能够满足观众需求。

观众心理感受：这东西确实不错。

5.说服（10～13分）

通过竞品分析、产品对比等方式，打消观众疑虑，说服观众下单。

观众心理感受：性价比挺高的，可以试试！

6.催单（13～14分）

通过礼品赠送、限时折扣、粉丝专项优惠、提供增值服务等方式吸引观众下单。

观众心理感受：有优惠，赶紧买！

7.逼单（14～15分）

通过高频的原价与现价对比、活动倒计时、库存紧张等反复提醒用户下单。

观众心理感受：买了占便宜，再不买就没机会了！

8.二次留客（15～16分）

通过神秘大礼、现场抽奖等方式留住观众。

观众心理感受：前面已经有人中奖了，下一个说不定就是我！

9.二次锁客（16～20分）

通过大量模拟产品的应用场景，激发用户下单。

观众心理感受：好想买！好想买！好想买！

10.二次举证（20～24分）

通过专家证言、权威认证、产品试验，证明产品能够满足观众需求。

观众心理感受：好像是这个道理！

11.二次说服（24～28分）

通过竞品分析，打消观众疑虑，帮助观众做出选择。

观众心理感受：感觉价格好像还是有点贵，再考虑一下吧！

12. 二次催单（28～30分）

通过礼品赠送、限时折扣、粉丝专项优惠、提供增值服务等方式吸引观众下单。

观众心理感受：今天这么便宜啊，那不买可就亏了，买！

资料来源：佚名. 带货千万的直播脚本该怎么写？直播脚本设计详细流程！[EB/OL]. [2021-07-01]. https://view.inews.qq.com/a/20210701A05R0300.

（九）直播预热

1. 确定预热平台或渠道

预热时，可以采用私域+公域的发布方式。私域如日常积累的客户微信群，通过在微信群内发布直播预热内容，吸引老客户关注。公域是指选定的直播平台，通过在该平台发布直播预热内容，吸引陌生客源。

2. 准备预热内容

预热一般通过发布短视频的形式来完成，以提前吸引更多的客户在直播时进入直播间。可以选取本场直播的亮点商品或优惠活动拍摄短视频，通过剧透、反转等创意形式，对直播内容进行预告，吸引目标粉丝提前关注账号，在直播前周期性提醒粉丝准时进入直播间观看直播。

操作实例2-33　小家电直播销售

受新冠肺炎疫情影响，小李在商业街开了10多年的小家电销售店的销量大幅下降。为了促进销售，小李决定尝试直播推销。小李在自己的店里转了很久，最终选定了A品牌下的一系列厨房小家电在线上售卖，因为他考虑到疫情之下人们不得不在家做饭，但很多年轻人其实并不擅长做饭，使用厨房小家电则能够有效解决做饭问题。

小李又选取了一款价格较低的保温饭盒作为直播的引流产品，原价39元，他决定拿出10个以9.9元的低价售卖，此外还有5款价格在50～100元的网红电热锅，以及5款价格在100～300元的多功能锅具。

确定了直播商品后，小李找到正在上大学的外甥来帮自己拍了一个短视频。视频由小李本色出演，内容是在家给孩子做早饭的第N天，发愁的小李来到了厨房，看到对面楼厨房里的老王拿出A品牌电热锅快速搞定一桌营养早餐，还给上学的儿子准备好了午饭便当，放在了同品牌的精致保温饭盒里。醍醐灌顶的小李决定收集所有厨房做饭神器，周六20点直播间带你一探究竟，直播间内每个半点还有原价39元、现价9.9元的高档保温饭盒限量秒杀。

在开播当周的周三20点、周五20点、周六19点30分，小李将视频发到了他近几年积累的客户微信群里，同时也通过他的抖音号进行了发布。直播当晚，小李将直播间选在了自己的店里，并在20点、20点30分、21点、21点30分进行了保温饭盒秒杀，每轮都瞬间抢空。每轮秒杀过后，都紧接着介绍1～2款50～100元的中低价网红电热锅，然后是1～2款100～300元的多功能锅具。直播过程中一旦遇到熟悉的客户进入直播间，小李都随时点名欢迎，针对粉丝的互动也都热情回复。

整场直播结束，小李收获了几十个订单，相当于这段时间半个月的销量了。

导问2-27

1.小李在直播前做了哪些准备工作？

2.这次直播推销为什么能获得不错的销量？

微课45

直播推销的操作步骤

二、直播推销的操作步骤

直播推销的操作步骤如图2-7所示。

商品上架 → 活动设置 → 直播预热 → 直播测试 → 直播开始 → 流量投放 → 直播复盘

图2-7 直播推销的操作步骤

（一）商品上架

在所选直播平台上架已选商品，根据平台要求上传商品头图、详情介绍图等，设置好商品的规格、价格、库存。

（二）活动设置

结合设计好的促销活动，利用直播平台的功能提前设置并完成测试。

（三）直播预热

将准备好的直播预热视频进行发布，发布节点通常包括：第一，提前2～7天，目的是对直播进行宣传，吸引客户关注，包括介绍选品、优惠预告等；第二，提前1天，目的是激活已关注的粉丝，吸引新的粉丝加入，包括发布引流商品，介绍直播间活动、粉丝福利；第三，提前3个小时，目的是强调直播时间，介绍直播间限时福利，提醒粉丝准时进入直播间。

（四）直播测试

直播前一天完成直播彩排，彩排内容至少应包含场地、设备、网络、人员、脚本等，以确保各核心环节安排妥当。对于遗漏环节，应及时进行补救，避免直播当天出现问题。

（五）直播开始

根据前期设计的直播脚本进行直播。直播过程中，助理或运营人员应及时提示直播进程、各环节剩余时间，以确保直播有序进行，商品或促销活动及时上下架。

（六）流量投放

若直播前期未能积累足够数量的粉丝，开播后可根据直播进程在平台进行流量投放，及时补充直播间人气。

（七）直播复盘

直播结束后，应对直播进行复盘。直播复盘包括两个方面：一是直播流程执行情况检核。直播流程执行情况检核主要关注直播是否按预设时间完成各环节内容；如未完成，应分析原因及改善措施。二是直播数据分析。直播数据主要包括流量数据和电商数据两类，流量数据分析主要关注进入直播间的人数、转化为粉丝的人数、互动人数；电商数据分析主要关注商品的点击量、下单量、交易额。

三、直播推销的技巧

（一）平台要适合

应结合选品特点、目标客户群体特征、原有粉丝情况以及各平台粉丝特征选择直播平台。例如，若选品的目标客户主要是乡村居民，可优先考虑快手直播平台；若选品的目标客户主要是城市居民，可优先考虑抖音直播平台。

（二）主播要特别

主播最好具有鲜明的人设，也可以通过有代表性的“金句”给主播增加一些亮眼的标签，让进入直播间的客户首先对主播产生兴趣或好感，进而延长客户留在直播间的时长，最终实现购买。

（三）投放要精准

流量投放时切忌无目标，应根据前期商品应用场景分析得出的目标客户细分属性进行投放，以提高后期转化率。

（四）时间要合理

分析所推销商品的目标客户，选取大多数目标客户处于空闲的时间进行直播。例如，以年轻人为目标客户的商品直播，时间大多选择20点至22点。

(五)时长要足够

根据抖音、快手等平台发布的直播数据,一场电商直播至少需要2小时。如果时间过短,则很难吸引足够的流量进入。

(六)话术要到位

第一,要找准痛点,可利用同理心或进行场景重现;第二,要放大痛点,可将痛点进行适度升级,制造适度的焦虑;第三,要紧跟痛点引出商品,将商品的功能或特点与前述痛点紧密结合;第四,要提升商品价值,如知名设计师设计等;第五,要降低购买门槛,如今日限时特价、粉丝专享折扣等。

操作实例2-34 神秘的杀菌除螨仪

小王正在直播销售公司的一款杀菌除螨仪,直播间里聚集了不少客户。小王津津有味地介绍道:“我家的这款杀菌除螨仪配备的高速螺旋滚刷有86组软绒刷头,多触点高频拍打能达到每分钟72 000次,采用了更先进的双马达驱动,拥有每分钟旋转70 000次的核心动力速度,还有245纳米UV(紫外线)光波穿透,UVC(短波紫外线)动态除菌,技术和配件都达到了同行业的领先水平。”

介绍完成后,小王自信满满,认为如此强大的配置,一定会有很多顾客心动下单,然而直到直播结束,这款杀菌除螨仪的点击量仍然是0。

导问2-28

1.为什么这款看似高大上的杀菌除螨仪会无人问津?

2.如果你是主播,你会怎样介绍这款商品?

(七)氛围要烘托

通过增强粉丝的归属感、打造仪式感等方式营造直播间氛围,提升客户下单的欲望。增强归属感的方式有:引导粉丝加入粉丝团、粉丝进入直播间要点名打招呼、优先点名回答粉丝团成员的问题等。打造仪式感的方式有:设置专属宠粉活动、直播间播放背景音乐、直播间进行特殊装饰等。

(八)下单要引导

直播过程中要不间断地进行下单流程引导,包括点击哪里领取优惠、点击哪里寻找商品、如何下单、什么时候发货等,确保直播过程中激发的购买欲望及时转化为下单行动。

（九）推销要合规

在直播过程中，主播必须严格遵守相关法律法规，严禁虚假宣传，拒绝不正当竞争。

操作实例2-35　糖水燕窝事件

2020年11月，有消费者质疑快手平台主播辛巴的徒弟在直播间售卖的燕窝是糖水。经查证，售假属实。11月27日晚间，辛巴回应，召回辛选直播间销售的全部该燕窝产品，并先行承担退一赔三责任，共需退赔6 198.3万元。

截至2020年12月6日中午，辛巴团队向27 270名消费者完成了近2 400万元的赔付。12月23日，广州市场监管部门公布“辛巴直播带货即食燕窝”调查处理情况：辛巴方被罚90万元，同时市场监管部门对燕窝品牌方广州融昱贸易有限公司做出责令停止违法行为、罚款200万元的行政处罚。

导问2-29

1.辛巴团队在直播推销过程中出现了何种问题？

2.如何避免该类问题发生？

（十）客户要留存

首次直播不可能让所有客户都下单购买，但进入直播间的客户大多都是对所售商品有一些兴趣的高价值客户，通过引导加关注或加入粉丝团等方式，将直播间的过客转化为留存的粉丝，便于后续开展二次营销，从而给下一场直播积累更多潜在客户。

厚德精技2-4　董宇辉直播到底为什么那么火？

董宇辉，一夜之间火遍了全网。很多人都在研究他是怎么火的？

因为双语直播？因为文化的力量？因为那张口就来的“小作文”？因为诙谐幽默？还是因为他在无人喝彩的直播间默默坚持了半年？

群英荟萃的直播圈，不乏学富五车者，不乏咬牙坚持者，不乏精通外语者，也不乏出口成章者……但是为什么火的人是他？

董宇辉任新东方英语教师时，曾经有一个女孩来新东方报名。女孩从手帕里掏出不知攒了多久的零钱，仍然凑不够学费。董宇辉偷偷掏了腰包，却告诉女孩是学校的优惠。从那以后，董宇辉经常在课堂上有意提问她、表扬她、鼓励她。那个一开始被提问就会脸红的女孩，变得越来越自信大方。董宇辉从女孩的奶奶口中得知，女孩的爸爸车祸去世了，妈妈也离开了，是奶奶用微薄的生活费把她拉扯大。从那之后直到女孩高中毕业考上大学，女孩的学费都是董宇辉捐助的。董宇辉的帮助让女孩的奶奶感激涕零。有一次过年，奶奶在大雪天给董宇辉送来了自己亲手包的饺子。因为怕饺子凉了，铝制饭盒外面裹了好几层布。董宇辉是哭着吃完的。

有同学说：董宇辉是唯一相信他们都能考上985大学的老师。

董宇辉想象着，那些孩子会变成律师、教师、科学家、医生，进入各行各业，解决一个又一个问题。作为那个影响、带领他们长大的人，董宇辉感到前所未有的快乐。

有一天，董宇辉的直播还有1分钟就要结束了。突然有人在弹幕上问，这个产品用英语怎么说？董宇辉连忙拿起小黑板，对导播说："等会儿等会儿，最后一个学生，不是……有人问单词了。"

拿起的笔还没来得及写下什么，屏幕跳转，直播结束。其实，那里才是他的舞台。无心说出"学生"的那一刻，董宇辉恍惚回到了曾经的讲台上。

哪怕已经是个"售货员"，董宇辉仍然离不开教书育人，仍然要做个影响别人的、有价值的人。

董宇辉不忍心把农产品价格压得太低，因为"谷贱伤农"。卖苹果时，他想，如果能卖出去一千箱、一万箱……对那个农民的家庭来说，老人治病、孩子上学的钱就都有了。

董宇辉说："如果通过卖农产品，能让青年人愿意返乡，孩子有人陪伴，老人有人照顾。这就是意义。"

卖藜麦，看到80岁的老奶奶还在下地种植。董宇辉想，是不是自己努力多卖点，促进藜麦种植成了规模，老人就能干点轻松的活。

董宇辉对粉丝说："谁说非得消费？你在这里听到了一些道理，学会表达爱，学会珍惜身边人，不也是收获吗？"

董宇辉总会想到俞敏洪当初设想的未来：帮农户把农产品卖出去，农民稍微挣点钱，也许更多贫困学生就能上得起学。

董宇辉曾说，若是自己的存款能够正常生活，他想去支教，回到原本熟悉的地方。

不论是火爆还是落寞，是卑微还是闪光，董宇辉从来没有忘记自己是从哪里出发。不忘初心，才能始终循光而行。不忘初心，方得始终。

资料来源：芸归原创. 董宇辉到底为什么那么火？[EB/OL]. [2022-08-30]. https://baijiahao.baidu.com/s?id=1742579201926171913&wfr=spider&for=pc.

讨论：结合董宇辉的直播，谈谈直播中正能量传播的重要性，以及如何把正能量传播与直播有机结合。

工作岗位讨论

1. 哪些商品适合通过直播进行推销？
2. 直播推销时如何延长客户在直播间的停留时长？
3. 直播推销时有哪几种介绍商品的方式？

4. 直播推销时有哪几种互动方法？

工作岗位作业

1. 为某种商品设计直播推销的脚本。

2. 直播推销是不是介绍的商品越多越好？该如何选品？

工作岗位实例分析

【背景资料1】 眉笔直播间核心环节话术

高成交直播话术=口语化产品介绍+肢体语言

假设今天直播的宠粉款是一支29.9元的眉笔。

1. 直播开场环节

产品：宠粉款眉笔

宝宝们，我直播间里的宝宝们！你们都注意了！今天直播刚开始，先给大家来一波福利！

首先我先来做一个调查，听说过彩妆一线品牌×××的宝宝，来，在直播间内给我扣个1！

我再换一个问法，对于这个牌子，不管你是男生还是女生，是阿姨还是大叔，是不是都听说过？家喻户晓的彩妆品牌！

我告诉你们！（边说边拍手）你们今天进到我的直播间，绝对是赚到了！看着我的眼睛（指着自己的眼睛），我和你说，宝宝们，进来的你们真的是赚到了！

2. 产品展示环节

这支眉笔一共有3种用法，上妆是不是更快更容易？（点、线、面，画在手背上给大家更形象的感受）

这还不是重要的，宝宝们，你们知道重要的是什么吗？重要的是它的防水，不脱妆的效果真的好到极致了，我给你们现场演示一下。（拿出装好水的喷壶）

宝宝们，我话不多说，直接给你们往上喷啊。你们来看一下我们家的这款眉笔，它的防水防汗防晕染的效果到底有多好。你夏天热啊，汗多啊，怕脱妆啊，这些完全不是问题！（喷壶喷到手背上）

我知道我的前置镜头自带美颜，为了让你们看得更清楚一点儿，我给你们切换到后置镜头，（切换后置镜头）你们自己好好看一看。我再揉揉，我再擦擦，你们看一下这个眉笔画的线条是不是还是完好的？

3. 促单销售环节

一开始我也跟大家说了，你们进到我的直播间里，你们就是赚到了！我说我要给大家送福利，那么我肯定不会食言，一定说到做到！原价89元的眉笔，我们在店里一分钱不便宜的，今天我给你们打五折！45元卖，你们要不要！要的来给我打个“要”！（为29.9元销售做铺垫）

姐妹们！宝宝们！你们都别着急，也别激动，今天这款眉笔，我们店里卖89元的！可以眉笔、眉粉二合一的，一支笔能打造出3种眉毛妆效！防水、防汗，不脱妆的！为了回馈这么多年来新老顾客对我们的支持和帮助，我今天给你们放血本儿。实体店卖89元的眉笔，今天我直播间里29.9元抢！我再送你们一只替换芯儿，相当于你29.9元买了两只×××的眉笔。(拿起替换芯给大家看一下)

资料来源：佚名. 高转化直播话术设计！[EB/OL]. [2022-02-26]. https://www.wapbaike.net/read/12289.html.

【问题讨论】

1. 谈谈直播话术与产品说明书的区别。

2. 结合实例谈谈直播话术如何与动作相互配合？

【背景资料2】　　KOE的价值：让企业远离KOL的“全网最低价”

KOL大家都很清楚，是指在抖音等直播平台上坐拥数百万乃至上千万粉丝的关键意见领袖，KOE则是指关键意见员工，即品牌厂商的员工中兼具直播能力素养和品牌专业知识的核心员工。

2021年“双11”期间，主播和欧莱雅品牌方围绕“全网最低价”的纷争引发了很多人的关注。这一纷争也被称为“欧莱雅效应”，这将是一段时间内的常态模型，也是直播业态发展中的必然事件。

为了避免更多品牌的KOE掉入这个坑，我们有必要将“欧莱雅效应”解释清楚。KOL之所以极度重视自己所带之货是否是“全网最低价”，是因为这是维护自身粉丝活跃度的重要手段，如果不是唯一手段的话。能不能拿到并独占“全网最低价”，也是评价KOL影响力的一个指标。

这正好说明了KOL作为意见领袖的脆弱性。如果只能以价格优势来宠粉，粉丝在被宠坏的同时，也会变得毫无忠诚度可言。这样的粉丝其实不是粉丝，而是“羊毛党”。如果别处有更好的羊毛可薅，“羊毛党”会立刻呼啸而去。

品牌内部孵化的KOE，如果也只是停留在用价格优势来吸引粉丝上，那么被低价优惠吸引而来的粉丝，同样不仅不会对品牌产生忠诚度，而且会对低价始终抱有非理性的预期。长此以往，品牌很难真正赚到钱。

KOE存在的目的，是要通过自身的专业素养强化粉丝黏性，最终构建好社群运营闭环，从忠诚粉丝身上收获顾客终身价值。所以，KOE与KOL之间，不应该是商品最低价之争，而应该是粉丝注意力产权价值之争。

我们往往以粉丝数量的多少来判定一个主播的影响力，却很少考虑到，一个粉丝一般不可能只关注一个主播。粉丝数量不直接等同于关注的人数，也就是说，如果一个主播拥有1 000万粉丝，并不意味着这1 000万粉丝的注意力完全属于这个主播。如果一个粉丝关注了10个主播，则意味着这个粉丝最多只有1/10的注意力是归属于其中某个主播的。

从主播的角度来说，能够占有多大的粉丝注意力产权价值才是最重要的因素。

我们经常说的“僵尸粉”，就是注意力产权价值为零的粉丝。还有一种是和垂直粉相对应的泛粉，也是没有什么注意力产权价值的粉丝。

那些通过价格优惠、福利品吸引而来的粉丝，其注意力产权价值是很低的。而要提高粉丝的注意力产权价值，就需要了解直播电商的内在逻辑。

资料来源：陈禹安．KOE的价值：让企业远离KOL的“全网最低价”[J]．销售与市场，2022（2），有删减．

【问题讨论】

1.KOE是指什么？KOE直播的竞争优势在哪里？

2.直播推销如何提高粉丝的忠诚度？

岗位实训操作

实训项目：直播推销

【实训目的】

1.掌握直播推销前应进行的准备工作。

2.有效设计直播推销的脚本。

3.掌握直播推销的具体步骤。

4.根据选品及目标顾客有效设计促销策略。

【实训要求】

2～4名学生组成一组，分工进行一场直播推销的模拟。

【实训步骤】

1.直播准备。

• 确定直播推销产品组合；

• 分析目标顾客；

• 制定直播推销策略；

• 准备直播平台及账号；

• 进行人员分工；

• 准备场地及设备；

• 设计直播流程及脚本。

2.工作任务实施。

进行直播推销模拟。

3.工作检查与评价（见表2–12）。

• 学生互评；

• 教师对每组的直播推销模拟进行评价；

• 教师对每位学生进行综合成绩评定；

• 对进行真实直播推销实践的学生予以分数奖励。

表2-12　　　　直播推销模拟考核表

学习领域：商品推销　　　　　　班级：________

学习情境：直播推销　　　　　　考核时间：________

考核对象：________

评分项目	细化标准	优秀	良好	合格	不合格	得分
直播准备（20分）	确定直播推销产品组合； 分析目标顾客； 制定直播推销策略； 准备直播平台及账号； 进行人员分工； 准备场地及设备	18～20分	15～17分	10～14分	10分以下	
基本素质（20分）	仪表得体，态度诚恳，普通话标准，表达清楚流畅，谈吐自然，动作协调，应变能力强	18～20分	15～17分	10～14分	10分以下	
直播设计（20分）	设计直播流程及脚本	18～20分	15～17分	10～14分	10分以下	
演示效果（40分）	在规定的5～10分钟内完成整个直播推销，节奏设计合理	30～40分	20～29分	10～19分	10分以下	
评价				得分小计		

主要参考文献及网站

［1］王秀萍．电商直播带货实战攻略［M］．北京：化学工业出版社，2022.

［2］蔡勤，李圆圆．直播营销［M］．2版．北京：人民邮电出版社，2021.

［3］刘东明．直播电商全攻略［M］．北京：人民邮电出版社，2020.

［4］人力资源社会保障部教材办公室．电商直播［M］．北京：中国劳动社会保障出版社，2020.

［5］童旭红，范小青．推销实务［M］．北京：中国人民大学出版社，2013.

［6］韩虹．推销员基本技能［M］．北京：中国劳动社会保障出版社，2010.

［7］王露．最新推销员培训与管理全书［M］．北京：中共党史出版社，2010.

［8］《新编销售人员管理必备制度与表格》编委会．新编销售人员管理必备制度与表格［M］．北京：企业管理出版社，2010.

［9］市场营销网，https：//www.scyingxiao.com.

［10］营销传播网，http：//www.emkt.com.cn.